U0523486

"家庭成长教育研究丛书"编委会

主　　编：陈顺森

副主编：索　磊

成　　员：赵广平　刘黎微　陈志英
　　　　　阳莉华　黄荣生

家庭成长教育研究丛书

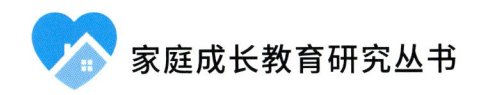

● 闽南师范大学学术著作出版专项经费资助

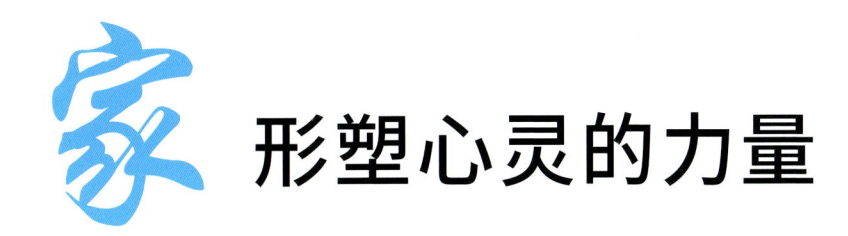

家 形塑心灵的力量

黄荣生 著

厦门大学出版社
国家一级出版社
全国百佳图书出版单位

图书在版编目（CIP）数据

家：形塑心灵的力量/黄荣生著. -- 厦门：厦门大学出版社，2024.12. --（家庭成长教育研究丛书/陈顺森主编）. -- ISBN 978-7-5615-9502-2

Ⅰ. G78

中国国家版本馆 CIP 数据核字第 20248U56U9 号

责任编辑	旺　蔚
美术编辑	李嘉彬
技术编辑	许克华

出版发行	厦门大学出版社
社　　址	厦门市软件园二期望海路 39 号
邮政编码	361008
总　　机	0592-2181111　0592-2181406(传真)
营销中心	0592-2184458　0592-2181365
网　　址	http://www.xmupress.com
邮　　箱	xmup@xmupress.com
印　　刷	厦门市金凯龙包装科技有限公司

开本　787 mm×1 092 mm　1/16
印张　14.25
插页　2
字数　340 千字
版次　2024 年 12 月第 1 版
印次　2024 年 12 月第 1 次印刷
定价　49.00 元

本书如有印装质量问题请直接寄承印厂调换

"家庭成长教育研究丛书"序

家庭教育是一个对个体、家庭乃至社会都具有深远意义的重要领域。在闽南师范大学,家庭成长教育一直是我们长期持续深入研究的重要课题。

我们秉持研究先行的理念,充分发掘学校的专业特色优势,整合教育学、心理学、社会学等多学科资源,致力于家庭成长教育的深入研究与实践。在这个过程中,始终坚持以人为本,将目光聚焦于家庭教育的主体成长,因为我们深知家庭中的每一个成员都是构建健康家庭关系和推动家庭成长的关键要素。同时,精准服务也是我们的核心追求,通过专业的引领,促进对家庭的科学帮扶,助力家庭在成长的道路上少走弯路。此外,多维并举的策略让我们积极开展志愿服务活动,将家庭成长教育的理念与实践推广到更广泛的范围。

2019年11月28日,闽南师范大学成立了家庭成长教育研究院,标志着学校在家庭成长教育研究方面迈出了更加坚实的步伐。研究院的成立,为学校整合资源、深化研究、拓展合作提供了重要平台,更好地促进了家庭成长教育研究的系统化和纵深化发展。2020年,"'专业教育+家庭成长教育'家校协同育人模式研究"获批福建省本科高校教育教学改革研究重大项目;2023年该项目的结项成果入选福建省本科高校教育教学研究典型案例库,这一成果体现了我们在家庭教育复合型专业人才培养、家庭成长教育与学校教育协同发展方面的积极探索得到了认可。而"教育扶贫视域下特殊群体儿童PEER家庭成长教育的实践与研究"获得福建省教学成果奖特等奖,更是在特殊群体家庭成长教育实践上对我们的高度肯定。

家庭成长教育对于个人的人格塑造、价值观形成有着不可替代的作用,它是构建和谐家庭的基石,也是推动社会和谐稳定发展的重要力量。出版"家庭成长教育研究丛书",是学校在家庭成长教育研究方面的又一重要成果。这套丛书涵盖了家庭成长教育的各个方面,包括家庭教育理论、方法、案例等。它既具有学术性,能够为家庭成长教育的研究提供参考;又具有实用性,能够为广大家长提供科学的教育指导,力求成为促进家庭教育质量提升、推动家校共育深入发展的有力工具。相信这套丛书的出版,将为推动家庭教育发展和"家校社"教育联合体构建发挥积极的作用。

闽南师范大学党委书记

李顺兴 教授

2024年12月

前　言

我心理学专业出身，毕业后，到漳州工作，在大学教心理学。一到漳州就赶上一群来自各行各业的、对心理咨询感兴趣的人正聚在一起筹备面向漳州市民免费提供心理咨询服务，当时漳州还没人提供心理咨询服务，我加入了，我们利用芗城区团委的办公场所，每天 19:00—22:00 提供心理咨询服务。

三年后，由于种种原因，这个群体解散了，成员各奔东西，我却以此为契机，离开了心理咨询界。离开后，我一头扎进了家庭教养领域的研究，直至今天。

原因是在三年的心理咨询实践中，我越做越感到，与其等到一个人出了心理问题或心理疾病，再给他提供心理咨询或治疗（已经受了伤，再给他疗伤），更有意义的是提前防止人们出现心理问题或心理疾病（让人不受伤）。而在提前防止人们出现心理问题或心理疾病方面，家庭教养可以发挥很好的作用。不良的家庭教养不但当时会给孩子造成心理问题或心理疾病，还会使孩子变成易产生各种心理问题或患上心理疾病的弱体质人，在以后的人生历程中，不断产生各种心理问题或患上各种心理疾病的概率大；改善后的、良好的家庭教养不但当时不会给孩子造成心理问题或心理疾病，还会使孩子变成对各种心理问题或心理疾病具有免疫力的强体质人，在以后的人生历程中，能抵抗各种心理问题或心理疾病的侵袭，一直保持心理健康。

所以，我一直觉得这些年我在做一件很有意义的事，我的人生很有价值。当然，这些年，我不是一个人在做，我还带着愿意加入家庭教养领域研究的我的学生们在做。我的学生们参与了本书大量的调查研究工作，如第四章（叶燕虹、何闻、张细梅）、第五章（范丽丽、张晶、高秀娣）、第六章（周佳浠、陈晨梅、樊丽）、第七章（涂海燕、王萍萍、罗富丽）都离不开他们贡献的大量智慧和劳动。谢谢他们，他们让我感到：我不是一个人在战斗！

黄荣生

2024 年 10 月

目 录
CONTENTS

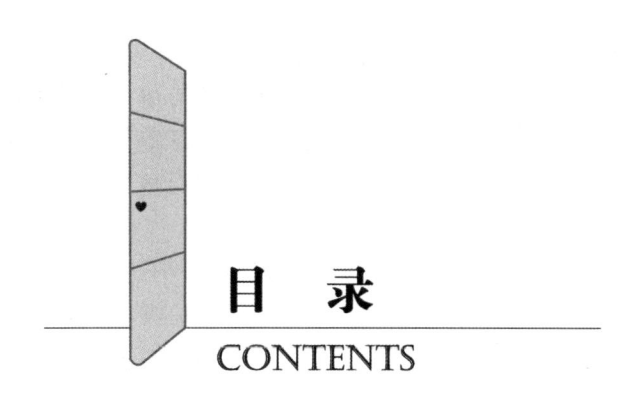

第一章　家 ··· 1
　第一节　家庭 ··· 1
　第二节　家庭教养 ··· 5

第二章　家庭教养的实施者 ·· 17
　第一节　家长应有的观念 ··· 17
　第二节　家长应有的知识 ··· 19
　第三节　家长应有的能力 ··· 21
　第四节　家长应有的原则 ··· 25
　第五节　家长怎样建立和维护威信 ··· 33

第三章　家庭教养的方式 ·· 36
　第一节　家庭教养方式的分类 ·· 36
　第二节　家庭教养方式的测量 ·· 38

第四章　家对下一代情绪的形塑 ··· 50
　第一节　家对下一代交往焦虑的形塑 ··· 50
　第二节　家对下一代特质焦虑的形塑 ··· 60
　第三节　家对下一代情绪智力的形塑 ··· 72

第五章　家对下一代情感的形塑 ··· 84
　第一节　家对下一代孤独感的形塑 ··· 84
　第二节　家对下一代缺陷感的形塑 ··· 95
　第三节　家对下一代主观幸福感的形塑 ·· 111

第六章　家对下一代人际关系的形塑 ········· 124
第一节　家对下一代人际信任的形塑 ········· 124
第二节　家对下一代同伴关系的形塑 ········· 141
第三节　家对下一代亲密关系的形塑 ········· 155

第七章　家对下一代学习的形塑 ········· 173
第一节　家对下一代家庭互动作业需求的形塑 ········· 173
第二节　家对下一代学业拖延的形塑 ········· 183
第三节　家对下一代学习投入的形塑 ········· 194

参考文献 ········· 206

第一章 家

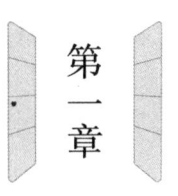

第一节 家庭

一、家庭的含义及特点

(一)家庭的含义

家庭是一种特殊的社会生活组织形式。它是一种社会群体,但是和其他社会群体不同,它不是社会中人们任意的结合,也不是因单纯的政治目的、经济目的、学术研究目的或文化娱乐目的的结合,而是因婚姻关系、血缘关系的结合。家庭是以婚姻为基础、以血缘为纽带而形成的社会生活的基本单位,是社会最微小的细胞。

家庭是社会发展到一定历史阶段的产物。家庭随着社会的发展而发展。家庭作为一种独立的社会组织形式,承担着众多的社会职能。

(二)家庭的特点

(1)家庭是社会上所有社会群体中最普遍的群体,每个人都不能和家庭无关。即便是孤儿,也总是由合法的或不合法的家庭所诞生的;又即便是单身者,也是由家庭派生或游离出来的。而且,任何一个人一生的发展趋势,总是要组建家庭的。

(2)其他的社会群体一般只能满足人们某一个方面的需要,或是物质的,或是精神的,或是政治的,或是文化娱乐的,而家庭则能满足人们多方面的需要,从物质到精神,从生产到消费,几乎无所不包。

(3)家庭环境是人类生存过程中最早的一种生活环境,对人的影响最大、最深。世界上没有一个人不受家庭的影响,身心不打上家庭的烙印。

(4)在社会上所有的群体中,家庭是规模最小的。只要是男女两个人,就可以组成家庭。当然,还有所谓的"一人之家",如孤老、单身者等,但这不是正常意义上的家庭。

(5)家庭成员是最亲密的群体。夫妻间有爱情关系,父母和子女、兄弟姐妹之间有天然的血缘关系,家庭成员之间有志同道合的关系,还有经济上的利害关系,真可以说是"千丝万缕""血肉相连"。所以,有些人常常用"我们是自家人""我们是一家人"来形容关系的亲密程度。

(6)家庭在"两种生产"(物质资料的生产和人口的生产)中起着极其重要的作用,更担负起了人类传宗接代的任务,使人类得以延续,社会生活不致中断。人口的生产只有家庭才能承担,其他任何社会群体都不能承担。

(7)家庭是社会组织的核心。家庭供给其他各个社会组织以人,对人施加影响,使人有愉快的情绪和充沛的精力。家庭往往是人们思想、行动的出发点和归宿点。"爱厂如家""以厂为家""保家卫国"的说法,都说明了这一点。社会主义生产的目的是提高人们的物质和文化生活水平,实际上也是提高每个家庭的物质和文化生活水平。

(8)家庭对其成员的要求比其他任何社会群体都要迫切。"望子成龙""望女成凤""发家致富",这些说法都说明了家庭对家庭成员要求的迫切程度。

(9)家庭受社会风俗、习惯、法律、道德的影响比其他社会群体多得多。这是因为家庭和家庭成员之间关系密切,也因为人们在家庭中往往是以一种自然形态出现的,不带有什么假象。社会意识形态往往落后于社会存在,社会向前发展了,旧的社会意识形态往往还存在着,这在家庭里表现得更为明显、顽固。

(10)家庭是长久的,但是从家庭的结合上讲,又都是暂时的。男女青年双方,从二十多岁结婚,到七八十岁死亡,这个家庭只不过维持五六十年。当然,子孙还在延续,但子孙辈的家庭毕竟是另一个家庭了。况且,即使在这五六十年之中,家庭的代际关系也在发生变化,随着子女的长大,他们往往在家庭中由从属地位上升到主导地位。家庭还是这个家庭,但代际关系变化了。在当今社会,家庭规模呈小型化发展趋势,青年结婚后往往同父母分居,使得家庭的发展更快,变化更大。

二、家庭的类型

(一)家庭成员之间的代际关系

1. 核心家庭

核心家庭即夫妻与未婚子女组成的家庭,也包括只有夫妻两人的家庭、夫或妻与未婚子女组成的家庭。

2. 主干家庭

主干家庭即夫妻与一对已婚子女组成的家庭,换句话说就是祖父母与父母、子女组成的家庭,也就是我们通常说的三世同堂。主干家庭的代际关系相对复杂,家庭成员数量较多,规模较大。其特点在于这种类型的家庭结构中有两对处在两代人位置的夫妻,家庭中存在两个中心、三代人。

3. 联合家庭

联合家庭即夫妻与多对子女组成的家庭。相对于主干家庭,联合家庭的代际关系更为复杂,家庭成员数量更多,家庭规模更大。其主要特点是家庭中有多对夫妻,而且有同辈夫妻存在,甚至会有直系或旁系亲属,因此这种家庭也存在多个中心。

4. 其他家庭

其他家庭即除核心家庭、主干家庭、联合家庭以外的家庭结构,如隔代家庭(由老年人和未成年的孙辈亲属组成的家庭)、单身家庭(只有单独一人组成的家庭)、残缺家庭(只有兄弟姐妹组成的家庭、只有兄弟姐妹和其他有血缘或者无血缘的人组成的家庭)等。

(二)家庭结构的稳定性

1. 健全型家庭

健全型家庭是最理想的家庭结构模式。所谓健全型家庭,是指父、母、子女三全的家庭,在这种家庭中,家庭成员关系融洽,成员之间相互关爱,父母之间感情深厚且有时间照看和养育自己的子女,使其能够健康成长。

2. 残破型家庭(不健全型家庭)

残破型家庭主要包括单亲家庭和无双亲家庭。前者是指只有生亲或养亲父母一方和未成年子女组成的家庭,包括未婚式、分居式、离婚式、丧偶式;后者是指没有生亲或养亲父母与未成年子女共同生活的家庭,包括父母双亡和父母离婚后子女被抛弃的家庭、父母长期在外打工而形成的留守儿童式家庭。

三、家庭的基本职能

(一)生育职能

生育是家庭乃至种族和社会延续的大事。在文明社会中,生育后代即人口的再生产只能是家庭的职能而不能由其他组织形式代替。原因有二:

首先,人口生产的先决条件是男女结合,而男女之间的性行为是受社会风俗和法律严格控制的。只有组成家庭的男女结合,才能获得社会的认可,也只有在家庭中生育子女才是合法的。

其次,人类个体的成长发育有一个相当长的生活依赖期,在此期内生活不能独立,必须由父母抚养,包括养育和抚爱。这种生活和感情上的需要,只有在一个比较稳定的家庭中才能得到满足。

(二)经济职能

历史上,家庭曾经是生产、分配、交换、消费的经济单位,承担着全部经济职能,在自给自足的自然经济时代尤其显著。随着生产社会化,家庭的生产、分配、交换方面的职能有所转移,但并未完全消失。目前在广大农村,家庭在相当大程度上仍然是一个生产单位。阿尔温·托夫勒曾预言,在新技术革命中,新的生产体制将把千万职工从工厂和办公室中解放出来,进入以先进的电子科学为基础的家庭工业时代。即使家庭的生产、分配、交换方面的职能发生了变化,家庭的消费职能依然如故,家庭仍是现代社会中最基本的消费单位,特别是生活资料的消费仍以家庭为主要单位进行,这是毋庸置疑的。家庭的经济职能满足了人们生存的基本需要。

(三) 教育职能

家庭从诞生的那天开始,就是对未成年人进行基本教育的场所。孩子离开母体来到人世间后,从具备简单的自理能力到成长为一个合格的社会成员,都与家庭教育分不开。对于子女来说,家庭是他们的第一所"学校",也是终生"学校";父母是他们的第一任"教师",也是终生"教师"。虽然幼儿园、小学、中学等专门性教育机构的出现,使家庭的教育职能实现了部分转移,但父母并不因此就可减轻、放弃教育子女的责任。许多国家对此都有法律保障。我国《宪法》《婚姻法》《未成年人保护法》等都规定父母有教育未成年子女的义务。可见,家庭的教育职能是法定的职能。

(四) 抚养和赡养职能

父母有抚养未成年子女的责任,成年子女有赡养父母的义务。这种抚养和赡养职能,在许多国家是法定的。我国《未成年人保护法》规定,"父母或者其他监护人应当依法履行对未成年人的监护职责和抚养义务,不得虐待、遗弃未成年人"。这是使未成年人健康成长的基本保证。我国《宪法》在规定退休人员"生活受到国家和社会的保障",公民"在年老、疾病或者丧失劳动能力的情况下,有从国家和社会获得物质帮助的权利"的同时,明确规定"成年子女有赡养扶助父母的义务","禁止虐待老人"。从社会和家庭两方面保障老年人"老有所养""老有所乐",这既体现了社会的进步,也发扬了中华民族敬老的优良传统。

(五) 休息和娱乐职能

随着社会发展和科技进步,劳动制度更加灵活,人们的工作时间缩短,闲暇时间越来越多,生活条件得到改善,价值观念发生变化,人们在娱乐和精神生活方面的需求越来越多。现代社会的文化娱乐设施为满足人们这方面的需求提供了条件,但家庭依然是个人生活的据点和"避风港"。家庭中以爱为基石的和谐的人际关系、温馨的情感气氛和丰富的家庭文化生活所发挥的休息和娱乐职能,是任何社会文化场所、设施所不能完全代替的。

四、家庭幸福的标准

人人都希望拥有一个幸福的家庭。幸福作为伦理学的一个基本范畴,指的是人在追求及实现人生理想过程中得到自我愉悦和欣慰的感受;而不幸则是这种追求遭到否定或遇到阻碍而产生的痛苦体验。家庭幸福有以下两方面的标准。

(一)自我感觉美满幸福的标准

(1)夫妻互敬互爱,互相信任。
(2)家庭管理比较民主、科学。
(3)家庭成员能够齐心协力地解决家庭问题。
(4)夫妻生活和谐。
(5)家里成员在思想上、学习上、事业上能互相勉励,不断向上。
(6)自我感觉家庭气氛良好,在家庭中心理安逸、放松、愉快。
(7)姻亲关系处理适当。

(二)他人感觉美满幸福的标准

(1)这个家庭看起来像过日子的样子。
(2)一家人和和美美,不吵架。
(3)在经济生活上自给自足,不依赖别人。
(4)对孩子照顾得好,孩子健康、有教养。
(5)家里布置得井井有条,令人看起来舒服。
(6)亲戚关系、邻里关系和睦。

家庭幸福应当以充分发挥家庭的职能和适应社会发展的需要为准则。其真谛是"爱":夫妻恩爱,长者慈爱,幼者敬爱,兄弟姐妹互爱,家庭中洋溢着爱,家人对亲邻、对社会、对祖国奉献出爱。有爱的滋润,生活在爱与被爱之中,家庭会真正幸福;而缺乏爱,往往是家庭不幸的主要根源。

第二节　家庭教养

一、家庭教养的含义

家庭教养是指在家庭生活中,由家长,即由家庭里的长者(其中主要是父母)对孩子(其中主要是其子女及其他年幼者)实施的教养。

二、家庭教养的性质

(一)私人

家庭教养是在家长、孩子之间进行的,教养者和受教养者之间不仅仅是一种教与学的关系,而首先是血缘关系和亲属关系,进行这种教养是为了满足教养者个人的愿望、实现其利益,如何进行教养、进行什么内容的教养和最终要把受教养者培养成什么样的人,主要取决于教养者个人的意志。所以说,家庭教养具有私人性质。

家庭从产生到现在,经历了血缘家庭、对偶家庭和一夫一妻的个体家庭三种形态的演变过程。血缘家庭和对偶家庭是公共家庭,夫妻关系不稳定,子女"只知其母,不知其父";由于生产力发展水平低下,生身父母不能独立教养自己的子女,只能由大家庭的老年人共同抚养,实行公共教养。直到一夫一妻制的个体家庭出现以后,子女才能确认生身父母,父母也才能确认自己的子女,父母亲自教养自己的子女,其目的是使子女能继承自己的家产和家业。对子女实施什么样的教养,最终把子女培养成什么样的人,都取决于父母的意志。只有到了这时,家庭教养才由公共性质转变为私人性质。

我们说,家庭教养具有私人性质,并不是说家庭教养孤立于社会之外,跟社会生活相隔绝。恰恰相反,家庭是社会的细胞,是社会的缩影,社会政治、经济的变革肯定要通过种种渠道渗透到家庭生活中来,影响家庭教养的实施。任何社会、任何时代的家庭教养都带有那个社会和那个时代的鲜明烙印,反映当时的社会生活,适应时代的需要。我们说家庭教养具有私人性质,主要是指社会和他人不能对家庭教养进行直接的行政干预,只能采取多种方式进行宣传、渗透和引导,使之适应社会的需要。

(二)非正规

家庭教养具有非正规性质,它虽然有一定的目的,但不是有组织、有领导、有严密计划的教养。家庭教养中的教养者,一般都没有经过教养方面的专门训练,也不具备专门的教养知识和教养能力;教养者资格的取得,不用进行考核,也不需由谁任用,只要生育了子女,就自然而然地成为子女的教养者。教养内容没有统一的要求,没有带有法律性质的教养大纲、计划、内容和教材;究竟进行什么内容的教养和训练,如何进行教养和训练,要把子女培养造就成什么样的人,主要取决于家长的意志,社会和他人无权进行直接的行政干预;进行教养和训练,没有固定的模式、固定的时间和地点,一般都是在家庭的日常生活中随时随地实施的,并且往往是家长认为应该怎样教养和训练,就怎样教养和训练,模式、时间、地点、场合都由家长自主选定。

我们强调家庭教养具有非正规性质,主要是说明家庭教养和家庭日常生活关系密切,是寓教养于家庭日常生活之中。实施家庭教养不能脱离家庭日常生活,不能照搬正规化教育的模式,防止"家庭教养学校化"。作为非正规的家庭教养,其有独特的优势,诸如教养训练内容丰富多样,教养方式方法和模式灵活机动,教养训练和实践密切结合,教养活动形象生动等,家长应注意发挥这些优势。

(三)终身

每个人从呱呱落地,甚至还未出生就开始接受家庭教养(胎教)。从出生到入学之前,儿童主要的生活场所是家庭,每天都和父母生活在一起,朝夕相处。一般来说,儿童接受的主要是家庭教养。入学以后,每天仍有大约三分之二的时间生活在家庭里,在父母身边活动,接受着父母或其他长辈的影响和教养。离开学校进入社会生活,家长的教养仍继续进行,只是教养的侧重点和以前相比有所不同罢了。在学龄前和学龄期,家长对孩子进行的教养,多是行为规范、智力开发、文化学习、思想品德和身体保健等方面的教养;而子女成年之后,则是为人处世、就业选择、工作态度、恋爱、婚姻、家庭、夫妻关系、教养子女等方面的教养。在国外有些国家,子女年满18岁以后,家长就不再承担抚养的责任,但仍有教养的责任,只是在教养的侧重点与方式方法上有所变化。在我国,父母对子女的教养,是典型的终身教养,甚至子女已到壮年乃至老年,父母都继续负责,一直延续到离开人世。父母临终前留下的遗嘱,对子女来说,也是家庭教养,教养作用延续的时间还相当长。

我们强调家庭教养是终身教养,目的是做子女或晚辈的,要注重父母和长辈的教养;做父母或长辈的,要切实负起教养子女或晚辈的责任,不能借故推卸。当然,就整个家庭教养过程来说,也是有重点的。家庭教养的重点阶段是子女从出生一直到成年,即身心发展未成熟以前,称为"未成年"阶段。

三、家庭教养的优势

(一)广泛的群众性

每个人都出生在一定的家庭。每个家庭,每对夫妻,有了子女,只要其生理和心理是健康的,就都要承担教养子女的责任;每个生活在家庭中的孩子,都要或多或少地、直接或间接地接受家庭的教养和影响。总之,凡是有了第二代的家庭,都毫无例外是一个教养场所。在社会上,有多少个正常生活的家庭,就有多少个教养下一代人的场所,儿童、青少年就有多少个接受教养的课堂;有多少个家长,就有多少个教养者。自有家庭以来,古今中外,都是如此。当然,不同社会、不同阶级、不同形式的家庭,其教养有不同的内容和特点;即使是同一社会、同一阶级、同一形式的家庭,具体到每个家庭的子女,其教养工作也有不同的情况和效果。家庭教养的这种极为广泛的群众性,是其他任何教养形式都不能比拟的。

(二)强烈的感染性

强烈的感染性指的是人的情感在教养中的作用,也就是人们平常所说的感化作用。情感的感染性,像是无声的语言,对人起着感动和感化的作用。它是一种潜移默化的力量,在教养工作中有着特殊意义。

家庭教养是在家庭范围内、在家长和孩子之间进行的。家庭成员之间一般都具有血缘关系,家庭是成员之间关系最亲密的社会群体,父母与子女之间的关系尤为亲密。家庭中的教养者和受教养者之间的关系,不同于学校的教养者和受教养者之间的关系。他们之间不仅存在着一定程度的不可分离性,而且有着十分亲密的感情上的联系。人们常常用"儿女之情"形容人与人之间的亲密感情,这足以说明父母与子女之间感情之深。战国时期思想家韩非子曾经说的"人之情性莫先于父母",是说人与人之间的感情没有能超过父母与子女之间的感情的。人与人之间的感情越亲密,相互之间情感的感染性越强,感化作用越大;反之,则感染性越弱,感化作用越小。如果人与人之间从感情上就对立,不可调和,那么,相互之间感染性就发生相反的作用;人与人之间没有感情,就没有什么感化作用,"无动于衷"就是形容这种情况的。由于父母和子女之间的天然感情是无可比拟的,所以,在家庭教养过程中,情感的感染性发挥着非常重要的作用。

(三)特殊的权威性

权威是一种社会关系,它以意志服从为特征。在社会生活中,不可忽视、否定权威的作用。没有权威,连正常的社会生活都不能维持。在家庭生活中也不能没有权威,一个家庭里没有应有的权威,这个家庭的正常生活也难以维持。

在家庭教养中,作为教养者的家长,在孩子心目中有权威,这是家长有效地教养和影响孩子的重要条件。家长越是有权威,对孩子的要求和教养越有可接受性,教养的效果就越具有深刻性和持久性。如果家长在孩子心目中没有什么权威,说了话,孩子不听,提出要求,孩子不接受,表扬没有激励作用,批评也没有刺激作用,孩子根本不把家长放在眼里,无论家长说什么,孩子都当耳旁风,那么,这样的家庭教养的效果就等于零。家长的权威是家庭教养成功的前提和保证。

在家庭日常生活中,孩子们都会看到,家长是家庭生活的组织者,是家庭生活的支柱,是自己生存和生活的依靠者。一般说来,没有家长的支撑,家庭是难以存在的。在社会生活中,家长参加社会工作,进行劳动、生产,通过艰苦的努力,为社会创造物质财富和精神财富,得到社会的承认和尊重。家长经历过较长时期的社会生活实践的磨炼,有较深的阅历和丰富的经验,在思想上更为成熟,能正确处理家庭内外的各种事务。这一切,孩子在同家长长时间的相处过程中,耳闻目睹,都有切身的体会和深刻的了解。家长在孩子心目中的地位是重要的,家长在孩子心目中的形象也是高大的,孩子由衷地佩服、尊重和信任家长。因此,家长享有较高的威望,有较大的权威。

家长的权威性主要体现在:家长的教诲,孩子能够听从;家长的批评,孩子能够接受;家长的意图,孩子能够心领神会;家长所希望的,孩子能够努力做到、做好;家长所反对的,孩子能自觉地不去做,或是能克制自己的欲望。总之,家长的意志对于孩子的言行有较大的制约性。这种制约性,要比其他人对孩子的制约性更大。

(四)鲜明的针对性

所谓针对性是指教养能从实际出发,有的放矢,而不是想当然,不是一般化的说教。相对来说,家庭教养的针对性更强。

教养的针对性,其前提条件是充分了解教养对象。人们常说:"知子莫若父。"最了解自己孩子的是父母,是家长。这种说法不无道理。孩子从一生下来,就进入家庭生活,同父母生活在一起,朝夕相处,形影不离。孩子是在父母亲手抚养下成长的,是父母眼看着长大的。父母对孩子深切而真挚的爱和望子成龙的迫切感、责任心,促使父母每时每刻都在注视着孩子的一言一行,洞察孩子瞬间的情绪、情感的变化。父母不只熟悉孩子的过去和现在,而且还能根据孩子身心发展的过程及个性特征,预测孩子的未来。

父母之所以能如此熟知孩子,并不仅仅是由于长时期共同生活,更重要的是由于父母和孩子有特殊的关系(血缘关系)和根本利益一致的关系。父母与孩子亲密无间,孩子对父母十分信任。相互信任是相互了解的前提条件。在家庭范围内,在父母面前,孩子无拘无束、随便、自然,没有什么思想顾虑,行为上不必加以掩饰、伪装,思想上不必有什么隐瞒,能够敞开思想;是怎么想的就怎么说,可以直接地表露自己的观点;是怎么想的就怎么做,能做到表里如一、言行一致。孩子的优点、长处,在家庭生活中表现得最充分;缺点、短处、毛病也暴露无遗。孩子在父母面前的坦率、直爽,使得父母有可能做到比其他任何人更加真实、深刻、全面地了解和掌握孩子本质的思想面貌和个性特征。再加上孩子较为长期而连续地同父母生活在一起,父母能够更系统地观察孩子,因此,也能对孩子身心发展的过程和趋势了如指掌。

父母对孩子情况全面深刻而系统的了解,使家庭教养能比较容易地做到从孩子的实际出发,因材施教,"对症下药",从而进行有针对性的教养。

家庭教养有针对性的优势体现在:不仅孩子的问题抓得准,抓得及时,教养内容和教养方法选择得适当,也可以做到发现问题的苗头时,采取有效的预防措施,防微杜渐,把问题消灭在萌芽状态,免得事情发展得不可收拾,再放马后炮,造成被动。这样有针对性地进行教养,其效果肯定是十分明显的。

(五)天然的延续性

教养的过程,从某种意义上来说,是一个培养习惯的过程。要形成某种习惯,即形成稳定的行为方式,必须经过连续而不间断的反复训练,不断重复,不断强化。如果教养和训练工作不能持之以恒,一曝十寒,或是要求不一,前后脱节,这样不仅会大大延缓教养的进程,也不能形成良好的习惯。保持教养和训练的连续性,是一个重要的教养原则,是实现预期教养效果的重要保证。

同学校教养、社会教养相比较,家庭教养更具有教养上的天然的连续性。就学校教养来说,从宏观角度看,一个人从托儿所到幼儿园,到小学,到中学,到大学,这是一个系统的连续受教养的过程。但是,从微观角度看,一个人从低一年级升入高一年级,从低一级学校升入高一级学校,这中间每每有衔接和过渡的问题。在升学过程中,有许多变化:

学校更换了,学习环境变了,集体重新组合了,对环境,对同学,都要有一个从不熟悉到熟悉的过程;教师更换了,不同的教师有不同的教学风格,师生之间要有一个相互认识、了解的过程,学生对老师的教学工作要有一个从不习惯到习惯的过程;教学内容加深了,难度加大了,课程门类增加了,增添了一些新的课程,学生总要有一个从不适应到适应的过程。这一切变化,对于学生来说,都会在一段时间内产生心理和情绪上的不稳定,或多或少地会影响教养的效果。这一点是各级各类学校不得不普遍注意的问题。各级各类学校在新生入学时,想方设法,采取各种措施,努力解决好上下两级学校的衔接问题,尽一切可能缩短从低一级学校到高一级学校的过渡期。尽管各级各类学校都注意到了这个问题,但并不是所有学校和教师都解决得很好。比如,刚刚进入中学的学生,学习成绩差不多都比小学时有所下降,这就充分说明学校教养的连续性是个不好解决的问题。

与此相比较,家庭教养的整个过程,一般没有生活环境和教养者的变化与更换问题,有较强的连续性。人们从一出生到长大成人,离开父母,走上独立生活的道路,在这样一个漫长的过程中,一般都是连续生活在家庭这个比较稳定的环境里,教养者总是父母。除那些因父母离异而再建的新家庭外,在一般的家庭里,父母同子女的关系都是很稳定的。父母子女共同生活的整个过程,实际上是父母对子女进行连续观察、全面了解和系统教养的过程。由于子女对父母有很大的依赖性和不可分离性,父母对子女教养有很强的迫切感和责任感,父母可以针对子女的思想实际随时随地进行相应的教养和训练,按照子女的年龄特征、个性特征、知识水平和理解能力,循序渐进地逐步提高要求,这样教养和训练的效果肯定是很好的。由于生活环境和教养者相对稳定,所以子女生活得很习惯,心理状态很平静,对环境和教养很适应。在这种情况下,经过反复教养,反复训练,反复强化,可以逐步加深印象,形成较为稳定的行为方式,有利于子女形成良好的习惯和品质。我们每一个人身上所形成的各种习惯、观点、生活方式、品质、性格、兴趣、爱好、特长等,都和我们所受的家庭教养和家庭影响有极为密切的关系。

(六)固有的继承性

家庭是一个由具有血缘关系的一代代人组成,并不断延续下去的社会组织形式。人们在家庭里接受了父祖辈对自己的教养和影响,在自己长大成人、成家立业以后,也用同样的教养内容和教养方式方法去教养自己的后代,用从父祖辈那里接受影响和教养所形成的思想观点、行为习惯,继续去影响教养自己的后代。人类社会的家庭教养就是这样一代一代地继承下来的。这就是家庭教养固有的继承性。家庭教养的这种继承性,突出地表现在"家风"上。

所谓"家风",指的是一个家庭在多代的繁衍过程中,逐步形成的较为稳定的生活作风、生活方式、传统习惯、家庭道德规范,以及待人接物、为人处世之道等,其主要指的是一个家庭思想意识方面的传统。"家风"不是人的生物性遗传形成的,而是通过有形的或无形的家庭教养传统保持、流传下来的。中国古代众多家训之类的典籍,可以说是"家风"的文字记载,是有形的;绝大多数家庭"家风"的保持和流传是无形的,是无意识的。在阶级社会里,不同阶级家庭的"家风"是不同的,具有鲜明的阶级性,各自反映了不同阶级的阶级意识。即便是同一阶级的不同家庭,也有各自的"家风"。不管人们承认与否,意识到与否,任何一个家庭都有各自的"家风",这是客观存在的,古今中外,概莫能外。

"家风"形成以后,不仅对当代的家庭成员有深刻影响,也会继续影响下一代人,往往世代相传,成为一种顽强的、稳定的习惯势力,其影响相当深远。过去人们说"家风犹存""门风不败",就是这个意思。一个家庭有良好的"家风",就会通过后代的延续一代一代地传下去,使许多代人受益。同样,一个家庭没有形成良好的"家风",或是形成了不好的"家风",也会一代一代地传下去,使许多代人受损。

"家风"对于子孙后代的影响是无形的,子孙后代接受这种影响是无意识的,是"潜移默化,自然似之"。一般情况下,通过"家风"的熏陶浸染所形成的习惯、品质、个性、观念,是难以改变的,相当稳固。而一个家庭的"家风",主要反映家长的作风或风格。当然,"家风"的形成,需要家庭所有成员共同努力,但主要责任者是家长。因此,家长要充分发挥主导作用,在日常生活中坚持正确的原则,以身作则,慎重从事,努力培养和形成良好的"家风",给子孙后代创造一个良好的家庭生活环境。

(七)内容的丰富性

家庭教养虽然不像各级各类学校那样,开设那么多门类的课程,但是,家庭教养的内容相当广泛、丰富,远远超出学校教养内容所涉及的范围。

家庭是社会的细胞,同时也是社会的缩影。家庭是人们进入社会之前的"演练场",社会生活的复杂性反映到家庭,使家庭生活内容也具有相当的复杂性,家庭成员的实践活动也是多种多样、丰富多彩的。而家庭教养就是在家庭的日常生活中随时随地进行的,家庭教养寓于日常生活之中,家庭生活的内容也就是对儿童、青少年进行教养的内容,家庭成员的实践活动过程也常常是对子女进行教养的过程。因此,家庭教养的内容是丰富多彩、无所不包的。

在家庭教养中,家长亲自教养自己的孩子,家长出于对孩子真诚的关心和爱护,总是希望孩子比自己更有出息,更有作为,更有本领,比自己生活得更幸福。因此,家长对孩子各方面的发展都十分关心。他们不仅努力配合学校,做好孩子的教养工作,促使孩子学好学校所开设的各种课程,往往还希望孩子具备多方面的知识和能力,以适应未来社会的需要。在这种思想支配下,许多家长都千方百计地扩充孩子的知识面,开阔孩子的眼界,创造条件,发展孩子各方面的能力。因此,家庭教养所涉及的内容,要比学校教养广泛得多。

(八)方法的灵活性

家庭教养不像学校教养那样,一般没有什么固定的"程式",也不受时间、地点、场合、条件的种种限制,可随时随地进行,"遇物则诲",相机而教。在休息、娱乐、闲谈、家务劳动等各种活动中,都可以进行教养和训练。还有不少家长很有教养意识,在带孩子走亲、访友、逛商店、参观、旅游等活动中,也能利用一切可能利用的条件和机会,对孩子进行教养。由于教养内容丰富多彩,家庭教养方式具体形象、机动灵活,适合儿童、青少年的心理特点,易于为孩子所接受。这与学校教养相比,在方式方法上要灵活得多。

四、家庭教养的劣势

(一)条件不平衡

家庭教养对儿童、青少年的成长发展有着十分重要的作用,可实际上并不是所有家庭全都具备教养孩子的有利条件。

有的家庭有很好的生活环境,有良好的家庭生活氛围和生活方式,家庭成员关系融洽、和谐。家长思想品德好,文化素养高,有教养能力,并且重视孩子的教养,也有充裕的时间和精力,能够自觉地承担并能胜任孩子的教养工作。但也确有一些家庭不具备良好的教养孩子的条件,比如:家庭关系紧张,父母经常吵架,闹分居、离婚;家长思想品德不好,文化素养不高,对孩子教养不重视,不负责任,不管不教,没有管理教养孩子的能力;等等。生活在这类家庭的孩子,也必然地受到家庭生活的不良熏染和影响。这类家庭不能承担教养孩子的责任,不能给孩子以正确的、积极的教养。然而,别人是不可能代替家长履行教养职责的,未成年的孩子也不可能脱离自己的家庭和家长。因此,不是所有家庭都能保证给孩子以必要的、正确的教养。

(二)易感情用事

易感情用事是家庭教养最容易也是最经常发生的偏向,是家庭教养最不容易突破的难点。许多家庭孩子教养工作的失败,就是由于家长感情用事。

第一种偏向,是娇惯溺爱。有不少父母,明明看到了孩子的毛病,也认为该管,可往往舍不得去管,怕孩子受委屈、遭磨难,因此迁就姑息,放任自流,不管不教。自古至今,这是家庭教养中很普遍的问题。

第二种偏向,实际上是感情用事的另外一个极端,那就是操之过急,方法简单粗暴。做父母的望子成才心切,因此往往对孩子要求过急,期望过高。"恨铁不成钢",是家长很普遍的思想情绪。当看到孩子表现不好,屡犯错误,孩子的实际表现同家长的要求相悖、同家长所希望的差距很大时,家长往往很没耐心,很厌烦,恨不得一下子就把孩子身上的不良习惯给纠正过来,恨不得一天就把孩子造就成"孔圣人"。同时,有许多家长还认为,孩子是自己的子女,管教孩子是家庭里的私事,用不着像对待别人那样注意什么态度,讲究什么方式方法,不管怎样管教,孩子都得服从。在这种思想情绪支配下,家长很容易出现操之过急、态度粗暴、方法简单的问题,甚至一看见孩子气就不打一处来,火冒三丈,难以自制,感情冲动,打骂孩子,以至于造成孩子和家长在情绪上、行为上的严重对立,使教养工作难以进行下去,导致家庭教养失败。

(三)比较封闭

家庭是一个比较封闭的社会组织形式。长期以来,人们的家庭生活和社会生活是相隔绝的。家庭教养是由家长对自己的孩子在家庭生活范围内进行的教养,多少年来的传统是"各家羊各家拴"。孩子的教养工作往往关起门来进行,究竟如何管教孩子,用什么思想作指导,给孩子以什么内容的教养,主要取决于家长的意志、兴趣、爱好、思想水平、教养能力等。一个家庭的生活方式、生活习惯,家长的素质和能力,往往是有局限性的,这不能不直接影响家庭教养的进行。

尽管事实上,每个人最终都要走上社会,参加各种社会活动,人们究竟能不能适应现实的社会生活,是衡量家庭教养成败的一个重要标准,但由于家庭是私有制的产物,多少年来,家庭又是建立在私有制的基础之上,许多家长还有意无意地把教养孩子的工作视为家庭里的私事,传统的习惯使人们很少考虑社会的需要,误认为只要自己满意,孩子的教养工作就算是成功。其实这是很片面甚至是有害的。

五、家庭教养的功能

(一)从个体发展来看

1. 形成孩子的基本生活技能

婴儿呱呱坠地,需要来自家长的精心照顾和贴心的关爱,以获取生存条件和安全感。随着年龄的增长,孩子仍需要家长的帮助,如获取衣食住行的基本生活技能,以便适应以后的生活。即使到了青年早期,由于缺乏社会经验,孩子还是需要家长的照顾和指导。因此,家庭在孩子基本生活技能指导上的作用不可忽视,也是不可取代的。

2. 形成孩子的社会规范

孩子的社会规范并不是在自然状态中形成的,而是孩子在与社会环境的不断接触中萌生的。家庭作为孩子接受教育的最初场所,家长对孩子社会规范的形成过程起着极为重要的决定性作用,因为孩子最初都会以家长作为榜样对象,并在不断模仿和同化的过程中将其所看、所学的行为内化为自己的行为方式和道德准则。

3. 形成孩子的性格

家长的素质、志趣、行为模式、言谈举止等都会以一种潜移默化的方式有意或无意地影响孩子的成长,而孩子的个性特征、行为方式、兴趣爱好、道德品质等在家庭生活中会很真实自然地表现出来。作为家长,更能及时地关注和敏感地察觉孩子的表现和成长过程中的变化,并在孩子性格形成过程中给予相应且恰当的指导和指引,以便孩子以后更好地适应社会环境。

4. 形成孩子的生活目标、理想、志趣

随着社会的不断发展,社会竞争日益激烈,家长对孩子所倾注的希望也越来越大。家庭教养除了具有教导孩子基本生活技能、促进孩子性格和社会规范形成等功能外,在家庭成员相互影响的过程中,家长总是会用自己丰富的生活经验发展孩子的兴趣爱好,帮助并鼓励孩子建立积极的生活目标、远大的理想和志趣,为孩子在以后的社会生活中正确地做出价值判断奠定基础。

(二)从社会发展来看

1. 培养人才

人才是指具有一定专业知识或专门技能,进行创造性劳动,并对社会做出贡献的人,是人力资源中能力和素质较高的劳动者。21世纪人才的培养与良好的家庭教养紧密相连,家庭教养是一切教养的基础,是孩子的第一个课堂。要使孩子具备良好的沟通与合作能力、学习能力等核心能力,就应从家庭教养着手,增强家长的教养意识,树立正确的家庭教养理念,使用科学的教养方法。因此,良好的家庭教养是人才培养的首要条件。

2. 传递社会文明

家庭作为社会的一个基本单位,是传递和保护社会文化与信仰的重要场所。社会的和谐发展实质是人的和谐发展,家庭教养作为家庭履行社会职责的主要载体,其变化和发展都与社会的发展有着密切的联系,在人的培养过程中有着不可替代的作用。随着我国关于家庭的法律法规不断健全,妇女、儿童以及老人的权益得到了应有的保护,也为家庭的和谐、人的和谐发展提供了基本的保障。社会的和谐发展有赖于家庭教养的职能得到充分的发挥,因此,人们越来越清楚地认识到家庭文明与社会文明之间的密切联系。

3. 提高人口素质

人口素质是人口在质的方面的规定性,又称人口质量。它包含思想素质、文化素质、身体素质等。我们每一个人都来自一个家庭,家庭是一个人接受教养最早的地方,因此人口素质的提高与家庭教养紧密相关。家庭教养直接影响到孩子的素质,良好的家庭教养是提高人口素质的基础,因此,充分发挥家庭教养的作用,对于提高我国人口素质具有重要的意义和价值。

六、家庭教养的目标和作用

(一)德

(1)培养孩子热爱党、热爱祖国、热爱人民的道德情感和集体主义、助人为乐的精神。要从孩子身边的小事出发,关心自己的父母、兄弟、朋友,进而热爱和关心老师、学校、家乡,逐渐扩展到热爱和关心党、祖国和人民。从小培养孩子热爱集体的意识,把祖国的利益放在首要位置,知道报效祖国是自己义不容辞而又神圣的义务。

(2)培养孩子良好的道德品质和行为习惯。这是我国家庭教养的优良传统。家长要为孩子做好榜样,在言行中教孩子遵守公民道德、职业道德和家庭美德,培养孩子爱国守法、明礼诚信、团结友善、勤俭自强、敬业奉献的道德品质和行为习惯,同时也要培养孩子善于分辨和抵制不良道德品质和行为习惯的意识,提高孩子道德行为的自我控制和自我完善能力。

(3)培养孩子热爱劳动的习惯。要帮助孩子树立劳动光荣的思想,在日常生活中家长要以身作则,尊重劳动者,爱惜他人的劳动成果;适当地让孩子参与到家庭劳动中,培养孩子的自理能力,鼓励孩子参与学校的公益劳动,做好值日生工作。家长要有意识地让孩子学会一些自我服务性的技能,增强孩子的社会适应能力。

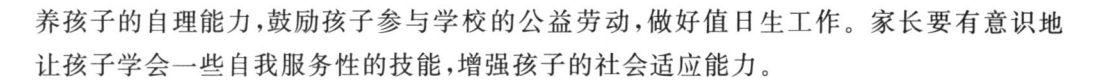

(二)智

(1)传授有关自然、社会的基本知识。一方面,家长要对孩子传授有关自然、社会的基本知识,并引导孩子将知识发展成技能技巧,应用于生活中;另一方面,家长要善于接受新的知识和技能,跟上科技发展的步伐,以便给孩子提供符合时代发展需要的知识。

(2)开发孩子的智力。在日常生活中,注意开发孩子的智力,培养孩子的观察力、注意力、思维能力和想象力,这对孩子以后的学习和生活起着重大的作用;同时,还要培养孩子的操作能力和独立的生活与工作能力。

(3)培养孩子的非智力因素。非智力因素包括需要、兴趣、动机、情感、意志和性格等个性心理品质。家长要培养孩子的意志力、道德修养、克服困难的勇气和能力及自信、自立、自强的良好心理素质等。在家庭教养的过程中,非智力因素的培养和智力因素的培养同样重要,要注意培养孩子的综合素质,如重视孩子的兴趣爱好、情绪的愉悦程度、耐挫性和意志力、艰苦勤奋的品质、胸襟、性格、目标和理想等,这些非智力因素的发展反过来也会促进智力的发展。充分发掘孩子的非智力因素,学会期待,学会欣赏孩子潜在的价值。

(4)培养孩子的探索精神,让孩子养成实事求是和严谨科学的学习习惯。对孩子进行学习习惯的培养十分重要,无论是掌握知识技能还是发展认知能力,都是靠拥有良好的学习习惯、通过自己积极的活动来实现的。让孩子认识到自己是活动和学习的主体,学会如何学习,用实事求是和严谨科学的态度来对待学习,养成对文化的热爱、追求和探索精神,真正成为学习的主人。

(三)体

(1)孩子出生以后,根据家庭经济情况和孩子生理上的需要,加强孩子的物质营养,并科学地安排孩子的饮食。

(2)培养孩子良好的饮食习惯。不厌食、不挑食、不偏食、不暴饮暴食,饮食定时定量。

(3)培养孩子良好的生活习惯。生活起居有规律,早睡早起,注意劳逸结合,不要过分疲劳。

(4)教给孩子自我保护的能力。保证孩子的安全,防止或避免发生意外伤害事故。排除容易伤害孩子身体的隐患。

(5)培养孩子良好的锻炼习惯。鼓励孩子参加户外活动,进行游戏、郊游和各种体育锻炼。体育锻炼应安排合理,全面锻炼,防止单打一,要使身体各部位器官、系统和机能获得全面发展。要因人因地制宜,循序渐进,量力而行,坚持经常化锻炼。

(6)培养孩子良好的卫生习惯。教育孩子讲究卫生,加强疾病预防,有病要及时治疗。

(四)美

(1)培养孩子的审美感受能力。审美感受能力是孩子进行审美活动的出发点,因此,家长要从小就培养孩子美的感受能力。首先,要培养孩子对审美对象外在形象的感知能力,比如感知美丽的山水、花鸟和自然景色;其次,在感受外在形象的基础上,引导孩子领悟审美对象的内在情感表现和象征意义,如社会生活中公而忘私、舍己救人的模范人物,寻求他们身上的美。

(2)培养孩子鉴赏美的能力。美的鉴赏是指对优美事物的鉴别和评价,不仅要求能识别事物的美丑,更要能鉴别美的种类和美的程度并加以评定。在家庭教养中,要利用欣赏文学名著、电影、电视、戏剧、音乐、美术、舞蹈等多种渠道和活动来形成正确的审美观点和审美标准,培养和提高孩子鉴赏美的能力。

(3)培养孩子健康的审美情趣。审美情趣是指审美主体理解、评价自然界和社会生活中各种事物和现象的能力。审美主体在社会实践过程中以其对美与丑、喜与悲的看法对现实的多种多样的审美对象所具有的审美价值进行评价和选择。家庭教养应该将健康审美情趣的培养作为重要的内容,在日常生活中,要注重艺术教育,引导孩子对诸如造型艺术、声乐艺术、文学艺术、表演艺术等多姿多彩的美进行鉴赏,以影响和改造孩子的灵魂;家长要引导孩子选择性地欣赏和接受美,促进健康审美情趣的养成;要针对孩子对事物有强烈的好奇心和求知欲的特点,不间断地教育孩子分辨美,使孩子充分理解生活、自然界和艺术的美。

(4)培养孩子表达美、创造美的能力。表达美的能力包括仪表美、语言美、行为美等。创造美的能力是指在感受美的基础上,通过自己的实践活动,按照美的规律,创造出美的事物的能力。家长要有意识地组织各种审美活动、艺术创造活动,让孩子参与其中,激发孩子创造美的兴趣。

(五)劳

(1)教孩子生活实践和社会实践需具备的最基础的知识和技能,让孩子具有基本的生存能力和必要的动手能力。

(2)在选择活动时,要让孩子手脑并用、体脑结合,使孩子左脑的逻辑思维和右脑的形象思维同时得到发展,以便于让孩子充分地表现自己潜在的天赋和创造才能。

(3)家长鼓励、安排或与孩子一起参加力所能及的家务劳动和社会公益劳动,在劳动实践中逐渐让孩子体会到劳动是他们精神生活中不可缺少的部分。

(4)在劳动实践中培养孩子正确的劳动观念,让孩子热爱劳动,尊重劳动人民,爱惜劳动成果;让孩子养成艰苦朴素、勤俭节约的良好品质,养成敢于与困难作斗争的勇气和意志。

(5)培养孩子从事家庭劳动的义务感和责任感。

(6)要及时对孩子的劳动成果进行正确的评价,以确保孩子对劳动的兴趣和热情。

第二章

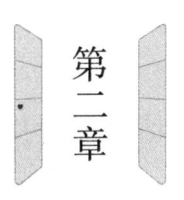

家庭教养的实施者

第一节 家长应有的观念

观念指的是支配行为的看法、思想。观念一旦产生,就对人们的未来实践具有导向功能,成为人们辨别是非的依据。观念是行为的先导。进步、正确的观念,引导人们坚持真理,促进事物向前发展;落后、错误的观念,束缚人的思想,对事物发展起误导作用。

家长的观念制约着家长对知识和能力的运用,在一定程度上左右家长的文化水平和品德修养水平,直接影响到家长对孩子的期望值和满意度,影响到家长对孩子的教养内容和教养方式,影响到家长对孩子教养的时间精力投入和物质经济投入的量度和方向。因此,端正家长的观念尤其重要。

一、人才观

家长的人才观,是指家长对人才价值的观念和对孩子成才的价值取向。家长对人才价值的观念,决定着其对孩子成才的价值取向,也决定着其对孩子的期望。家长应树立以下人才观。

(一)行行出状元

自古以来,三百六十行,行行出状元。未来社会里,我国需要发展各种产业。这就决定了经济建设和社会发展在人才资源方面需求的多样化。

(二)人人能成才

尽管每个人都存在着差异,有着不同的个性,但是"天生我材必有用",每个人都有要求进步的愿望,每个人都有丰富的潜能,每个人都有自己的智能、优势,通过良好的教养、训练,每个人都能成才、成功。

(三)终身学习

随着科学技术的日新月异,在学习场所和工作场所之间的交替活动,将成为每个人在未来社会中的基本生存方式。那种"一朝学成而受用终身"的观念已经过时。人才的成长需要不断学习。

二、儿童观

家长的儿童观,主要指家长对未成年孩子的权利、地位和儿童发展规律的认识。如何认识和对待未成年孩子,涉及儿童的价值与权利,儿童的特质、生长与发展等问题。在这些问题上,家长必须树立以下三个基本观念。

(一)孩子是人

孩子是"人"而不是"物",家长应当把"人"当作"人"来对待与培养,尊重孩子的人格,重视孩子的愿望、需要,平等地与孩子沟通。

(二)孩子是未成年人

孩子处在成长过程中,各方面还不成熟,其心理状态、思维方式和成年人都不一样。家长要理解孩子,允许孩子犯错误。将成年人的想法强加给孩子,代替孩子做决定,逼迫孩子按大人的意志去做,其结果往往与愿望相反。

(三)孩子终将成为独立生活的人

孩子是独立的人,拥有独立的人格和尊严,并且将独立投身社会去创造自己的事业。这是任何人都无法替代的过程。童年生活不仅是对未来生活的准备,也是具有独立价值的生活,成人应该尊重孩子的生活。

三、亲职观

家长的亲职观,是指家长对自己在家庭教养中的角色和职能的认识。在这个问题上,家长应当认识到以下几点。

(一)家长是孩子的第一任教师也是终生教师

家庭,是世界上最重要的教养机构,它提供着给人的生命打上烙印的教养。家长赋予孩子的不仅是生命,家庭的氛围、家庭成员的关系、家庭对社会各种事物的评价、家庭生活的习惯等,每时每刻都在塑造着孩子的心灵。

(二)家长与孩子共同成长

在日益开放的成长环境里,未成年人所接受的教养是多向的,他们身上蕴藏着影响成人世界的潜能。成人单方面控制未成年人成长的时代已经结束,现代社会正朝着两代人共同成长的社会迈进。当然,成人与未成年人共同学习时,要引导他们学会对信息价值的判断,防止文化垃圾的腐蚀。

(三)家庭教养首先是家长的自我教养

"身教重于言教。"为人父母,首先应当树立新的教养思想、教养观念,掌握科学的教养方法和手段,创造民主、平等、和谐、宽松的教养氛围;同时应当成为孩子终身学习的榜样,不断提高自己的思想道德修养和科学文化修养。

四、亲子观

家长的亲子观,是指家长对自己与孩子关系的基本看法。

家长与孩子之间的关系,既是基于亲情的长辈与晚辈的关系、教养者与受教养者的关系,也应当是亲密的朋友。当代孩子对家长最大的希望,是家长能够做他们的朋友。家长对孩子的责任是关爱、支持、引导,但又不陷入溺爱的误区。家长对孩子进行教养,要多尊重、多理解、多信任、多鼓励,而不是一味地讲教训、说道理、定规矩,更不是简单地下命令。

第二节　家长应有的知识

家长担负着教养孩子的任务,家长的责任是重大而艰巨的,不仅要培养孩子的良好品德,也要传授知识、开发智力,还要对孩子进行身体保健。要成为一名合格的家长,真正担负起教养孩子的任务,必须具备一定的知识。否则,就会心有余而力不足,即使有再良好的愿望,也不能达到预期的目的。

家长教养孩子,面对的是活生生的人,是具有不同年龄特征、个性特征和性别特征的儿童、青少年。他们的年龄特征,随着年龄的增长而不断变化着。他们的个性特征,随着环境的变化也在不断发展。

教养孩子是一种十分复杂的劳动。从事复杂的劳动,就得要学习、掌握知识。这个道理,应当说是显而易见的。一个不懂得作为家长应有知识的人,要去教养孩子,肯定教养不好,弄不好还会把孩子教坏。

一、优生知识

优生学是提高人口质量的科学。优生学分两种：一种叫积极优生学，其在遗传工程技术的基础上开展工作，以促进体力和智力优秀的个体繁衍，使后代更加完善；另一种是有现实价值的预防优生学，它的目的在于预防遗传缺陷和先天性疾病，减少不良个体的产生。

优生知识就是关于如何生育身心健康的孩子的科学知识，包括哪些类型的人不可结婚、通婚，什么年龄结婚好，什么年龄是最佳生育年龄，怎样搞好妊娠保健、围产期保健，如何预防胎儿畸形和遗传病等。青年男女在婚前就应该了解这些知识。

二、儿童青少年生理学知识

生理学是关于机体的生命活动和体内各器官机能发展的科学。儿童青少年时期，正是长身体的时期。这个时期，身体发育是人一生成长发展的基础。家庭是孩子们赖以生存的场所，家长是保证孩子生理健康的主要责任者。为保证儿童青少年身体健康发育，减少疾病，家长必须掌握一些生理学知识，以便给孩子提供良好的物质生活条件和精神生活条件，加强卫生保健，指导体育锻炼。

三、儿童青少年心理学知识

儿童青少年心理学是研究儿童青少年心理发展一般规律和年龄特征的科学。处在儿童青少年阶段的孩子，他们的心理发展状况不同于成年人，有自己的年龄特征和个性特征。要搞好家庭教养，家长必须了解儿童青少年心理发展的一般规律。只有掌握了这方面的知识，教养工作才更有针对性，教养效果才会更理想。

四、教育学知识

教育学是关于教育发展规律的科学。儿童青少年时期，是开发智力、学习科学文化知识和形成良好思想品德及行为习惯的重要时期。要使孩子的智力得到充分发展，学好基础科学文化知识，形成良好的思想品德和行为习惯，家长必须学习、掌握教育学知识，了解教育的原则、方法，并且会灵活地创造性地运用教育原则和方法。

五、各种文化科学知识

家长还要尽可能地学习各种科学文化知识，包括社会科学知识和自然科学知识。要努力用科学文化知识充实自己的头脑。这样做，不仅仅是为了给孩子做出榜样，也是平时教养孩子所需要的。对孩子进行思想品德教养,需要家长有广泛的知识,这样才可以更好地摆事实,讲道理,做到以理服人。辅导孩子学习科学文化知识时,如果家长不懂得这些知识,就无法进行辅导。儿童青少年求知欲很强,遇事好问"为什么"。如果家长知识贫乏,孤陋寡闻,当孩子提出问题时,或不知所云,或无言以对,一问三不知,就不能满足孩子的求知欲望。若家长具有广博的科学文化知识,有较高的文化素养,教养的艺术性和有效性就会大大提高。当然,有的家长由于条件所限,学习较为高深的科学文化知识可能有一定的困难。但是,家长至少应当有学习科学文化知识的兴趣和积极性。

六、社会生活知识

社会生活是相当复杂的。一个人要能过正常的生活、自由的生活,要生活得幸福,必须具备广泛的社会生活知识。不然的话,会遇到许多困难,处处遭磨难、受限制。社会生活知识对于每一个社会成员都是必要的。社会生活知识有许多是在书本上学不到的,需要在日常生活中学习、积累。而儿童青少年生活阅历尚浅,缺乏社会生活的知识和经验,家长作为孩子生活的引路人,有责任教会他们如何生活。所以,家长应具备广泛的社会生活知识,以便在日常生活中随时随地向孩子传授。

社会生活知识包括的内容相当广泛,如衣、食、住、行、吃、喝、玩、乐等生活方面的知识,为人处世、待人接物、社会交往等方面的知识,料理家务、布置家庭环境、处理家庭亲戚邻里同事同学关系等方面的知识。

第三节 家长应有的能力

教养孩子的知识是人们在教养孩子的实践中所获得的关于孩子教养方面的认识和经验的总和。教养孩子的科学知识,对孩子教养实践具有指导意义,作为家长,必须掌握。但是,知识并不等于能力。要解决好家庭教养中遇到的种种实际问题,要把孩子教养到长大成人,还必须具备教养孩子的能力。

所谓教养孩子的能力,就是运用教养孩子的科学知识,解决家庭教养实践中遇到的种种问题,促使孩子身心健康发展的技能、技巧。

教养孩子的知识,主要是解决教什么和如何教的问题。而教养孩子的能力,则是解决具体怎样教的问题,是解决教养实践的问题。不具备教养孩子的科学知识,教养实践就会盲目,当然不成。但只是有知识、有理论,不能把知识转化为能力,只能空谈,仍然不能胜任教养孩子的任务,遇到实际问题还是束手无策。

一、了解孩子的能力

教养孩子的前提和基础,是要善于了解孩子的情况。情况明,决心才大,判断才准确,教养方式方法选择运用才恰当,教养工作才更有针对性。家长和孩子每天都生活在一起,这为更清楚地了解自己的孩子提供了条件。但是,这也不是绝对的。有的家长就不太了解自己的孩子,平时自以为孩子表现还不错,可实际上孩子不当着家长面的时候,做了不少错事,等到问题严重了,反映到家长那里,家长才如梦初醒,大吃一惊。这样,家庭教养工作就会陷于被动。

了解孩子并不是一件容易的事。随着孩子年龄的增长,越大越难以了解。因为孩子年龄越大,思想越复杂,越具有封闭性。孩子小时候,一切都暴露在家长面前,很少对家长隐瞒什么;年龄大了,特别是到了少年期,独立自主性增强,往往有意无意地把自己思想的大门紧闭着,要真正了解,有一定的难度。

要真正全面地了解孩子,必须做到:

(1)要注意观察孩子的言行举止,洞察孩子的思想情绪。孩子每天在想什么、做什么、怎么做、情绪状态如何,家长都要看在眼里,记在心上,要做教养孩子的有心人。孩子在家庭生活中,在家长面前,一般能够以真实的面貌表现自己,家长能一目了然。但是,情况也有不同。有的孩子比较内向,心理活动比较隐蔽,不好外露,这就给家长了解孩子造成一定的困难。不过,儿童青少年有什么思想动向,情绪有什么变化,要完全隐蔽,一点儿不露声色,是不可能的。只要家长注意观察,有敏锐的观察力,是完全能了解孩子的内心世界的。

(2)家长要主动和孩子接近。孩子年幼时,对家长依恋性很强,和家长形影不离,孩子做什么都愿意有家长参与,家长有什么活动孩子也愿意跟随,孩子有什么话也乐于跟家长讲。随着年龄的增长,特别是到了少年期,孩子独立自主意识日渐强烈,要求摆脱家长的管束,愿意单独活动,既不愿家长参与、干预自己的活动,也不愿跟随家长去活动,有些话也不愿跟家长说了。在这种情况下,家长应主动接近孩子,关心孩子,争取多参与孩子的活动,吸引孩子参与自己的活动。当然,要征得孩子的同意,不可强求。平时多和孩子闲谈、聊天,讨论一些共同关心的问题,从中了解孩子的思想活动和动向。但要力戒见面就"盘问",更不要进行"审讯"。

(3)要创造一种宽松的家庭生活气氛,以民主、平等的态度对待孩子。家长对孩子要严格,但严格不等于严厉、粗暴。对孩子态度要和蔼可亲、平易近人,孩子感到亲切,有话就愿意跟家长讲,能够暴露真实思想。若过于严厉、粗暴,家长和孩子关系紧张,孩子一见家长就害怕,就会对家长存有戒心,有意躲避,有意掩盖真实思想,不讲真话,只讲家长爱听的话,以假象蒙骗,家长就无法了解孩子的真实思想情况。宽松的家庭生活气氛,还包括不要事事都管束得特别苛刻,不给孩子一定的自由权利。在原则问题上,在是非问题上,应严格要求,严加管束;在非原则问题上,在一般小事上,要适当宽容、放松一些,让孩子自由地生活。

(4)要全面看待孩子,不要持偏见,不要抱成见。要全面了解孩子,必须从实际出发,不能带任何的框框,不能受印象的左右。对自己喜欢的孩子,不能只看得见优点、长处,而看不见缺点、短处;相反,对于自己不大喜欢的孩子,也不能只看得见短处、缺点,而看不到长处、优点。这样,是不能全面了解孩子的。孩子有优点、长处要充分看到,有缺点、短处也要正视、重视。

(5)要正确对待、认真听取别人反映的情况。教师、邻居、孩子的同学和伙伴,向家长反映孩子的情况,多数情况下是对孩子的关心,希望家长管好孩子,家长应当持欢迎态度,从中了解自己未亲眼看到的孩子的实际表现。有些家长往往有这种情况:自己亲眼看到的孩子的问题,相信;别人反映的问题,不大相信,总觉得别人是在故意挑毛病。这也是一种偏见,是护短。只相信自己的眼睛,不相信别人,是不能全面了解孩子的。当然,对于别人反映的情况,既不要一概不听不信,也不要偏听偏信。

二、分析问题的能力

教养孩子的过程,是针对实际情况,采取适当的教养方式方法,促进孩子身心健康发展的过程。了解、掌握情况是教养过程的第一步。究竟选择、运用什么样的教养方式方法,必须依据对情况进行全面分析所得出的判断。只有判断得准确无误,教养方式方法才能选择恰当,教养效果才会好;如果判断错了,教养方式方法肯定选择得不恰当,效果肯定也不会好,甚至事与愿违。因此,分析问题的能力对于家长来说,也是非常重要的。

孩子身上某一情况的出现、某一问题的发生,其原因是多种多样的,并不单单是某一种因素起作用而造成的。有主观原因,有客观原因,有直接原因,有间接原因,等等。客观事物是复杂的,事物与事物之间的联系是广泛的。这就要求家长看问题不能简单化,不能犯主观主义的错误。比如,孩子的学习成绩下降这样一个问题,究竟是什么原因造成的呢?可能是上课不用心听讲,可能是对某一门功课不感兴趣,可能是身体健康状况不好,可能是思想上有什么问题,也可能是老师讲得不明白,等等,要做具体分析。不做具体分析,发现孩子成绩下降,不分青红皂白,就劈头盖脸地训斥、谩骂或殴打一顿,教养效果不会理想。要全面分析一下,是哪些因素在起作用;哪些是主要原因,哪些又是次要原因;主观原因占多大比重,客观原因又占多大比重。这些问题弄清楚了,做出准确的判断,才会选好教养方式方法,孩子才能接受,才能真正解决问题。

再比如,孩子不听话这一问题,有什么原因?可能是家长未能以身作则,威信不高;可能是家长要求过高,脱离孩子的实际;可能是家长处理问题不公平,孩子有意见;可能是孩子受成人感所驱使,不自觉地对抗家长;可能是孩子的合理要求,家长未给予满足,孩子有意对抗家长;等等。要客观地分析,看是家长的责任,还是孩子的问题。遇到此类问题,要冷静,不能一遇到孩子不听话就火冒三丈,大发雷霆。先弄清原因,再做适当处理,问题就能顺利解决。

要具备较强的分析问题的能力,家长首先必须全面了解和掌握有关情况。片面的情况,只能使人得出片面的判断。其次,要坚持唯物辩证的观点,从实际出发,克服主观主义。就是说,分析问题要客观,从实际出发,不能从印象出发。有的家长发现自己比较喜欢的孩子身上有缺点,往往考虑客观原因多一些;而对自己不太喜欢的孩子,一有缺点,往往武断地认为全是孩子的主观原因。在非独生子女家庭里,兄弟姐妹之间发生了矛盾,有不少家长往往主观臆测是大孩子的责任,而有意无意地为小孩子开脱责任。家长主观臆断,往往会导致问题的错误处理。

三、处理和解决问题的能力

孩子身上出现的情况和问题是多种多样的,有优点、成绩、进步,也有缺点、过失和退步。要能发挥孩子身上积极因素的作用,克服消极因素的作用,化消极因素为积极因素,就要求家长有较强的处理和解决问题的能力。

处理问题要取慎重态度。首先要弄清情况、情节,分清是非,做出恰当的判断,分析情况和问题产生的原因。然后,再着手去处理、解决。不能一发现好的一面,就盲目乐观;也不能一发现不好的情况和问题,就头脑发热。在冲动状态下处理和解决问题,很容易把事情搞糟,把简单的问题复杂化,以至于最后无法收场。

对于孩子的进步或过失,要抓好"第一次"。对于进步,哪怕仅是一点点的进步,也要及时给予适当的肯定、赞许、表扬,使之受到激励,取得再进步的动力。如果家长对孩子的进步漠不关心,不以为意,或是忽略了,没有给予及时的、必要的肯定,就不能促使其进步得到巩固,易使孩子丧失继续进步的动力。同样,对于孩子的过失,也要及时发现、处理。比如,孩子第一次撒谎,想看看撒谎能不能掩盖过失、错误,能不能逃避家长的批评、惩罚。如果家长大意了,轻易放过了这"第一次",使其尝到了"甜头",那么紧接着还会有第二次、第三次撒谎。家长要特别重视孩子第一次犯错,抓住不放,谨慎处理,严加管教。若孩子承认错误和过失,则可以原谅;若是以撒谎掩盖,是错上加错,绝不容许。这样态度明朗地严肃处理"第一次",会给孩子一个正确的行为规范,给他留下深刻印象。若对"第一次"处理不当,易造成很不好的后果。因此,对"第一次"的处理,尤其要慎重。

处理孩子问题时,家长有时也难免有不当之处。处理错了,要向孩子承认错误,以挽回不良影响,千万不能将错就错。

家长处理和解决问题的能力,不是先天就具备的,是在实践中逐步形成的。家长应在教养孩子的实践中,不断积累总结经验,使自己处理和解决问题的能力逐步得到提高。

第四节 家长应有的原则

一、理智施爱原则

(一)要严格要求,不能一味迁就

孩子年幼时,不具备独立生存和生活的能力,日常生活不能自理,需要家长在生活上给予精心的照料,诸如衣、食、住、行等物质生活方面的需要都要由家长给予满足;在精神生活上,孩子也有多方面的要求,如爱抚、温存、体贴,需要有人陪他们玩耍、游戏,带他们到户外活动等,这一切都需要尽可能给予满足。家长对孩子照顾得周到,物质生活优越、舒适、充足,精神生活充实、愉快,孩子才能健康成长。否则,在物质生活和精神生活上得不到应有的满足,他们的正常生活难以维持,身心健康就会受影响。家长通过自己的努力,满足孩子物质上和精神上的种种需要和要求,既是家长之爱的体现,也是家长应尽的责任和义务。

但是,对于孩子的种种需要和要求,不能都予以满足。在一定情况下,对于孩子物质上和精神上的需求,不但不能给予满足,反而要予以限制,这也是爱。为什么这样说呢?因为孩子向家长提的要求,不见得都正确、合理。比如,有的孩子爱吃巧克力,吃起来没完;有的吃饭挑食,一点蔬菜也不吃;有的孩子自己已经会独立吃饭,偏要别人喂;有的孩子自己会独立游戏,还非要家长一直陪他玩不可;有的只爱被表扬,不爱被批评;有的玩具已经有了,还非要再买不可;有的孩子上学了,自己能独立回家,还要家长接送;有的写完作业,自己懒得检查,非要家长检查;有的书籍文具自己不收拾,每次都要家长代劳;极个别的孩子以打人为乐趣,不让打就不干;等等。孩子的这些要求都是不正确的、不合理的,但在现实生活中,却普遍存在。作为孩子,年龄尚小,缺乏生活的知识和经验,缺少对生活的深刻体验,不懂得哪些要求是合理的,哪些要求是有益的,往往提出一些不合理、不正确的要求,这是情有可原的。但家长应当对孩子的要求和需要正确分析和判断。正确的、合理的,应当予以满足;不正确的、不合理的,哪怕再强烈、再迫切,也不能予以满足。家长绝不能感情用事,一味地迁就、姑息、放任。

然而,有的家长却没有做到这一点,不管孩子的要求合理不合理,从不违背孩子的意志,要什么给什么,要怎么做就怎么做,这种做法是十分有害的。对孩子的要求,一味地满足,直接受害的是孩子本身。若孩子向家长提出的种种要求,家长从来都不加分析,一一照办,久而久之,就会大大助长孩子的贪欲,导致孩子养成不良习惯,甚至走上邪路。比如,给孩子零用钱的问题,一分钱不给,不好;但是,也并不是给得越多越好。正确的做法是适可而止。由于家长对孩子的物质贪欲不加限制,而造成儿童、青少年走上犯罪道路的情形,是不少见的。

有的家长一味迁就孩子,他们以为,违背孩子的愿望,会挫伤孩子的个性,影响孩子意志品质的培养,压制他们的追求和进取精神,进而会消磨人的意志。这种看法是有片面性的。

家长必须懂得,意志不是想得到什么,就一定要得到什么。苏联教育家马卡连柯对此做过精辟的论述,他说:"意志——这不单纯是欲望和欲望的满足,同时也是欲望和制止、欲望和放弃。假如你们的孩子仅仅受到实现自己愿望的训练,而没有受到克制那种愿望的训练,他是不会有最大的意志的。"他运用一个非常通俗而又十分形象的类比:"没有制动器就不可能有汽车,而没有克制也不可能有任何的意志。"一辆汽车,如果只有动力系统,而没有灵敏有效的刹车系统,这种汽车是不能开到马路上去的,否则肯定会出事故的。同样的道理,如果一个人不能在必要的时候克制自己的欲望,放弃不恰当、不实际的愿望,那么这种人是不能适应复杂的社会生活的。他就会像没有制动器的汽车一样,胡冲乱撞,碰得头破血流。

(二)爱孩子的动机和效果要统一

在实际生活中,许多家长对孩子的爱,并没有使孩子过得幸福,反而害了孩子,给孩子造成了痛苦。

有的家长为了让孩子生活得舒服,对孩子的穿戴、吃喝,照顾得无微不至。在秋季,生怕孩子受寒生病,给孩子加衣服比别的孩子早一个季节;春夏给孩子减衣服,则比其他孩子晚一个季节。平时最怕孩子得病,没病没灾也得天天吃点保健药品;孩子突然咳嗽几声,就特别紧张,生怕孩子生病,过分担心,惶惶不可终日,甚至一趟一趟地跑医院,看大夫,吃药,打针。饮食方面,生怕孩子营养不足,孩子吃饱了,还要硬往嘴里塞;各种营养品,天天得吃,恨不得用营养品把孩子给"吹"起来。

家长以为这样对待孩子就是爱,对孩子有好处。其实效果恰恰相反。对孩子的身体健康越是担心,越是娇生惯养,孩子的身体状况就会越糟。比如,家长怕孩子生病,从不让孩子出门进行户外活动,整天关在屋里,风天怕吹着,雨天怕淋着,晴天怕晒着,不让孩子经受锻炼,孩子的抗病能力必然很差,弱不禁风,天气稍有变化就会得病。家长越怕孩子营养不良,每天像填鸭似的给孩子塞营养品,孩子反而越会形成厌食、挑食、营养不良等毛病。

孩子上学了,家长每天帮孩子收拾书包、文具,生怕孩子丢三落四,带不齐学习用具,学习受影响;孩子做完了作业,由他自己检查不放心,家长每天代替孩子检查。这些做法,家长的动机是好的,想让孩子学习好、成绩好,但家长没有想到,这样越俎代庖,就会养成孩子的依赖心理,导致孩子很难养成良好的学习习惯,对孩子的学习最终是有害的。

有的家长看到孩子学习上有了进步,就给孩子发奖金。这种做法体现了家长对孩子的鼓励、表扬,也是家长对学习不断进步的孩子的爱。但家长没有想到,若总是用物质奖励来刺激孩子的积极性,久而久之,就会把孩子引导到单纯为了追求物质利益而学习的道路上去,而且若物质刺激使用得太多太滥,物质就发挥不了刺激作用了。

若家长只考虑到动机,却没有认真考虑后果,其结果往往事与愿违。对孩子的这种爱,是盲目的、不科学的,因此只能是溺爱,是有害的。

(三)要从孩子的长远利益出发去施爱

人们眼前的利益和幸福与长远的利益和幸福,有时是统一的,有时却又是不统一的。眼前的利益和幸福与长远的利益和幸福,如果是统一的,则是理想的。但是,在现实生活中,往往是眼前得到了利益和幸福,从长远看,却带来害处和痛苦;也往往是眼前看来是苛求孩子,可从长远看是有益的。

比如说,孩子年幼时,让他参加一些力所能及的劳动,对孩子来说,这可能是痛苦的事,但孩子长大了,离开家长,走上社会,孩子的生活自理能力很强,在生活上没有什么困难,孩子受益了,孩子的生活将是幸福的。像这样让孩子从小参加一些力所能及的劳动,似乎是不爱孩子,其实恰恰相反,这才是对孩子真正的爱。反之,如果家长不让孩子从小从事一些力所能及的劳动,怕孩子累着,什么事都是家长包办代替,这样做表面看是很爱孩子,但从长远看,对孩子是有害的。一个从小缺乏劳动锻炼的人,长大以后,生活自理能力差,将来一旦离开家长、家庭,孩子将会很痛苦,在独立生活的道路上将寸步难行。

今天,我们有些家长缺乏远见,只顾孩子眼前利益和幸福,根本不考虑孩子将来怎么办。有的家长从孩子年幼时就把孩子的物质生活安排得非常舒适、优越,让孩子尽情地享受,而一旦养成了大手大脚的习惯、贪图享受的恶习,一点苦也不能吃,将来是不会有什么幸福的。如果家长靠自己手中的权力千方百计地为孩子安排舒适轻闲的工作,而不让孩子去奋斗、去努力,学到真才实学,学会自立,那么这种专靠家长的荫护过生活的孩子,将来能有什么出息,有什么作为,有什么成就呢?这并不是对孩子真正的爱,而恰恰是在害孩子。

如果孩子眼前的利益和幸福同将来的利益和幸福是相矛盾的,家长就应将眼光放远一点,舍弃眼前的利益和幸福,着眼于孩子的长远利益和幸福,这才是真正的爱。

二、科学发展原则

(一)要从实际出发,量力而行

为了使自己的孩子早成才、快成才、成大才,有的家长不顾孩子的身心发展水平,不考虑孩子的实际理解能力和接受能力,任意提前进行智力开发。在孩子刚刚会说话时,就教他们识字、学算术、背古诗、学外语;孩子还未上学,就教孩子学习小学课本上的知识;未进中学,就让孩子提前学习中学课本上的知识。此外,任意给孩子补充练习题;孩子学完了学校的功课,回家后,还要跟家长或家庭教师学习更难更深的知识;在孩子上学的同时,家长还要孩子参加许多其他的课外学习,如学习书法、绘画、音乐等,把孩子每日每时的行程安排得满满的,没有一点娱乐、休息、体育活动的时间,不给喘息机会,恨不得一下子就把孩子培养成为一个"神童",或一个无所不知、无所不能的"全才"。

这类做法就是把家长的主观意志和愿望强加于孩子。这样做的结果肯定是事与愿违。因为这脱离了孩子的实际,违背了儿童、青少年身心发展的客观规律。任何事物的发展规律都是客观存在的,是不以人的主观意志为转移的。要促使事物顺利向前发展,我们只能适应客观规律,利用客观规律,而不能任意违背事物发展的客观规律。违背客观规律就会受到惩罚,就会事与愿违。

孩子小时候,是进行智力开发的大好时机,这个时期他们的感受能力和可塑性相当强,抓紧早期教养,且抓得又科学,是会有利于孩子智力发展的。等孩子进入小学学习后有一个较高的起点,对孩子是有好处的。

但是,有一些家长对于孩子的心理特征并不是太了解,对孩子实际理解能力和接受能力估计过高,总想把孩子造就成一个"神童"。他们看到社会上也确实出现了一些"神童",古今中外都有,于是误认为自己的孩子也是"神童",过早地让孩子学习一些很抽象深奥的知识。其实,在理解力、记忆力方面有特殊才能的"神童",是极少数、极个别的,绝大多数儿童不可能有那么强的理解力和记忆力。学龄前儿童的理解能力和接受能力是有限的,他们的思维特点主要是形象思维,只是在游戏、日常生活及与成人的交往中学习一些科学知识。不顾孩子的理解能力和接受能力,硬给孩子灌输他们根本不理解的知识,他们全靠死记硬背,是囫囵吞枣,是食不知其味,食而不化,只能学到一些一知半解、似是而非的东西。孩子小时候学到的知识,往往是"先入为主",若头脑里形成一些不正确、不完全的知识概念,不仅不会有利于以后学习掌握科学知识,而且还会干扰以后的学习。让孩子小时候学习一些知识,目的是要发展孩子的智力。如果知识理解不深,掌握得不准确,是根本不能转化为智力的。过早地强迫孩子学习理解不了的抽象知识,他们会感到枯燥、厌烦,结果不但学不到什么知识,还会影响孩子学习知识的积极性。我们还要注意到,学龄前儿童的大脑还未发育成熟,过早地给大脑加重负担,会使大脑过分早熟,当孩子进入青少年时期,大脑便很容易产生疲劳和惰性,反而影响孩子智力的发展。

有的家长过早地强迫孩子学习书本知识,是受了社会上那种对早期教育、早期智力开发作用过分夸大的影响,认为孩子小时候不聪明,大了肯定成不了才;小的时候教育不抓紧,抓不出成效来,以后的教育就不起作用了。其实这是一种误解。就古今中外那些在事业上很有成就的人来说,有的人小时候很聪明,有的人小时候也并不特别聪明,没有显示出什么特殊的才能,有的是大器晚成。

一个人的智力在早期没有得到开发,并不一定影响他以后的发展。早期教养对于一个人的成长,并不起绝对的决定作用。家长们必须明白,每个孩子智力的发展具有相对的个性。有的智力发育早一些,早期开发可以达到预期的效果;有的智力发展较晚一些,过早地开发,也不见得起什么积极的作用。另外,有的孩子在小时候即便很聪明,很有天赋,但长大以后,不一定就学习出色。

一个人能不能成才,不能完全指望在早期奠定基础,成才不是一蹴而就的事。要把孩子培养成才,只有进行长期的系统的培养教养,做出不懈的努力,才有可能取得成功。

当然,我们这样说,并不是否定早期教养的作用,反对实行早期智力开发,而是主张要从孩子的实际出发进行智力开发,科学地进行早期智力教养。正确的做法是,从孩子大脑不太成熟和思维的具体形象性特点出发,多让孩子在日常生活中开阔眼界,丰富他们的感性认识,爱护并注意训练他们的多种感觉器官,提高他们观察事物的能力,注意孩子的身体保健和锻炼,注意劳逸结合,不可给他们的大脑以过重的负担。这样做,才会有利于孩子的智力发展,为以后长期学习打下基础。

(二)不要操之过急,要循序渐进

不从孩子的年龄特征出发,不顾孩子实际的心理发展水平和实际能力,任意加重孩子的学习负担和心理负担,也是有害的。因为这样做,同样是违背儿童、青少年身心发展规律的。

孩子出生以后,随着年龄的增长,从总的发展趋势上看,其身心发展水平和认识能力是不断提高的。但是,必须注意到,儿童、青少年的身心发展同其他任何事物的发展一样,是一个由量变到质变的过程,表现出发展过程的一定的阶段性。

孩子从出生到身心发展成熟,不同年龄阶段具有不同的身心发展特征,并且这些特征具有一定的顺序性。前一个年龄阶段是后一个年龄阶段的基础,后一个年龄阶段是在前一个年龄阶段基础之上发展的。家长对孩子进行各种教养和训练,应当按照他们身心发展的规律,若打乱了他们身心发展的秩序,就会影响他们身心健康发展。

家长在教养孩子过程中,往往有两种倾向:一种是落后于孩子身心发展的水平,就是该进行某种教养和训练了,而家长却没有及时进行;另外一种是超越孩子身心发展水平,对孩子进行教养和训练的内容,其难度和数量是孩子目前发展水平还不能接受和理解的。后一种倾向是家庭教养中较普遍的现象。

任何事物的发展总要有一个过程。人的身心发展也是一个渐进的过程。特别是学习知识、发展智力,不是任意增加学习内容、加大学习难度、加快学习进程、大搞突击便可以奏效的,它是一个渐渐积累的过程。孩子还没到那个年龄段,心理水平还没发展到那个程度,接受和理解能力还没有那么强,硬要让他提前学习他难以理解和接受的知识,非但无益,反而有害。

知识本身也是有系统的,有自身的发展顺序。前边的知识为后边的知识打基础,后边的知识是前边知识的发展,先后顺序不能打乱。人们学习知识,也要遵循知识本身的发展顺序,前边的知识未学扎实,不能急于学后边的知识,操之过急,也是学不好的。学习知识不能跳跃前进,要一步一步来。

循序渐进要"循"的"序",实际上有两个:一是儿童、青少年的年龄特征和知识、能力发展水平,二是知识本身的发展顺序。所谓"循序渐进"也就是按照儿童、青少年身心发展的年龄特征和知识、能力发展水平,遵循科学知识本身的发展顺序,由浅入深,由简入繁,由易到难,由少到多,逐步提高要求。

(三)处理好全面发展和发展特长的关系

发展孩子的特长,不仅对孩子的成长有好处,对于国家、社会也是一件好事。家长创造条件满足孩子的兴趣爱好,使之发展一技之长,可以使孩子的个性得到充分发展,也可以为国家、社会造就具有特殊才能的专门人才。但究竟发展孩子哪个方面的特长,不能完全凭家长的主观愿望和意志,不能把家长的兴趣爱好强加给孩子,也不要受社会上某种风气的左右,赶什么时髦;也不要刚刚看到孩子对某方面的活动发生了一点兴趣,就过早地给孩子定向。正确的态度应当是,从孩子年幼起,就要大力支持孩子参加各种兴趣活动,使他们的兴趣得到充分的发展。当他们随着年龄的增加,逐步对某方面的活动产生了较为稳定的兴趣,并有了较为强烈的学习认同以后,再将孩子的特长发展方向确定下来。只有这样,才能使孩子的兴趣爱好发展为特长。千万不能过早地定向。因为孩子年幼,其兴趣爱好非常广泛而又很不稳定。家长必须注意到这个特点,免得在发展孩子的特长上出现盲目性。

要发展孩子的特长,培养造就专门人才,还必须以全面发展为基础。一个造诣很深的专门人才,除了具有专门的知识和技能技巧以外,还必须有十分广博的知识基础。这就有如建高楼大厦,盖得越高,地基就要打得越牢,打得越宽。一个知识贫乏、孤陋寡闻的人,在专门业务上的发展是有很大局限性的。

有些家长,为了使孩子的特长得到发展,将来成为专门人才,不惜将孩子在小学、中学应学好的基础知识弃之不顾,根本不注重孩子对普通文化基础知识的学习,只要求孩子学习某一专门知识,练习某一专门技能技巧,这种做法是很有害的。其结果是,孩子不但成不了专门人才,而且连普通劳动者的素质都不具备,这样做不仅不是在培养造就人才,反而甚至连孩子原本有的才能也让家长给毁掉了。

家长必须明白,知识之间是有内在联系的,它们互相依存、互相制约。普通文化知识学好了,可以促进专门知识的学习;普通文化知识学不好,反过来也会影响专门知识的学习。普通文化知识学好了,文化素质提高了,可以加深对专门知识的理解;文化素质低,理解能力差,肯定不利于专门知识的学习。

总之,家长要设法处理好全面发展和特长发展的关系,使二者很好地统一起来。

(四)针对孩子的不同个性因材施教

儿童、青少年的身心发展,在不同的人身上,还表现出各自的个性。就是说,在同一年龄阶段的儿童、青少年中,不同的孩子,由于先天的遗传素质、后天的生活环境和所受到的教养,以及孩子本身的实践情况不同,在身心发展的可能性、方向和水平上是存在差异的,这种差异就叫个性,也叫个性特征。

人与人之间的个性差异是普遍存在的,出生于不同家庭的孩子有个性差异,出生于同一家庭的孩子,甚至是双生子之间,也存在着个性差异。

孩子的气质、性格、兴趣、能力等个性特征不同,要求家长对孩子进行的教养、训练也要因人而异,区别情况,分别对待,做到从实际出发,有针对性。只有这样,家庭教养才能顺利进行,才能成功,才能有利于孩子身心健康发展。

然而,在现实生活中,有许多家长恰恰违背了这一点,他们不从孩子的实际出发,不因势利导、长善救失、扬长避短,而是完全从主观愿望出发,盲目地对孩子实施教养、训练。比如,不管孩子的气质类型如何,稍不如意就大发雷霆,吹胡子瞪眼,甚至张口就骂、抬手就打。这样,胆小的孩子就会在家长的威逼、严惩下,变得更胆小,甚至被逼得说瞎话。有的家长对孩子性格品质好坏不分,只要欣赏,就大加鼓励、赞赏;要是不喜欢,即使是好的品质也不支持、鼓励。有的家长不管孩子的兴趣、爱好如何,粗暴地强制孩子放弃自己的兴趣、爱好,而强迫孩子学习他们根本不感兴趣的东西。也有的家长不从孩子的实际能力水平出发,简单地和别的孩子或家长小时候攀比,认为只要别家孩子能学会的,自己的孩子也能学会,或认为自己小时候学习没费这么大力气,那么自己的孩子也应学得轻松。他们强制孩子学习力不能及的东西,学不会就讽刺、挖苦、谩骂、殴打等。这些做法都是违背因材施教原则的,肯定要失败。

要做到因材施教,家长必须承认、正视、了解孩子的个性特征。这是因材施教的前提。我们了解孩子的个性特征,不是去消极地迁就、适应,而是要发挥每个孩子不同的优势,使优良的个性品质得到充分发展,对于不良的个性品质则要加以纠正。孩子的身心究竟要朝什么方向发展,不能完全由家长的主观愿望决定,不能强制孩子朝自己所规定的方向发展,而应当根据孩子的个性倾向和社会发展的需要,因势利导,促使其发展。家长强制孩子服从自己的意愿,抹杀、压制孩子的个性,会扼杀人才。要使孩子成才,必须使孩子的个性品质得到充分的发展。

当然,这并不是完全否定家长对孩子学习、事业的指导、引导和辅导作用,也不是主张在学习、事业上对孩子放任自流,任其所为。对于那些在兴趣、能力等方面尚无明显特点和倾向的孩子,家长视情况为他们创造一定的环境和情境,有意识地引发他们的兴趣,使他们的能力得到充分发挥,为他们未来所从事的事业做一个向导,这也是符合因材施教原则的。

三、一致对待原则

(一)不同家长对待同一孩子的态度要一致

在某一时、某一事的教养上,不同家长要态度一致,家长之间不要相互矛盾、对立。在对孩子一时、一事的教养上,持什么态度,平时对孩子有什么样的要求,对孩子进行什么内容的教养,采取什么方式方法,如何进行教养,等等,以上这些,不同家长事先要有一个统一的认识,态度要一致,不能各行其是,谁想怎么管教就怎么管教。

当然,对孩子的态度,对孩子的要求,不同家长不可能不谋而合,一点差异都没有。事实上,在对孩子进行管教时,家长与家长之间的相互矛盾是难以避免的。有差异、有冲突并不要紧,有时也很难都在事先统一好思想认识,但要特别注意,千万不能把家长之间的差异、矛盾暴露在孩子面前。如果把差异、矛盾暴露在孩子面前,各持己见,互不相让,那么孩子就会无所适从,不知听从谁的教导,终将导致家长的任何教导都失去作用。在实施教导时,一旦在孩子面前表现出了差异和矛盾,那怎么办呢?最好是有一方暂时先做让步,收回自己的意见,事后再统一认识,千万不能在孩子面前争吵起来。

(二)同一家长对待不同孩子的态度要一致

在非独生子女家庭里,同一家长对不同孩子,不能有亲有疏。不能对这个孩子放任自流,要求很松,对另一个要求却很严;不能对这个孩子很关心,对另一个孩子很冷淡;更不能偏宠、偏爱一个,而讨厌、歧视其他孩子。如果态度不一致,危害极大,被偏宠者可以为所欲为,任性骄横,不服管教;被歧视者容易产生自卑、对立情绪,不利于健康成长,不易接受家长管教。同时,对孩子不一视同仁,也会在同胞兄弟姐妹之间造成隔阂和矛盾,使兄弟姐妹之间不和睦。

在多子女家庭,家长要尽可能在态度、管理上掌握平衡,同样关心,同样爱护,同样严格要求。当然,根据孩子不同的年龄、性别、个性特征、身体状况,家长在要求和管教上可以有所区别。但是区别不能大,不能偏宠、偏爱,更不能歧视、虐待。要做到这一点,家长要加强自身修养,增强理智,时刻意识到自己是孩子的教养者,一切从孩子的教养实际出发,不能感情用事。

(三)同一家长对待同一孩子的前后态度要一致

有的家长对孩子的要求,此一时彼一时。先是这样要求,后是那样要求。"朝令夕改",反复无常,没有一定之规。家长这样对待孩子,孩子不仅不能养成良好的行为、品德、习惯,而且也无所适从,不知家长哪种要求是要听从的。

对孩子进行家庭教养是一个长期的、连续的过程。从出生到青年时期,是家庭教养的重要阶段,长达十七八年之久。在这一过程中,家长对孩子的管教,应当始终保持积极负责的态度。不能在某一个阶段严格要求,坚持正确原则;而过一段时间,又采取放任自流的态度,放弃正确的原则。假如像这样不能始终如一的话,前一阶段的教养就会前功尽弃。

家长还要明白,家长对孩子进行的教养,从某种意义上说,主要是培养种种良好的习惯,使孩子掌握良好的道德行为规范。要达到这一目的,绝不是一蹴而就的,需要长时间反复练习,反复训练,反复强化。家长对于孩子的要求、训练若不能坚持前后一致,任何良好的习惯都难以形成。

比如,关于孩子文化知识的学习问题。学习文化知识是一件比较艰苦的事,完全靠孩子的自觉性是不行的,需要家长和教师常抓不懈,不断督促,久而久之才会形成热爱学习的习惯。

再比如,要养成孩子良好的卫生习惯,家长就要处处以身作则,时时进行督促检查,发现孩子做得好,就要予以肯定、赞许;发现孩子没有做好,就要指出来予以纠正。

对孩子的态度要一以贯之,除了要不懈地抓紧教养,还要求家长在对孩子的要求和管教上始终保持一致的宽严程度,不能一会儿对孩子要求很严,一会儿又对孩子特别放松,这段时间内,事事严格要求、严格管理、严格训练,在另一段时间内,则是事事特别放松。在对待孩子的宽严态度上不能大起大落、前后矛盾,不能出尔反尔、自我否定。

第五节　家长怎样建立和维护威信

威信就是威望和信誉。

威信的一个重要特征就是意志服从。社会生活的正常运转需要威信，没有威信，没有意志服从，社会生活就不能正常运转，社会秩序就要大乱。同样，在家庭教养中，也必须有威信存在，没有威信，没有意志服从，教养工作就无法实施，教养工作就无效。

家长的威信主要表现在：孩子尊重、爱戴、信赖家长，家长对孩子提出的要求，孩子能自觉自愿地毫不勉强地接受、听从，并能把这种要求转化为实际行动。

家长的威信是一种无形的教养力量，对孩子来讲是一种坚持正确、纠正错误的驱动力。如马卡连柯所说："威信本身的意义在于它不要求任何的论证，在于它是一种不可怀疑的长者的力量和资望。"

家长的威信，是家长对孩子进行有效教养和孩子自觉接受家长教养的前提条件。没有威信的家长，是没有教养孩子的主动权的，不具备家长的资格。

有的家长认为，威信就是说一不二，绝对服从。不管家长说得对不对，做得对不对，孩子必须无条件服从。即使家长说得不对，做得不对，也不许违抗、反驳。他们要求孩子把家长的话当成"金科玉律"，必须俯首帖耳，言听计从，否则就是大逆不道，就要严惩。

这些家长所要建立的，并不是我们所说的威信，而是要建立家长的特权。这种思想反映了某些家长头脑里还残存着封建家长制的旧意识。在封建社会里，我国的家庭普遍实行封建家长制，家长就是"一家之主"，家长一手操纵全家的政治经济大权，掌握全家人的命运，统治着整个家庭，全家人都要服从家长一人的意志。作为孩子，当然更要俯首听命于家长的摆布，没有一点自主权。孩子不能有独立意志，不能独立思考，也不能有独立的人格，而家长可以为所欲为。家长的意志可以任意强加于孩子和其他家庭成员。家长想怎么说就怎么说，说什么都可以，而孩子却没有说话的权利。

家长的特权，扼杀了孩子的个性和独立人格，使孩子没有自尊，没有头脑，没有独立思考能力，没有独立见解，唯唯诺诺，只会屈从强权，看别人眼色行事，难以有什么作为。这种特权，和我们所说的威信，完全不是一回事，在教养中没有任何积极作用，只能招致孩子的痛恨。

正确的家长威信，应建立在家长和孩子之间平等、民主关系基础之上。家长的威信，并不意味着强权，而意味着孩子的尊重和信赖。

一、家长以身作则

家长以身作则，是建立和维护家长威信的首要条件。孩子和家长的感情最深厚、最真挚，他们相信、仰慕、崇拜家长。家长在日常生活中要处处严格要求自己，事事起表率作用。要孩子做到的，自己首先做好，孩子会更加相信、仰慕、崇拜，自觉自愿地按家长的意志行事。家长赞赏的事，孩子会自觉去做；家长反对、厌恶的事，孩子也会自觉地不去做。家长的以身作则本身就是一种巨大的教养力量。

有的家长认为，孩子必须无条件听从家长的话，服从家长的意志，按家长的要求去做；至于家长怎么做，孩子不应当管。这种想法是不对的。我们任何时候都不要忘记，家长是孩子的首任教师，也是孩子最直接的模仿对象。家长的话，孩子是不是听从，家长的要求，孩子是不是照着去做，在很大程度上取决于家长自己做得怎样。比如，家长要孩子好好学习，说学好功课是孩子的天职，一个学生不好好学习，就是不务正业。这样教导和要求孩子，当然是对的。但如果家长对自己的本职工作不负责任、玩忽职守，那么，家长对孩子所教导和要求的那一套又有什么说服力呢？家长教导孩子要和小朋友、同学团结友爱，而家长常为一点儿小事和邻居闹矛盾，夫妻之间也经常发生口角，这样，孩子又怎么会相信、听从家长的教导呢？

家长要在孩子面前有威信，就必须首先检点自己的言行。在社会生活中，要兢兢业业，勤勤恳恳，努力做好本职工作，做出成绩来，做一个好公民。在家庭生活中，要事事处处严格要求自己，遇事按正确原则处理，对人对事都讲道德，努力克制自己不正确的欲望，做一个好丈夫或好妻子，做孩子的好家长。家长能够以身作则，对孩子提出的要求，对孩子的教养，就会有更大的分量。即使家长不在场，孩子也会自觉地按照正确原则处理问题，按家长所期望的那样去行事。

二、克服封建家长制的思想残余

封建家长制的思想意识在中国根深蒂固，至今仍在人们头脑里残存。封建家长制思想的一个重要特征是不尊重孩子，不尊重孩子的独立人格，把子女当成是自己的私有财产或附属品，任意支配、摆布，只是压服不是说服，只有命令没有劝导，不允许孩子有独立见解，要求孩子绝对服从家长的意志。在表面看来，这样的家长似乎很有威信，其实，这不是真正的威信。孩子对这样的家长不是尊敬，而是畏惧，是痛恨，是敢怒而不敢言。

常言说："敬人者，人恒敬之。"你越是尊重别人，别人也会越发尊重你。这是一个非常普通的道理。这也适用于家长对待孩子的态度。家长自觉地清除封建家长制的思想意识，放下架子，尊重子女，在教养中不打骂不体罚，不侮辱孩子人格，注意时间、地点、场合，循循善诱，启发自觉，爱而不娇，严而有格，讲究分寸尺度，这样，孩子就会更加尊敬、爱戴、信任家长，乐于接受教导，自尊自重，言行谨慎，家长的威信自然会提高。而那些不尊重孩子的家长，在管教孩子时不讲道理，态度粗暴、蛮横、滥施淫威，只会被孩子痛恨，怎么会有威信呢？

三、和子女建立民主平等的关系

家长和孩子虽是不同的辈分，但在人格上并不分高下，都是平等的。家长不要以为对待孩子居高临下,高出一等,才算有威信;不要以为事事独断专行,才算有权威。家长和孩子讲民主、平等,孩子看到家长没有摆架子,尊重他们,他们才会亲近家长,才会相信家长,有话愿意跟家长讲,有事愿意跟家长商量。教育孩子最好的方式是平等对话,共同讨论,共同协商,努力做到使教养内容和教养方式都能为孩子所接受。孩子自己的事,尽量听取孩子的意见,让他们自己做主,自己支配自己的言行。家里的事情,也尽可能争取让孩子参与,给他们说话的机会,并注意倾听他们的意见。家长可以要求孩子,孩子也可以向家长提建议、意见;家长处理孩子的问题时,如果出现了失误,要勇于承认,当面向孩子检讨。如能做到这样,不仅不会降低威信,反而会提高威信。

四、家长之间要相互支持

家长的威信是指家长集体的威信。家长都有威信,才能顺利地进行家庭教养,家长的影响作用才更大。如果有的家长有威信,有的家长没有威信,孩子就会当着这个家长是一种表现,当着另外一个家长则是另外一种表现,形成两面作风。一个家庭,如果不是所有家长都有威信,就不能形成一种教养的合力。

家长之间要相互尊重、相互支持,不要当着孩子的面互相贬低。某一个家长有不当之处,不要当着孩子的面批评指责,而应在孩子不在场时提出。教养孩子时,家长之间有不同意见,不要当着孩子的面争辩谁是谁非,最好有一方先暂时做出让步,事后统一认识后,再进行教养。

第三章

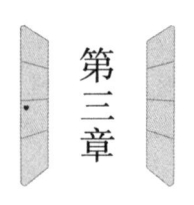

家庭教养的方式

第一节 家庭教养方式的分类

一、四维度

Baumrind(1968)通过研究,将家庭教养方式划分为四个维度,如下所述。

(一)控制

控制就是父母对孩子所采取的管理手段,比方说管理教育孩子时使用的是"大棒"还是"胡萝卜"。

(二)成熟的要求

在日常生活中,父母会要求孩子做一些力所能及的事情,比如收拾一下屋子、学着做饭或者去超市买油盐酱醋等。

(三)交流

父母和孩子之间肯定存在沟通,但是沟通的频率、时间、方式等有所不同,最终导致沟通的效果天壤之别。

(四)培育

培育体现在父母对孩子的学习是否重视以及重视的程度,绝大多数家长都把孩子送入学校进行教育,也有的家长认为这样的教育还显不足,会亲自教授孩子一些课外知识,甚至请家庭教师,等等。

二、两维度

Baumrind(1971a)修正了上述研究,对其提出的因素进行了缩减,最终留下了两个因素,如下所述。

(一)控制

父母对孩子日常行为所提出的行为规范,俗称"家规"。不能让孩子放任自流,要对孩子的未来发展方向提出期望。

(二)反应

父母对孩子所作所为的评价(赞赏有加还是严厉指责)和对孩子提出的需求支持与否。

三、六维度

李德(2018)借鉴在西方文化背景下发源的家庭教养理论,结合中国家庭教养的现实情况,将家庭教养方式分为以下六个维度。

(一)温暖

温暖主要指:家长会夸奖你做得很好;家长会在对孩子很重要的事情上给孩子提供帮助;孩子能通过家长的言谈、表情感受到家长很喜欢孩子;当遇到不顺心的事时,孩子能感受到家长在尽量鼓励孩子;面临一项困难的任务,孩子能感受到来自家长的支持;孩子觉得家长很愿意跟孩子在一起;当孩子感到伤心时,可以从家长那儿得到安慰;孩子觉得与家长之间有一种支持、体贴和亲热的感觉。

(二)监督

监督主要指:家长认识孩子的好朋友;家长认识孩子好朋友的家长;家长认识孩子的老师;家长知道孩子在学校的表现。

(三)专制式控制

专制式控制主要指:孩子觉得家长干涉孩子的事情;家长无缘无故地惩罚孩子;家长经常对孩子说家长不喜欢孩子在家的表现;孩子曾因做错事挨家长的打;通常都是由家长决定孩子可以做什么、不可以做什么。

(四)支持式控制

支持式控制主要指:家长如果给孩子定规矩,会向孩子解释出发点及目的;在孩子做了一些很严重的错事时,家长会和孩子谈话并帮助孩子了解为什么这样做是错的;家长在定规矩的过程中,孩子有发言权。

(五)赋予自主权

赋予自主权主要指:孩子觉得家长很尊重孩子的观点;家长能容忍孩子与家长有不同见解;家长认为孩子可以参与家庭的决策;家长鼓励孩子独立;家长鼓励孩子有自己的观点和想法。

(六)道德教育

道德教育主要指:家长教育孩子不抽烟;家长教育孩子不喝酒;家长教育孩子不吸毒;家长教育孩子不行贿;家长教育孩子不偷东西;家长教育孩子不打架;家长教育孩子不毁坏他人的财物。

第二节 家庭教养方式的测量

一、家庭教养方式评估量表中文版(EMBU)

在众多家庭教养方式量表中,被运用得最广泛的是由瑞典于默奥大学精神医学系Perris(1980)所编制的家庭教养方式评估量表(egma minnen av bardndosna uppforstran,EMBU)。

最初的家庭教养方式评估量表(EMBU)共有15个分量表(汪向东,1999),81个题目,后面还附加了两个问题,量表一共反映了父母15个教养行为,每一种行为都有5个题目,但整个量表中还有11个题目不属于15种类型。EMBU发表后,便在心理学界引发了一股热潮,众多国家的心理学研究人员都对该量表进行了本土化的译制改编和大范围的推广。

我国的研究人员岳冬梅(1993)引进EMBU并进行了修订,在考虑到中西文化观念的不同后,将原量表题目重新进行因素分析,最后得到66个题目,形成了中文版的EMBU。中文版的EMBU含父亲教养方式6个维度,分别是情感温暖、惩罚严厉、过分干涉、偏爱被试、拒绝否认和过度保护(共58个题目);母亲5个维度,分别是情感温暖、过分干涉过度保护、拒绝否认、惩罚严厉和偏爱被试(共57个题目)。该量表采用4点记分(1——从不,2——偶尔,3——经常,4——总是)。在子女独立回答每一道问题的时候,子女可以根据实际情况分别回答同一题目中父母亲不同的教养方式。如果某一个维度的分数越高,就说明父母亲在此方面的教养程度越深。

在信度上,根据相关系数的分析结果,同质性相关系数为 0.46～0.88,奇偶分半相关系数为 0.50～0.91,3 个月后的重测相关系数为 0.58～0.82,说明可信程度较高。

在实证效度上,通过对匹配的 66 名神经症患者和 66 名健康人的研究,发现两组人在情感温暖、惩罚严厉和拒绝否认 3 个分量表上差异显著。这一结果从一定程度上证明了 EMBU 的效度。

EMBU 是通过回忆来评价自己的父母在家庭教养中的态度和观点,所以一般不受被试的年龄限制,其适用范围非常广泛。

家庭教养方式评估量表中文版(EMBU)

在回答问卷之前,请认真阅读下面的指导语:

父母的教养方式对子女的发展和成长是至关重要的。让您确切回忆小时候父母对您说教的每一个细节是很困难的。但我们每个人都对成长过程中父母对待我们的方式有深刻印象。回答这一问卷,就是请您努力回想小时候留下的这些印象。

本量表有很多题目组,每个题目答案均有 1、2、3、4 四个等级。请您分别在最适合您父亲和母亲的等级数字上画"〇"。每题只准选一个答案。您父亲或母亲对您的教养方式可能是相同的,也可能是不同的,请您实事求是地分开来回答。

如果您幼小时候父母不全,可以只回答父亲或母亲一栏。如果是独生子女,没有兄弟姐妹,相关的题目可以不答。请您如实回答。

内容	父或母	从不	偶尔	经常	总是
1. 我觉得父母干涉我所做的每一件事	父	1	2	3	4
	母	1	2	3	4
2. 我能通过父母的言谈、表情感受他(她)很喜欢我	父	1	2	3	4
	母	1	2	3	4
3. 与我的兄弟姐妹相比,父母更宠爱我	父	1	2	3	4
	母	1	2	3	4
4. 我能感到父母对我的喜爱	父	1	2	3	4
	母	1	2	3	4
5. 即使是很小的过失,父母也惩罚我	父	1	2	3	4
	母	1	2	3	4
6. 父母总是潜移默化地影响我,使我成为出类拔萃的人	父	1	2	3	4
	母	1	2	3	4
7. 我觉得父母允许我在某些方面有独到之处	父	1	2	3	4
	母	1	2	3	4
8. 父母能让我得到其他兄弟姐妹得不到的东西	父	1	2	3	4
	母	1	2	3	4
9. 父母对我的惩罚是公平的、恰当的	父	1	2	3	4
	母	1	2	3	4

续表

内容	父或母	从不	偶尔	经常	总是
10. 我觉得父母对我很严厉	父	1	2	3	4
	母	1	2	3	4
11. 父母总是左右我该穿什么衣服或该打扮成什么样子	父	1	2	3	4
	母	1	2	3	4
12. 父母不允许我做一些其他孩子可以做的事情,因为害怕我出事	父	1	2	3	4
	母	1	2	3	4
13. 在我小时候,父母曾当着别人面打我或训斥我	父	1	2	3	4
	母	1	2	3	4
14. 父母总是很关注我晚上干什么	父	1	2	3	4
	母	1	2	3	4
15. 当遇到不顺心的事时,我能感到父母在鼓励我,使我得到安慰	父	1	2	3	4
	母	1	2	3	4
16. 父母总是过分担心我的健康	父	1	2	3	4
	母	1	2	3	4
17. 父母对我的惩罚往往超过我应受的程度	父	1	2	3	4
	母	1	2	3	4
18. 如果我在家里不听吩咐,父母就会恼火	父	1	2	3	4
	母	1	2	3	4
19. 如果我做错了什么事,父母总是以一种伤心样子使我有一种犯罪感或负疚感	父	1	2	3	4
	母	1	2	3	4
20. 我觉得父母难以接近	父	1	2	3	4
	母	1	2	3	4
21. 父母曾在别人面前唠叨一些我说过的话或做过的事,这使我感到很难堪	父	1	2	3	4
	母	1	2	3	4
22. 我觉得父母更喜欢我,而不是我的兄弟姐妹	父	1	2	3	4
	母	1	2	3	4
23. 对满足我需要的东西,父母是很小气的	父	1	2	3	4
	母	1	2	3	4
24. 父母常常很在乎我取得的分数	父	1	2	3	4
	母	1	2	3	4
25. 如果面临一项困难的任务,我能感到来自父母的支持	父	1	2	3	4
	母	1	2	3	4

续表

内容	父或母	从不	偶尔	经常	总是
26. 我在家里往往被当作"替罪羊"或"害群之马"	父	1	2	3	4
	母	1	2	3	4
27. 父母总是挑剔我所喜欢的朋友	父	1	2	3	4
	母	1	2	3	4
28. 父母总以为他们的不快是由我引起的	父	1	2	3	4
	母	1	2	3	4
29. 父母总试图鼓励我,使我成为佼佼者	父	1	2	3	4
	母	1	2	3	4
30. 父母总向我表示他们是爱我的	父	1	2	3	4
	母	1	2	3	4
31. 父母对我很信任且允许我独自完成某些事	父	1	2	3	4
	母	1	2	3	4
32. 我觉得父母很尊重我的观点	父	1	2	3	4
	母	1	2	3	4
33. 我觉得父母很愿意跟我在一起	父	1	2	3	4
	母	1	2	3	4
34. 我觉得父母对我很小气、很吝啬	父	1	2	3	4
	母	1	2	3	4
35. 父母总是向我说类似这样的话:"如果你这样做我会很伤心"	父	1	2	3	4
	母	1	2	3	4
36. 父母要求我回到家里必须得向他们说明我在做的事情	父	1	2	3	4
	母	1	2	3	4
37. 父母在尽量使我的青春更丰富多彩(如买很多的书,安排我去夏令营,或参加其他活动)	父	1	2	3	4
	母	1	2	3	4
38. 父母经常向我表述类似这样的话:"这就是我们为你整日操劳而得到的报答吗"	父	1	2	3	4
	母	1	2	3	4
39. 父母常以不能娇惯我为借口不满足我的要求	父	1	2	3	4
	母	1	2	3	4
40. 如果不按父母所期望的去做,就会使我在良心上感到很不安	父	1	2	3	4
	母	1	2	3	4
41. 我觉得父母对我的学习成绩、体育活动或类似的事情有较高的要求	父	1	2	3	4
	母	1	2	3	4

续表

内容	父或母	从不	偶尔	经常	总是
42. 当我感到伤心的时候可以从父母那里得到安慰	父	1	2	3	4
	母	1	2	3	4
43. 父母曾无缘无故地惩罚我	父	1	2	3	4
	母	1	2	3	4
44. 父母允许我做一些我的朋友们做的事情	父	1	2	3	4
	母	1	2	3	4
45. 父母经常对我说他们不喜欢我在家的表现	父	1	2	3	4
	母	1	2	3	4
46. 每当我吃饭时,父母就劝我或强迫我再多吃一些	父	1	2	3	4
	母	1	2	3	4
47. 父母经常当着别人的面批评我懒惰、无用	父	1	2	3	4
	母	1	2	3	4
48. 父母常常关注我交往什么样的朋友	父	1	2	3	4
	母	1	2	3	4
49. 如果发生什么事情,我常常是兄弟姐妹中唯一受责备的一个	父	1	2	3	4
	母	1	2	3	4
50. 父母能让我顺其自然地发展	父	1	2	3	4
	母	1	2	3	4
51. 父母经常对我粗俗无礼	父	1	2	3	4
	母	1	2	3	4
52. 有时甚至为一点儿鸡毛蒜皮的小事,父母也会严厉地惩罚我	父	1	2	3	4
	母	1	2	3	4
53. 父母曾无缘无故地打过我	父	1	2	3	4
	母	1	2	3	4
54. 父母通常会参与我的业余爱好活动	父	1	2	3	4
	母	1	2	3	4
55. 我经常挨父母的打	父	1	2	3	4
	母	1	2	3	4
56. 父母常常允许我到我喜欢去的地方,而他们又不会过分担心	父	1	2	3	4
	母	1	2	3	4
57. 父母对我该做什么、不该做什么都有严格的限制而且绝不让步	父	1	2	3	4
	母	1	2	3	4

续表

内容	父或母	从不	偶尔	经常	总是
58.父母常以一种使我很难堪的方式对待我	父	1	2	3	4
	母	1	2	3	4
59.我觉得父母对我可能出事的担心是夸大的、过分的	父	1	2	3	4
	母	1	2	3	4
60.我觉得与父母之间存在一种温暖、体贴和亲热感觉	父	1	2	3	4
	母	1	2	3	4
61.父母能容忍我与他们有不同的见解	父	1	2	3	4
	母	1	2	3	4
62.父母常常在我不知道原因的情况下对我大发脾气	父	1	2	3	4
	母	1	2	3	4
63.当我所做的事取得成功时,我觉得父母很为我自豪	父	1	2	3	4
	母	1	2	3	4
64.与我的兄弟姐妹相比,父母常常偏爱我	父	1	2	3	4
	母	1	2	3	4
65.有时即使错误在我,父母也把责任归咎于兄弟姐妹	父	1	2	3	4
	母	1	2	3	4
66.父母经常拥抱我	父	1	2	3	4
	母	1	2	3	4

二、简式家庭教养方式量表中文修订版(s-EMBU-C)

由于家庭教养方式评估量表中文版(EMBU)的题目过多,因此容易造成被试在答题时产生疲劳效应,这不仅会花费大量时间,也会影响量表的回收质量。我国学者蒋奖等(2010)对家庭教养方式评估量表中文版(EMBU)进行了修订,修订后的 s-EMBU-C 共有 42 个题目,分为父亲版和母亲版,每部分各 21 个题目,题目相同且都包含 3 个维度结构:情感温暖、拒绝否认和过度保护。采用李克特(Likert)4 点量表计分,从"从不"到"总是"。s-EMBU-C 的内部一致性系数为 0.74~0.84,分半信度为 0.73~0.84,10 周后的重测信度为 0.70~0.81,量表具有良好的结构效度和效标关联效度。

简式家庭教养方式量表中文修订版(s-EMBU-C)

在回答问卷之前,请认真阅读下面的指导语:

父母的教养方式对子女的发展和成长是至关重要的。让您确切回忆小时候父母对您说教的每一个细节是很困难的。但我们每个人都对成长过程中父母对待我们的方式有深刻印象。回答这一问卷,就是请您努力回想小时候留下的这些印象。

家：形塑心灵的力量

　　本量表有很多题目组,每个题目答案均有 1、2、3、4 四个等级。请您分别在最适合您父亲和母亲的等级数字上画"○"。每题只准选一个答案。您父亲或母亲对您的教养方式可能是相同的,也可能是不同的,请您实事求是地分开来回答。

　　如果您幼小时候父母不全,可以只回答父亲或母亲一栏。如果是独生子女,没有兄弟姐妹,相关的题目可以不答。请您如实回答。

内容	父或母	从不	偶尔	经常	总是
1. 父/母亲常常在我不知道原因的情况下对我大发脾气	父亲	1	2	3	4
	母亲	1	2	3	4
2. 父/母亲赞扬我	父亲	1	2	3	4
	母亲	1	2	3	4
3. 我希望父/母亲对我正在做的事不要过分担心	父亲	1	2	3	4
	母亲	1	2	3	4
4. 父/母亲对我的惩罚往往超过我应受的程度	父亲	1	2	3	4
	母亲	1	2	3	4
5. 父/母亲要求我回到家里必须得向他或她说明我在外面做了什么事	父亲	1	2	3	4
	母亲	1	2	3	4
6. 我觉得父/母亲尽量使我的青少年时期的生活更有意义和丰富多彩	父亲	1	2	3	4
	母亲	1	2	3	4
7. 父/母亲经常当着别人的面批评我既懒惰又无用	父亲	1	2	3	4
	母亲	1	2	3	4
8. 父/母亲不允许我做出一些其他孩子可以做的事情,因为他或她害怕我会出事	父亲	1	2	3	4
	母亲	1	2	3	4
9. 父/母亲总试图鼓励我,使我成为佼佼者	父亲	1	2	3	4
	母亲	1	2	3	4
10. 我觉得父/母亲对我可能出事的担心是夸大的、过分的	父亲	1	2	3	4
	母亲	1	2	3	4
11. 当遇到不顺心的事时,我能感到父/母亲在尽量鼓励我,使我得到安慰	父亲	1	2	3	4
	母亲	1	2	3	4
12. 我在家里往往被当作"替罪羊"或"害群之马"	父亲	1	2	3	4
	母亲	1	2	3	4
13. 我能通过父/母亲的言谈、表情感受到他或她很喜欢我	父亲	1	2	3	4
	母亲	1	2	3	4
14. 父/母亲常以一种使我很难堪的方式对待我	父亲	1	2	3	4
	母亲	1	2	3	4

续表

内容	父或母	从不	偶尔	经常	总是
15. 父/母亲常常允许我到我喜欢去的地方,而他或她又不会过分担心	父亲	1	2	3	4
	母亲	1	2	3	4
16. 我觉得父/母亲干涉我做的任何一件事	父亲	1	2	3	4
	母亲	1	2	3	4
17. 我觉得与父/母亲之间存在一种温柔、体贴和亲热的感觉	父亲	1	2	3	4
	母亲	1	2	3	4
18. 父/母亲对我该做什么、不该做什么都有严格的限制,而且绝不让步	父亲	1	2	3	4
	母亲	1	2	3	4
19. 即使是很小的过错,父/母亲也惩罚我	父亲	1	2	3	4
	母亲	1	2	3	4
20. 父/母亲总是左右我该穿什么衣服或该打扮成什么样子	父亲	1	2	3	4
	母亲	1	2	3	4
21. 当我做的事情取得成功时,我觉得父/母亲很为我自豪	父亲	1	2	3	4
	母亲	1	2	3	4

三、家庭教养方式评价量表四因素模型中文版(PBI-4)

家庭教养方式评价量表(parental bonding instrument,PBI)最初由 Parker(1979)编制。40多年来,被广大研究者普遍使用,成为评定家庭教养方式的重要工具之一。PBI 是自评式量表,被试通过回忆16岁以前亲子互动的记忆来作答。分为父亲版和母亲版,各25道题,父亲版和母亲版的题目完全相同,维度一致。PBI 在广泛使用过程中,也在不断被修订和完善。原始问卷只包括两个维度:关怀和过度保护。关怀维度12题,过度保护13题。

蒋奖等(2010)修订后得到的家庭教养方式评价量表四因素模型中文版(PBI-4)依旧有两个版本——父亲版和母亲版,每个版本的项目数相同,25题;每个版本都包括4个维度:关怀维度、冷漠/拒绝维度、过度保护维度和自主性维度。量表采用0~3的李克特4点计分:0=非常不符合,1=比较不符合,2=比较符合,3=非常符合。

修订后的四因素模型的两个版本各维度的内部一致性信度均为0.74~0.85,说明该问卷的内部一致性较好。重测信度均在0.6以上,表示 PBI-4 具有跨时间稳定性。将 EMBU 中的情感温暖/理解、惩罚/严厉、过分干涉、过度保护作为分析 PBI-4 效度指标,结果表明 PBI-4 中的关怀(关爱)维度与 EMBU 中的情感温暖/理解维度呈显著正相关,过度保护维度与 EMBU 中的过分干涉、过度保护两个维度呈显著正相关,表明 PBI-4 具有较高的相容效度。所以 PBI-4 达到各项心理学测量指标,信度和效度均较好。

PBI中文版主要适用的对象为大学生被试或青少年群体。

家庭教养方式评价量表四因素模型中文版(PBI-4)

以下列出了父母可能存在的各种态度和行为。请回忆您16岁前父亲的表现,在每一栏目最相符的数字上打"○"	非常不符合	比较不符合	比较符合	非常符合
1. 父亲用温和友好的语气与我说话	0	1	2	3
2. 父亲没有给我足够的帮助	0	1	2	3
3. 父亲允许我做自己喜欢的事情	0	1	2	3
4. 父亲情感上显得对我冷淡	0	1	2	3
5. 父亲了解我的问题与担忧	0	1	2	3
6. 父亲对我很疼爱	0	1	2	3
7. 父亲喜欢我自己拿主意	0	1	2	3
8. 父亲不想我长大	0	1	2	3
9. 父亲试图控制我做的每一件事	0	1	2	3
10. 父亲侵犯我的隐私	0	1	2	3
11. 父亲喜欢与我商量事情	0	1	2	3
12. 父亲经常对我微笑	0	1	2	3
13. 父亲老把我当小孩子	0	1	2	3
14. 父亲似乎不明白我需要什么或想要什么	0	1	2	3
15. 父亲让我自己决定自己的事情	0	1	2	3
16. 父亲让我觉得自己是可有可无的	0	1	2	3
17. 父亲在我心烦意乱的时候可以让我心情好起来	0	1	2	3
18. 父亲不经常与我交谈	0	1	2	3
19. 父亲试图让我觉得我离不开他	0	1	2	3
20. 父亲觉得没有他在身边我就不能照顾好自己	0	1	2	3
21. 父亲给我足够自由	0	1	2	3
22. 父亲允许我自由外出	0	1	2	3
23. 父亲对我保护过度	0	1	2	3
24. 父亲从不夸奖我	0	1	2	3
25. 父亲允许我随心所欲地选择穿着	0	1	2	3

续表

以下列出了父母可能存在的各种态度和行为。请回忆您16岁前母亲的表现,在每一栏目最相符的数字上画"○"。	非常不符合	比较不符合	比较符合	非常符合
1. 母亲用温和友好的语气与我说话	0	1	2	3
2. 母亲没有给我足够的帮助	0	1	2	3
3. 母亲允许我做自己喜欢的事情	0	1	2	3
4. 母亲情感上显得对我冷淡	0	1	2	3
5. 母亲了解我的问题与担忧	0	1	2	3
6. 母亲对我很疼爱	0	1	2	3
7. 母亲喜欢我自己拿主意	0	1	2	3
8. 母亲不想我长大	0	1	2	3
9. 母亲试图控制我做的每一件事	0	1	2	3
10. 母亲侵犯我的隐私	0	1	2	3
11. 母亲喜欢与我商量事情	0	1	2	3
12. 母亲经常对我微笑	0	1	2	3
13. 母亲老把我当小孩子	0	1	2	3
14. 母亲似乎不明白我需要什么或想要什么	0	1	2	3
15. 母亲让我自己决定自己的事情	0	1	2	3
16. 母亲让我觉得自己是可有可无的	0	1	2	3
17. 母亲在我心烦意乱的时候可以让我心情好起来	0	1	2	3
18. 母亲不经常与我交谈	0	1	2	3
19. 母亲试图让我觉得我离不开她	0	1	2	3
20. 母亲觉得没有她在身边我就不能照顾好自己	0	1	2	3
21. 母亲给我足够自由	0	1	2	3
22. 母亲允许我自由外出	0	1	2	3
23. 母亲对我保护过度	0	1	2	3
24. 母亲从不夸奖我	0	1	2	3
25. 母亲允许我随心所欲地选择穿着	0	1	2	3

四、家庭教养方式量表(PSQ)

龚艺华(2005)编制的家庭教养方式量表(parenting style questionaire,PSQ)将家庭

教养方式作为整体评估因子,分为专制型家庭教养方式、信任型家庭教养方式、情感温暖型家庭教养方式、溺爱型家庭教养方式、忽视型家庭教养方式5个维度。总共有21道题,评分方法是根据一致性分为从"非常不符合"到"非常符合"五个方面,分别记1~5分。各个分量表的最终得分由该分量表所有组成题目的分数平均值决定,得分越高说明该被试的家庭教养方式越倾向于该分量表所对应的方式。该量表的内部一致性系数为0.87。

家庭教养方式量表(PSQ)

在您回答下面问题之前,请您仔细回想小时候您父亲母亲对您的记忆最深的教育方式,然后在最符合您实际情况的选项数字上画"√"。

内容	父或母	非常不符合	有点不符合	不确定	比较符合	非常符合
1. 我能从父母的言谈举止中感受到他们对我的爱	父亲	1	2	3	4	5
	母亲	1	2	3	4	5
2. 父母从来不允许我做一些其他孩子可以做的事	父亲	1	2	3	4	5
	母亲	1	2	3	4	5
3. 我觉得自己完全处于父母的控制之中	父亲	1	2	3	4	5
	母亲	1	2	3	4	5
4. 当我取得成功时,父母由衷地为我感到自豪	父亲	1	2	3	4	5
	母亲	1	2	3	4	5
5. 父母经常把我的错误归咎于别人	父亲	1	2	3	4	5
	母亲	1	2	3	4	5
6. 父母从不参加我的活动	父亲	1	2	3	4	5
	母亲	1	2	3	4	5
7. 没达到父母的要求,他们会大声责骂我	父亲	1	2	3	4	5
	母亲	1	2	3	4	5
8. 父母经常鼓励我要不断有所进步	父亲	1	2	3	4	5
	母亲	1	2	3	4	5
9. 父母从不知道我在做什么	父亲	1	2	3	4	5
	母亲	1	2	3	4	5
10. 大多数时候都是父母帮我做决定	父亲	1	2	3	4	5
	母亲	1	2	3	4	5
11. 我觉得父母是值得信赖的	父亲	1	2	3	4	5
	母亲	1	2	3	4	5
12. 父母很少允许我和别的孩子一起玩	父亲	1	2	3	4	5
	母亲	1	2	3	4	5

续表

内容	父或母	非常不符合	有点不符合	不确定	比较符合	非常符合
13. 父母不知道我在什么地方	父亲	1	2	3	4	5
	母亲	1	2	3	4	5
14. 父母经常窥探我的隐私	父亲	1	2	3	4	5
	母亲	1	2	3	4	5
15. 在制定家中的规则时,父母会征求我的意见	父亲	1	2	3	4	5
	母亲	1	2	3	4	5
16. 父母允许我独立去完成某些事情	父亲	1	2	3	4	5
	母亲	1	2	3	4	5
17. 我觉得容易与我的父母沟通	父亲	1	2	3	4	5
	母亲	1	2	3	4	5
18. 在家里我经常感到孤独	父亲	1	2	3	4	5
	母亲	1	2	3	4	5
19. 我觉得父母干涉我所做的每一件事	父亲	1	2	3	4	5
	母亲	1	2	3	4	5
20. 当我碰到不顺心的事时,父母会安慰我	父亲	1	2	3	4	5
	母亲	1	2	3	4	5
21. 任何事情父母都不允许我和他们争辩	父亲	1	2	3	4	5
	母亲	1	2	3	4	5

第四章

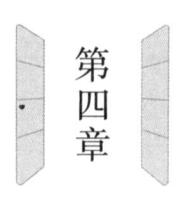

家对下一代情绪的形塑

第一节 家对下一代交往焦虑的形塑

一、问题提出

(一) 概念的定义

1. 交往焦虑

交往焦虑也叫社交焦虑,是指对某一种或多种人际处境有强烈的忧虑、紧张不安或恐惧的情绪反应和回避行为。

2. 家庭教养方式

家庭教养方式指父母在教育、抚养儿童的日常活动中表现出的一种稳定的行为倾向,它是父母教育观念、教养态度、教养行为以及非言语表达的综合表现。家庭教养方式直接作用于亲子互动过程,对儿童多方面的发展具有重要的影响。

3. 亲子沟通

亲子沟通是父母与子女双方主体在亲缘关系的基础上,在共同创造的独特家庭情境中,基于各自的角色定位和不同的态度、需要,运用各种沟通方式在双方之间传递信息、交流感情的过程。

(二) 以往的研究

1. 对交往焦虑的研究

关于交往焦虑的研究,国内外均起步较迟。20世纪90年代以来国外对交往焦虑障碍进行了全面系统的研究,包括交往焦虑的界定、病因、症状、干预方法、疗效评估以及测量等。而国内迄今鲜见对交往焦虑的研究,周丽华、骆伯巍和彭文波(2005)通过对中学生体像烦恼与社交问题的研究发现,体像烦恼与社交问题间存在显著相关,主要表现为社交问题与性器官烦恼间的相关;性别、家庭住址不影响体像烦恼者的社交问题,但在学段上却表现出明显差异。彭纯子等(2004)对大中学生社交焦虑特征进行初探发现,在大中学生中,男生社交焦虑水平显著高于女生,大学生的社交焦虑水平显著高于高中生;社交焦虑者一般具有内向、不稳定、孤独、抑郁、害怕否定评价等特征。周宗奎等(2001)对儿童社交焦虑与孤独感进行研究发现,二年级和六年级儿童的社交焦虑显著高于四年级儿童;被拒绝儿童的社交焦虑水平显著高于其他儿童。张妍(2006)对小学生社交焦虑和孤独感与学业成绩关系的研究发现,社交焦虑和孤独感存在显著正相关,只有学业成绩在儿童社交焦虑和孤独感得分上存在主效应。学业成绩不同的学生在社交焦虑和孤独感上的差异有统计学意义。差生的社交焦虑与孤独感显著高于优生和中等生,中等生社交焦虑最低,优生孤独感最低。

2. 对家庭教养方式的研究

许丽伟(2006)研究发现不同的家庭教养方式有性别上的差异,女大学生相比男大学生更多地体验到父母不良的教养方式。Miller(2000)的研究证实,父母如果经常对儿童采取强迫、威胁、生气、责骂、拒绝、排斥等教养方式,儿童也会经常表现出强烈的攻击性倾向和反社会倾向。王娜(2006)的研究证实家庭教养方式与大学生人际适应性有着密切的关系,大学生人际适应性与家庭教养方式的父亲情感温暖与理解和母亲情感温暖与理解存在显著的正相关,采用积极的教养方式如父母的情感温暖会使子女体会到更少的孤独感。

3. 对亲子沟通的研究

方晓义等(2004a)在国外沟通模式研究的基础上进行了进一步研究,发现在亲子沟通中,关系定向的沟通明显多于观念定向的沟通;随着年纪的增长,关系定向和观念定向的沟通都有明显增加;在亲子沟通的类型中,保护型亲子沟通最多,其次为多元型亲子沟通,放任型和一致型亲子沟通最少,四种亲子沟通的年级分布存在明显的差异,初中生的放任型和保护型亲子沟通多于高中生。关于亲子沟通内容的问题,国内岳冬梅等(1993)在研究中发现目前高中生与父母间普遍缺乏性话题沟通。

4. 对家庭教养方式与交往焦虑二者关系的研究

林雄标等(2003)对家庭教养方式与社交焦虑的相关性做了研究,结果显示交往焦虑患者的父母较正常人的父母对子女缺乏情感温暖、信任和鼓励,有过多的拒绝、惩罚或过度保护。

王文娟等(2008)对医学新生家庭教养方式与交往焦虑的调查结果表明,医学新生交往焦虑与父母情感温暖与理解有显著的负相关,与母亲的过度干涉、过度保护、拒绝否认、偏爱有明显的正相关。

张秀芳等(2010)对大学生的交往焦虑与家庭教养方式的相关性进行研究,结果显示父母的情感温暖可降低子女的交往焦虑水平。父母的教养方式对子女的交往焦虑情绪的产生有着不尽相同的影响,父母不当的教养方式容易导致子女焦虑。

5. 对亲子沟通与交往焦虑二者关系的研究

方晓义等(2004b)对亲子沟通类型与中学生社会适应的关系进行研究,结果显示各种亲子沟通问题与中学生的社会焦虑水平呈显著正相关。

6. 对家庭教养方式、亲子沟通与交往焦虑三者关系的研究

到目前为止,无人研究。

(三)研究的意义

家庭是儿童心理成长和社会化的主要场所,儿童进入青春期以后,家庭对其心理发展的影响作用并未减弱,而是与中学生特定年龄阶段的发展任务联系在一起。然而中学生要求独立的愿望日益明显,而父母还没有能够及时从"儿童时期的父母角色"中转变过来,中学生也还没有学会如何向父母表达自己所有的真实想法和愿望,这使许多中学生感到与父母的沟通存在困难和问题。本研究可以增进社会大众对中学时期亲子沟通重要性的认识,促使父母与子女改变不正确的沟通方法,积极学习科学的沟通方法。

中学生处于人生中心理发展最为迅速的阶段,各项心理指标都在走向成熟,促使他们由儿童向成人过渡。在这个时期,中学生心理发展上出现了许多矛盾,给他们带来了不少困惑与苦恼。而交往焦虑就是困扰他们的常见问题,如果中学生对交往焦虑处理不当将导致个体心理和行为的失常。研究中学生交往焦虑特点,并根据研究结果提出改善中学生交往焦虑的状况,形成积极应对方式以促进心理健康发展的教育建议,必将有助于指导学生正确认识自我,积极应对日常生活中交往的焦虑压力,提高心理健康水平。

(四)研究假设

(1)交往焦虑在性别、年纪、父母文化水平等方面存在显著性差异。

(2)家庭教养方式和亲子沟通在性别上存在显著性差异。

(3)家庭教养方式、亲子沟通与交往焦虑之间存在相关性。

(4)家庭教养方式对交往焦虑具有预测作用。

(5)亲子沟通在家庭教养方式对交往焦虑的影响上起调节作用。

二、研究方法

(一)被试

研究被试取样于漳州普通中学初一至高三的中学生,以班级为单位统一发放问卷共300份,回收300份,最终有效问卷281份,被试年龄为13～19岁,其中男生111人(39.5%),女生170人(60.5%),见表4-1。

表 4-1　被试中学生分布情况

变量	水平	频数
性别	女	170
	男	111
年级	初一	56
	初二	49
	初三	40
	高一	47
	高二	46
	高三	43

(二)研究工具

(1)基本情况调查。包括被试的性别、年纪、父母亲的文化程度以及职业等人口统计学变量。

(2)家庭教养方式评估量表中文版(EMBU)。

(3)中学生亲子沟通量表(parent-adolescent communication scale,PACS)。采用由王树青(2007)修订的亲子沟通量表,包括两个分量表——开放性和存在问题,共 20 个项目。该量表采用 5 点记分(非常不符合-1,比较不符合-2,有时符合有时不符合-3,比较符合-4,非常符合-5)。该量表为国内外研究者广泛应用,具有较高的信效度。本研究中两个分量表和总量表的内部一致性系数为 0.72~0.90。

(4)交往焦虑量表(interaction anxiousness scale,IAS)。采用王文娟等(2008)用过的评定独立于行为之外的主观社交焦虑体验倾向的量表。量表含 15 条自陈条目,这些条目按 5 级分制予以回答。量表分数越高,社交焦虑程度越高。条目涉及主观焦虑(紧张和神经症)或其反面(放松和安静),但不涉及具体的外在行为,条目大量涉及意外的社交场合。此量表在美国大学生中测试时,均值及标准差相当稳定,量表所有条目与其他条目的总数相关系数至少为 0.45,Cronbach's α 系数超过 0.87,与其他测量社交焦虑及羞怯量表高度相关($r>0.6$)。

(三)统计方法

采用 SPSS 16.0 对所收集的数据进行统计分析与处理。

三、结果分析

(一)差异比较

1. 交往焦虑、亲子沟通和家庭教养方式在性别上的差异比较

进行独立样本 t 检验,结果见表 4-2。

表 4-2 交往焦虑、亲子沟通和家庭教养方式在性别上的差异比较

	女生($M \pm SD$)	男生($M \pm SD$)	t	df	P
交往焦虑	45.73±9.17	44.51±7.60	1.16	279	0.250
母亲沟通	67.65±11.87	64.49±9.86	2.42	263	0.020
父亲沟通	66.21±11.41	63.80±9.95	1.82	279	0.070
父亲情感温暖	2.69±0.51	2.78±0.48	−1.54	279	0.130
父亲惩罚严厉	1.35±0.34	1.52±0.44	−3.41	192	0.001
父亲过分干涉	1.93±0.38	2.054±0.44	−2.58	279	0.010
父亲拒绝否认	1.37±0.32	1.59±0.47	−4.28	176	0.000
父亲过度保护	2.05±0.49	2.19±0.47	−4.62	279	0.017
母亲情感温暖	2.77±0.52	2.81±0.49	−0.77	279	0.440
母亲过分干涉保护	2.08±0.39	2.13±0.43	−2.69	279	0.008
母亲拒绝否认	1.29±0.39	1.41±0.45	−1.43	279	0.150
母亲惩罚严厉	1.29±0.39	1.41±0.45	−2.30	211	0.022

从表 4-2 可以看出,交往焦虑在性别上无显著性差异($P>0.05$);在亲子沟通方面母亲沟通在性别上存在显著差异($P<0.05$),母亲跟女儿沟通的频率高于跟儿子沟通的频率,而父亲沟通无显著性差异;在家庭教养方式上父亲惩罚严厉、父亲过分干涉、父亲拒绝否认、父亲过度保护、母亲过分干涉保护、母亲惩罚严厉 6 个因子在性别上存在显著性差异,且男生感受到父亲的惩罚严厉、父亲过分干涉、父亲拒绝否认、父亲过度保护、母亲过分干涉保护和母亲惩罚严厉方面均高于女生,而父亲情感温暖、母亲情感温暖、母亲拒绝否认在性别上不存在显著性差异。

2. 交往焦虑在年级上的差异比较

进行单因素方差分析,结果见表 4-3、表 4-4。

表 4-3 交往焦虑在年级上的差异比较

	SS	df	MS	F	P
交往焦虑	1039.90	5	207.98	2.91	0.014

表 4-4　中学生交往焦虑在年级上的进一步检验

		MD	SE	P	LB	UB
初三	高二	−5.47*	1.83	0.035	−10.72	−0.23
	高三	−6.40*	1.86	0.008	−11.73	−1.07

注：*$P<0.05$。

从表 4-3 和表 4-4 可以看出,中学生交往焦虑在年级上存在显著性差异($P<0.05$),初三年级的交往焦虑程度低于高二、高三年级。

3. 交往焦虑在父母文化水平上的差异比较

进行单因素方差分析,结果见表 4-5。

表 4-5　交往焦虑在父母文化水平上的差异比较

	文化水平	M	SD	SS	df	F	P
父亲	大专及以上	41.62	2.13	679.92	3	2.88	0.036
	中专	42.09	9.47				
	初中	45.76	8.65				
	小学及以下	46.36	7.31				
母亲	大专及以上	41.66	2.08	185.12	3	0.85	0.47
	中专	42.65	7.78				
	初中	45.32	9.45				
	小学及以下	45.79	7.88				

从表 4-5 可以看出,交往焦虑在父亲文化程度上存在显著性差异($P<0.05$),在母亲文化程度上无显著性差异($P>0.05$)。具体表现为中学生的交往焦虑随着父亲文化程度的提高而降低。即父亲文化水平为大专及以上的中学生的交往焦虑最低,父亲文化水平为小学及以下的中学生的交往焦虑最高。

(二)相关分析

从表 4-6 可以看出,中学生的交往焦虑与亲子沟通的父亲沟通和母亲沟通呈显著负相关,说明良好的亲子沟通可以帮助中学生减轻交往焦虑的发生。

从表 4-7 可以看出,中学生交往焦虑水平与父亲情感温暖呈显著负相关;与父亲惩罚严厉、父亲拒绝否认、父亲过度保护、母亲过分干涉保护、母亲拒绝否认呈显著正相关。总体来说,积极的教养方式有利于降低中学生交往焦虑的发生。

从表 4-8 可以看出,父亲沟通与父亲情感温暖呈显著正相关;与父亲惩罚严厉、父亲过分干涉、父亲拒绝否认、父亲过度保护呈显著负相关。母亲沟通与母亲情感温暖呈正相关;与母亲过分干涉保护、母亲拒绝否认、母亲惩罚严厉呈负相关。这说明积极的家庭教养方式有利于跟孩子进行有效的亲子沟通。

表 4-6　亲子沟通与交往焦虑的相关分析

	父亲沟通	母亲沟通
交往焦虑	−0.234**	−0.215**

表 4-7　家庭教养方式与交往焦虑的相关分析

	父亲情感温暖	父亲惩罚严厉	父亲过分干涉	父亲拒绝否认	父亲过度保护	母亲情感温暖	母亲过分干涉保护	母亲拒绝否认	母亲惩罚严厉
交往焦虑	−0.132*	0.152*	0.112	0.117*	0.257**	−0.090	0.193**	0.122*	0.091

表 4-8　家庭教养方式与亲子沟通的相关分析

	父亲情感温暖	父亲惩罚严厉	父亲过分干涉	父亲拒绝否认	父亲过度保护	母亲情感温暖	母亲过分干涉保护	母亲拒绝否认	母亲惩罚严厉
父亲沟通	0.656**	−0.347**	−0.162**	−0.393**	−0.036	0.602**	−0.185**	−0.427**	−0.417**
母亲沟通	0.591**	−0.284**	−0.151*	−0.375**	−0.042	0.634**	−0.195**	−0.483**	−0.460**

注：* $P<0.05$，** $P<0.01$。

(三)回归分析

为了探讨家庭教养方式的各个因子对中学生交往焦虑的预测性，以家庭教养方式的 9 个因子为自变量，交往焦虑为因变量，进行逐步回归分析(stepwise)，结果见表 4-9。

表 4-9　家庭教养方式各维度对交往焦虑的回归分析

因变量	预测变量	β	P	R^2	调整 R^2
交往焦虑	父亲过度保护	0.31	0.000	0.11	0.10
	父亲情感温暖	−0.21	0.000		

从表 4-9 可以看出，家庭教养方式各维度预测交往焦虑时，进入回归方程的共有 2 个因子，进入顺序分别为父亲过度保护和父亲情感温暖。其联合解释交往焦虑变异量为 0.10，预测交往焦虑 10% 的变异量。

回归方程为：$\hat{y}=43.53+5.45\times X_1-3.58\times X_2$（$\hat{y}$：交往焦虑；$X_1$：父亲过度保护；$X_2$：父亲情感温暖）。

(四)调节作用

经检验，存在调节作用的是下面这组变量，其他组变量不存在调节作用。检验步骤如下：

第一步：把母亲拒绝否认、母亲沟通、交往焦虑这3个变量分别中心化后得到母亲拒绝否认（中心化）、母亲沟通（中心化）、交往焦虑（中心化）。

第二步：以母亲拒绝否认（中心化）、母亲沟通（中心化）为自变量，交往焦虑（中心化）为因变量，做强制回归，得到下面结果：

$$R_1^2 = 0.047$$

第三步：以母亲拒绝否认（中心化）、母亲沟通（中心化）、母亲拒绝否认（中心化）×母亲沟通（中心化）为自变量，交往焦虑（中心化）为因变量做强制回归，得到下面结果：

$$R_2^2 = 0.071$$

从表4-10可以看出，交互项母亲拒绝否认（中心化）×母亲沟通（中心化）对应的Sig.=0.008<0.05，说明调节作用存在，调节作用的大小为 $R_2^2 - R_1^2 = 0.024$。

表4-10 母亲沟通在母亲拒绝否认对交往焦虑影响上的调节作用

	B	SE	β	t	P
母亲沟通（中心化）	-1.40	0.05	-0.18	-2.74	0.006
母亲拒绝否认（中心化）	1.83	1.21	0.11	1.51	0.13
交互项	0.19	0.07	0.17	2.67	0.008

四、讨论

（一）父母文化程度对交往焦虑的影响

本研究结果显示，中学生的交往焦虑在父亲文化程度上呈显著相关，即父亲的文化程度越高，孩子的社交焦虑越低，而和母亲文化程度不存在相关。究其原因可能是：在中国，父亲一般是"一家之主"，是家庭经济的主要来源，也是家里的主宰者，他们的喜怒哀乐影响着家里的每个成员。文化程度高的父亲注重家庭的民主和谐气氛，倾向于使用赞许、表扬、温情、引导、鼓励、探索等为特点的教育方式对待子女，他们能更好地理解子女的需要，对子女的期望水平也比较适宜。平时更注重与子女的沟通，在孩子碰到问题时会心平气和地与之交流，共同商讨一起解决问题，很少给子女的精神造成伤害，而且他们知识水平较高，能理性对待生活，同事关系和谐，心境平和，对社会规范的认识深刻，能身正为范、与人为善，孩子无形中受其感染；加之有正确教育引导，就有助于培养孩子的自信及其在同伴群体中的适当行为。而文化程度低的父亲，他们可能迫于生活的压力，为了生存不得不离开家去从事比较辛苦的工作。他们忙于赚钱，疏忽了跟孩子之间的亲密交流，不能了解孩子的真正需要。父亲是孩子的榜样，孩子在成长过程中如果缺少父亲的陪伴就会出现一系列的交往行为问题。一项调查显示：一天与父亲接触不少于2小时的孩子，比起那些一星期内接触不到6小时的孩子，人际关系更融洽，能参与的活动风格更开放活泼,并具有进取精神及冒险性,更宽容洒脱,更能在社会交往中发挥他们的主动性。再加上有的父亲可能觉得自己生活在社会的底层,每天看尽老板的眼色,这样的工作给他们自己带来了枯燥烦闷的心情,就把对生活的希望寄托在孩子的身上。当孩子碰到一些问题的时候,他们往往采取粗暴惩罚和专制的手段,这对孩子造成了很大的心理伤害,导致他们在社会交往过程中表现出较少的亲社会行为,因此孩子感受到更多的交往焦虑。在我国的文化背景下,母亲一般照顾家里起居饮食等,做比较繁杂琐碎的事情,陪伴孩子的时间普遍比父亲长,和孩子之间有更多的情感交流,文化程度上的区别不会从根本上影响到作为母亲的天性,因此母亲文化程度差异不会带来孩子交往焦虑的差异。

(二)交往焦虑在年级上的差异

研究结果得出,中学生交往焦虑在年级上存在显著性差异。具体来说,高二、高三年级学生交往焦虑的程度显著高于初三学生。这与万灵(2007)的中学生的交往焦虑在年级上的差异研究结果基本一致。

中学生交往焦虑出现这种变化可能是由于初三是学生升学的关键阶段,学生的主要精力放在了学习上,人际交往活动相对会减少很多,对人际变化也没有那么敏感,更没有时间过多地去关注和思考,因此初三学生的交往焦虑水平就降到了一个较低的水平。之后进入高中,交往焦虑逐渐上升,高三达到最高点。这可能是因为升入高中后,换了一个新的人际环境,需要重新适应,这就不可避免使他们体验到更多的人际压力。而且高中阶段的学生自我意识高涨和独立意识增强,他们的反抗意识也急剧增强,个性发展不平衡且具有极端性,这些特点使得他们与周围人的冲突增多,他们体验到的交往焦虑自然也更高。同时高中生随着自我意识的提高,他们的自尊心也越来越强,学业成绩不好的不愿意与人交往,害怕受伤害;学业好的学生又心高气傲,一方面渴望同伴交往,希望得到他们的认同,另一方面又要维护自己的自尊,使自己免受伤害,这种矛盾心理也使高中生体验更高的交往焦虑。另外,高中生进入青春期后,由于生理上的变化,性发育开始成熟,他们逐渐将自己的内心封闭起来,男女之别在他们中间明显区别开来,他们关注自己在朋友眼中的印象,担心自己在交往中被拒绝,在交往时缺乏自信,从而感受到交往焦虑。再加上高三学生可能面临毕业和部分学生毕业即失学的现实(进入社会),学习压力不断增大且又不得不关注社交活动,从而使自己处于一种矛盾心理。高三学生的交往焦虑达到一个最高点。

(三)家庭教养方式与交往焦虑的相关性

本研究结果显示,中学生交往焦虑与父母教养行为存在显著性相关。父亲的情感温暖与理解和中学生交往焦虑呈显著的负相关。父亲的情感温暖与理解,使子女感受到父亲的关心、尊重与信任,产生一种心理的归属感和安全感。他们也会带着同样的自信、信任与安全感走上社会,积极地与他人交往,从而降低交往焦虑。所以父亲在家庭教育中应给予孩子充分的理解、支持与帮助,向他们传递温暖和关爱,给孩子带来心理上的温暖和安全感。

　　父亲惩罚严厉、父亲拒绝否认、父亲过度保护、母亲过分干涉保护、母亲拒绝否认与交往焦虑呈显著正相关。父亲的惩罚严厉行为是一种消极的情绪与情感，父亲经常以惩罚的手段对待孩子，易使中学生形成敏感多疑的性格，觉得缺乏关爱、支持、安全感，长期处于这种环境中的个体易高度紧张和过度担忧，产生较高的焦虑情绪。父母经常性拒绝和否认可使孩子形成较差的自我概念，严重影响孩子的自信心，久而久之就会形成自卑心理，在人际关系方面则表现为较高的交往焦虑和不自信。父母过分干涉和保护实质上就是剥夺了子女独立面对和解决问题、锻炼意志的机会，阻碍了个体独立性和社交技能的发展，这种生活模式下的中学生在社会交往行为中会处于被动状态，缺乏独立生活的能力，不积极寻求与他人交往的机会，不知如何与他人建立良好的人际关系，缺乏人际交往技巧，从而在社交活动中产生无助感、焦虑感甚至恐惧感。所以总体来说，积极的家庭教养方式有利于减少中学生交往焦虑的发生。

(四)母亲沟通在母亲拒绝否认对交往焦虑影响上的调节作用

　　研究结果显示，母亲沟通在母亲拒绝否认对中学生交往焦虑的影响上起调节作用，这与原先的研究假设相吻合。家庭力量对于人的塑造和养成，远远大于人们的想象。母亲的一些教育方式势必对中学生的成长起到至关重要的作用。母亲如果对孩子采取拒绝否认的态度，会促成中学生的交往焦虑。

　　要改变这种状况，最直接的就是从改变母亲拒绝否认这种不好的家庭教育方式入手。当中学老师发现自己的学生存在交往焦虑时，可以想办法去说服学生的母亲改变不好的家庭教育方式，不要再拒绝否认孩子。如果学生的母亲听老师的话，当然皆大欢喜。可是学生的母亲不一定会听老师的，她不听，老师也没辙。

　　母亲沟通在母亲拒绝否认对中学生交往焦虑影响上的调节作用的发现指出了另一条可行途径，中学老师在发现自己的学生存在交往焦虑时，可以直接想办法提高学生的沟通能力，让学生学会与拒绝否认自己的母亲沟通，提高学生与母亲沟通的能力和水平，从而弱化母亲拒绝否认对中学生交往焦虑的促成作用

五、结论

　　交往焦虑在性别上无显著性差异；在父亲文化程度上存在显著性差异，交往焦虑随着父亲文化程度的提高而降低。

　　交往焦虑水平与父亲情感温暖呈显著负相关；与父亲惩罚严厉、父亲拒绝否认、父亲过度保护、母亲过分干涉保护、母亲拒绝否认呈显著正相关。

　　家庭教养方式对交往焦虑有预测作用，母亲沟通在母亲拒绝否认对交往焦虑的影响上起调节作用。

第二节　家对下一代特质焦虑的形塑

一、引言

焦虑的中学生会出现过度的恐惧、忧虑、身体反应和逃避行为,而这些症状在没有介入的情况下会持续存在。在短期内,焦虑与精神障碍和学习成绩相关。长期而言,焦虑与低自尊、降低幸福感、增加生理疾病、滥用药物以及其他精神疾病(尤其是抑郁症)都有很大的关系。焦虑主要与人际交往有关,而家庭关系又是人际交往的主要因素。研究发现(王子豪等,2019),父母的消极育儿方式往往会让孩子不安全、胡思乱想、抑郁、自我认知低下,不容易接受自己。自我接纳不但在一定程度上直接地影响个体特质焦虑的水平,而且个体的特质焦虑水平会因为不同的应对方式发生不同的变化(陈思思等,2016)。那么,自我接纳又将会影响哪些教养方式,从而影响家庭教养方式与特质焦虑之间的关系呢?

本研究意在通过问卷调查探讨家庭教养方式、自我接纳和特质焦虑三者间的关系,并进一步探究自我接纳在三者之间的中介作用。从家庭教养方式、自我接纳的情况来预测发现中学生特质焦虑的水平,并及时预防;再者,目前仍缺乏对该三个变量关系的研究,我们希望能丰富中学生特质焦虑影响因素的中介模型,为缓解中学生特质焦虑状况提供参考。

(一)中学生焦虑的现状

大部分人都认为十几岁的孩子"无忧无虑",但与此截然相反,焦虑症是目前中学生最为普遍的心理问题。总体而言,中学生的焦虑症患病率在11%左右。而在尚未达到诊断标准的中学生中,许多人都曾经历过焦虑的困扰,从而影响了他们的学习能力、社交能力和生活的幸福指数。

国内对特质焦虑的研究渐渐取得不错的成果,最有代表性的研究始于郑晓华等(1993),其修订了中国人特质焦虑常模。通常认为中学生的焦虑主要影响因素有遗传、心理、个体等。

中学生特质焦虑为焦虑的一种,高特质焦虑的中学生更容易产生各种不良行为方式,从而影响正常的学习生活。国内外学者对特质焦虑的定义较为统一,学者们一直以来对如何预防中学生高特质焦虑这一问题有较多的兴趣,比如教养方式在特质焦虑代际传递中的作用。

我们考量中学生的特质焦虑状况,以及特质焦虑与家庭教养方式、自我接纳,试着探讨此三变量间的关系。以下论述特质焦虑与家庭教养方式、自我接纳的相关研究。

(二)家庭教养方式与特质焦虑的相关研究

在中学生成长过程中,家长的教养方式是影响其成长的最大和最直接的因素。家庭教养方式是指家长传递给子女的态度以及家长的行为所表现出的情感气氛的集合体。它不仅是家长完成基本职责的目标定向行为,同时也是不含有定向的教养行为,如身体语言、情绪流露。通常认为焦虑的主要因素为遗传、环境和人格特质。其中环境因素是如今国内研究者研究特质焦虑影响因素最多的一种,环境因素主要有家庭、学校、社会等。而家庭环境和中学生焦虑之间存在明显的相关性。

研究发现(王子豪等,2019),消极的家庭教养方式(如拒绝、情感保护)和特质焦虑存在正相关,积极的家庭教养方式(如情感温暖)和特质焦虑存在负相关。

(三)自我接纳与特质焦虑的相关研究

目前,对于探索中学生自我接纳问题的系统研究成果还相对不够,且近年来,国内外的研究大多围绕着阐明自我接纳与心理健康之间的联系进行,研究内容主要涉及自我接纳与考试焦虑、自我接纳与自尊的关联探讨等。自我接纳是以自我价值、优势和重要性等方面的自我评价为基础形成的一种自我态度,是影响焦虑的内部因素之一(刘芳等,2007)。而自我接纳不仅与自尊具有较高的显著正相关,同时也是自尊的预测因素(朱鸿博,2016)。自我接纳会如何影响特质焦虑呢?研究指出,自我接纳程度低的人,自我的概念容易混淆,在面对挑战时,往往会采取逃避、自责等不成熟且消极的应对方法,从而导致特质焦虑水平提高(陈思思等,2016)。早在2003年就有研究机构针对多名青壮年精神分裂症患者开展了特质焦虑程度与父母养育方法以及自我接纳关系的相关调查。结果(周朝当,2003)表明,健康的父母育儿方法可以减少特质焦虑,这是降低心理疾病发生率的关键。但到目前为止,尚未有针对普通中学生所进行的中学生特质焦虑程度与自我接纳水平的调研。

综上研究可得出,自我接纳可以影响特质焦虑水平,若自我评价不当导致接纳程度降低,很可能会反过来加重其特质焦虑的倾向,且自我接纳与特质焦虑相互影响,协助中学生具备多样且健康的情绪调节方法相当重要。

(四)家庭教养方式、自我接纳、特质焦虑的相关研究

鉴于上述研究已论及家庭教养方式、自我接纳此二变量分别与特质焦虑的关系,接下来将探讨家庭教养方式与自我接纳的关系,以适当地建立家庭教养方式、自我接纳,以及特质焦虑此三变量的中介模式。

父母给个体一个温暖、安全的养育环境,可以增强个体的自信心,促进自我接纳的提高。最近的研究(王子豪等,2019)表明,父亲的情感温暖和积极的育儿方式可以让孩子有足够的能力接纳自己,而父亲的拒绝和其他育儿方式会阻止孩子接纳自己。父母越是拒绝和过度保护孩子,孩子的自我接纳度就越低。由此可知,积极家庭教养方式与中学生自我接纳存在正相关关系,而消极的家庭教养方式与中学生自我接纳存在负相关的关系。有关于特质焦虑的研究(周朝当,2003)表明,特质焦虑水平越高,则自我接纳的程度越低。

综上所述,中学生的自我接纳程度受其家庭教养方式的影响。本研究假设,父母的积极教养方式会导致中学生的特质焦虑水平降低,而消极的家庭教养方式会促进更多的特质焦虑水平上升。前面也已阐述,自我接纳程度低会促使特质焦虑水平提高。因此,本研究推测自我接纳在家庭教养方式与特质焦虑的关系中起中介作用。

(五)研究目的及意义

1. 研究目的

(1)了解中学生特质焦虑的基本状况,以及特质焦虑在性别与年级上的差异特征。
(2)探讨家庭教养方式、自我接纳与特质焦虑的关系。
(3)探究自我接纳在家庭教养方式对特质焦虑影响上的中介作用。

2. 研究意义

理论意义:国内外现有研究中有不少直接探讨家庭教养方式部分维度与特质焦虑关系的相关中文文献,同时也有一部分自我接纳与特质焦虑的研究。随着对特质焦虑的研究越来越深入,我们不禁思考:家庭教养方式的差异对特质焦虑到底存在着什么样的影响?家庭教养方式对特质焦虑的作用机制到底是怎样的?根据中学生特质焦虑的家庭因素以及部分个体因素,对构建中学生特质焦虑的影响因素模型做出新的贡献。

现实意义:通过对特质焦虑影响因素的探讨,为现实生活中预防中学生高特质焦虑问题提供依据,可以从家庭教养方式和提高中学生自我接纳水平的角度帮助中学生缓解特质焦虑,引导中学生控制自己的情绪,保证自己即使在学业紧张的情况下,也不会过度焦虑。

二、研究方法

(一)研究假设

(1)家庭教养方式、自我接纳与特质焦虑两两间呈现显著相关。
(2)家庭教养方式可预测特质焦虑。
(3)自我接纳在家庭教养方式对特质焦虑的影响上起中介作用。

(二)研究对象

本研究方法为问卷调查法,采用随机方便抽样的方式,对福建省龙岩市某中学初一至高三年段共400名学生进行施测,并排除特殊学生。累计发放400份,回收380份,其中有效问卷352份,有效率达92.63%。受试的基本情况见表4-11。

表 4-11 受试的基本情况分布

	初一	初二	高一	高二	高三	总数
男	24(57.14%)	25(59.52%)	70(45.75%)	31(64.58%)	25(37.31%)	175(49.72%)
女	18(42.86%)	17(40.48%)	83(54.25%)	17(35.42%)	42(62.69%)	177(50.28%)
总数	42(11.93%)	42(11.93%)	153(43.47%)	48(13.64%)	67(19.03%)	352(100%)

(三)研究手段

(1)与中学教师取得联系,并说明该研究,征得学校相关教师的同意后,入班施测。
(2)向受试者说明研究后,为自愿参与者发放问卷,施测时间为 15 分钟。

(四)研究工具

(1)简式家庭教养方式量表中文修订版(s-EMBU-C)。
(2)状态—特质焦虑量表(STAI)。本研究采用 Spielberger(1970)等人编制的状态-特质焦虑量表(STAI),该量表共有题目 40 个与分量表 2 个——状态焦虑量表、特质焦虑分量表。总量表内部一致性系数为 0.93。此量表具有良好的信效度。本研究采用其中的特质焦虑分量表。量表采用 4 点计分,1 表示几乎没有,2 表示有些,3 表示经常,4 表示几乎总是如此。正性情绪项目(21、23、24、26、27、30、33、34、36、39)为反向计分,分数越高焦虑水平越高。
(3)自我接纳量表(SAQ)。本研究采用高文凤(1999)等人编制的自我接纳量表,该量表共有题目 16 个,共有 2 个因子,包括:自我接纳(8 个条目),如我总是害怕做不好而不敢做事;自我评价(8 个项目),如总的来说,我对自己很满意。采用 4 点计分,1 表示非常相反,2 表示基本相反,3 表示基本相同,4 表示非常相同。自我接纳维度相关题目为反向计分,最终量表得分越低,则被调查者的自我接纳程度越低。

(五)数据处理与统计分析

本研究问卷回收后,将数据录入计算机,并排除无效作答资料,最后采用 SPSS 22.0、process 插件与 Amos 24.0 对数据进行描述统计分析、相关分析、回归分析以及中介效应验证等。

三、结果与分析

(一)中学生家庭教养方式的基本情况分析

1. 中学生父亲教养方式的基本情况

由表 4-12 可观察到,对中学生的父亲教养方式在情感温暖的维度上有最大得分

2.30,在拒绝维度上有最低得分1.78;在不同因子上,平均值的高低依次是:情感温暖(2.30)＞过度保护(1.97)＞拒绝(1.78)。

表4-12 父亲教养方式的一般分析

	最小值(M)	最大值(X)	平均值(E)	标准偏差
拒绝	1.00	3.67	1.78	0.47
情感温暖	1.00	3.86	2.30	0.58
过度保护	1.00	4.00	1.97	0.48

2. 中学生母亲教养方式的基本情况

由表4-13可观察到,对中学生的母亲教养方式在情感温暖的维度上有最大得分2.43,在拒绝维度上有最低得分1.80;在不同因子上,平均值的高低依次是:情感温暖(2.43)＞过度保护(2.02)＞拒绝(1.80)。这和中学生的父亲教养方式保持一致性。

表4-13 母亲教养方式的一般分析

	最小值(M)	最大值(X)	平均值(E)	标准偏差
拒绝	1.00	3.50	1.80	0.46
情感温暖	1.14	3.71	2.43	0.55
过度保护	1.00	3.88	2.02	0.48

(二)中学生特质焦虑的基本情况

查阅《心理卫生评定量表手册》可知,特质焦虑量表(T-AI)正常人的评分为41.21±7.64。从表4-14可以看出,中学生的特质焦虑评分为47.22±9.30,明显高于全国常模。

表4-14 特质焦虑的基本情况

	最小值(M)	最大值(X)	平均值(E)	标准偏差
特质焦虑	24.00	78.00	47.22	9.30

(三)中学生自我接纳的基本情况

为了解中学生自我接纳的基本情况,我们对统计数据进行了描述性分析,结果可见表4-15。该量表的理论中值为40,中学生的自我接纳得分略高于理论中值。

表4-15 自我接纳的基本情况

	最小值(M)	最大值(X)	平均值(E)	标准偏差
自我接纳	29.00	54.00	40.49	4.50

(四)家庭教养方式、自我接纳、特质焦虑的差异分析

1. 家庭教养方式、自我接纳、特质焦虑在性别上的差异分析

家庭教养方式与中学生自我接纳程度皆在性别上不存在显著差异(表4-16),而中学生特质焦虑水平在性别上存在显著差异。

表4-16 家庭教养方式、自我接纳、特质焦虑在性别上的差异分析

	男($n=175$) $M\pm$SD	女($n=177$) $M\pm$SD	t	P
父亲拒绝	1.82±0.53	1.75±0.41	1.19	0.236
父亲情感温暖	2.31±0.57	2.29±0.59	0.23	0.821
父亲过度保护	1.98±0.47	1.96±0.50	0.35	0.724
母亲拒绝	1.78±0.50	1.82±0.42	−0.87	0.387
母亲情感温暖	2.44±0.56	2.43±0.55	0.05	0.964
母亲过度保护	2.02±0.44	2.09±0.52	−1.28	0.499
自我接纳	40.69±4.49	43.31±4.50	−1.01	0.395
特质焦虑	45.21±8.94	49.23±9.26	−4.14	0.000

2. 家庭教养方式、自我接纳、特质焦虑在年级上的差异分析

教养方式中的父亲拒绝、父亲情感温暖与母亲教养方式皆在不同年段上不存在显著差异(表4-17),而教养方式中父亲过度保护、特质焦虑和自我接纳在年段上存在显著差异。

表4-17 家庭教养方式、自我接纳、特质焦虑在年段上的差异分析

	初一 $M\pm$SD	初二 $M\pm$SD	高一 $M\pm$SD	高二 $M\pm$SD	高三 $M\pm$SD	F	P
父亲拒绝	1.72±0.46	1.66±0.33	1.85±0.52	1.74±0.49	1.78±0.43	1.84	0.120
父亲情感温暖	2.49±0.59	2.32±0.53	2.30±0.58	2.23±0.54	2.21±0.63	1.69	0.151
父亲过度保护	1.87±0.42	1.86±0.47	2.05±0.54	1.88±0.37	1.99±0.44	2.46	0.046
母亲拒绝	1.79±0.44	1.73±0.42	1.86±0.51	1.68±0.35	1.82±0.45	1.68	0.154
母亲情感温暖	2.66±0.59	2.45±0.54	2.41±0.55	2.39±0.49	2.37±0.56	2.14	0.075
母亲过度保护	1.91±0.38	1.92±0.46	2.10±0.53	1.95±0.41	2.04±0.43	2.30	0.058
自我接纳	38.24±0.42	41.02±0.97	40.55±4.16	41.21±3.89	40.90±5.05	3.31	0.011
特质焦虑	44.00±8.73	43.07±8.76	48.37±8.50	45.19±9.69	51.18±10.36	7.90	0.000

为了进一步探究父亲过度保护、特质焦虑和自我接纳在年段上的差异,分别对三者

进行事后多重比较,得到表 4-18。

表 4-18　父亲过度保护、自我接纳、特质焦虑在年段上的多重比较

	（I）名称	（J）名称	差值(I－J)
父亲过度保护	初一	高一	－0.17*
	初二	高一	－0.19*
	高一	高二	0.17*
自我接纳	初二	高一	－3.47*
	初二	高三	－4.17*
特质焦虑	初一	高一	－4.37*
	初一	高三	－6.72*
	初二	高一	－5.29*
	初二	高三	－7.64*
	高一	高二	3.18*
	高二	高三	－5.53*

注:* $P<0.05$。

(五)家庭教养方式、自我接纳、特质焦虑的关系分析

1. 家庭教养方式、自我接纳、特质焦虑的相关分析

由表 4-19 可知,父亲拒绝与中学生特质焦虑程度呈显著正相关($r=0.267, P<0.001$),父亲过度保护与中学生特质焦虑程度呈显著正相关($r=0.315, P<0.001$),母亲拒绝与中学生特质焦虑程度呈显著正相关($r=0.318, P<0.001$),母亲过度保护与中学生特质焦虑程度呈显著正相关($r=0.315, P<0.001$);父亲情感温暖与中学生特质焦虑程度呈显著负相关($r=-0.362, P<0.001$),母亲情感温暖与中学生特质焦虑程度呈显著负相关($r=-0.349, P<0.001$)。同时,父亲拒绝和中学生自我接纳呈显著负相关($r=-0.167, P<0.01$),母亲拒绝和中学生自我接纳呈显著负相关($r=-0.178, P<0.01$),父亲过度保护和中学生自我接纳呈显著负相关($r=-0.108, P<0.05$)。另外,中学生特质焦虑水平与自我接纳呈显著负相关($r=-0.292, P<0.001$)。

表 4-19　家庭教养方式、自我接纳、特质焦虑的相关系数($N=352$)

	父亲拒绝	父亲情感温暖	父亲过度保护	母亲拒绝	母亲情感温暖	母亲过度保护	自我接纳
特质焦虑	0.267***	－0.362***	0.315***	0.318***	－0.349***	0.315***	－0.292***
自我接纳	－0.167**	－0.008	－0.108*	－0.178**	0.033	－0.101	1

注:*** $P<0.001$,** $P<0.01$,* $P<0.05$。

2. 家庭教养方式、自我接纳、特质焦虑的回归分析

以下进行回归分析：

步骤一：为了探讨家庭教养方式各因子对特质焦虑的作用，以家庭教养方式的6个因子——父/母亲拒绝、父/母亲情感温暖、父/母亲过度保护为自变量，特质焦虑为因变量，采用逐步回归对数据进行处理，结果见表4-20。自变量共解释了22.8%的特质焦虑，父亲情感温暖进入回归方程，并对特质焦虑起到显著负向预测作用。母亲拒绝和母亲过度保护也进入回归方程，对特质焦虑起到显著正向预测作用。

表4-20　家庭教养方式对特质焦虑的逐步回归分析

因变量	预测变量	R^2	ΔR^2	F	β	t
特质焦虑	父亲情感温暖				−0.326	−6.808***
	母亲拒绝	0.235	0.228	24.802***	0.179	3.223**
	母亲过度保护				0.188	3.393**

注：*** $P<0.001$，** $P<0.01$。

步骤二：分别以家庭教养方式的6个因子——父/母亲拒绝、父/母亲情感温暖、父/母亲过度保护为自变量，自我接纳为因变量，对数据进行逐步回归分析，结果见表4-21。自变量共解释了2.9%的特质焦虑，父亲情感温暖进入回归方程，并对特质焦虑起到显著正向预测作用。

表4-21　家庭教养方式对自我接纳的逐步回归分析

因变量	预测变量	R^2	ΔR^2	F	β	t
自我接纳	母亲拒绝	0.032	0.029	11.42**	0.18	−3.379**

注：** $P<0.001$。

步骤三：以自我接纳为自变量，特质焦虑为因变量，对数据进行回归分析，结果见表4-22。自变量共解释了8.3%的特质焦虑，自我接纳对特质焦虑起到显著负向预测作用。

表4-22　自我接纳对特质焦虑的回归分析

因变量	预测变量	R^2	ΔR^2	F	β	t
特质焦虑	自我接纳	0.085	0.083	32.72***	−0.292	−5.720***

注：*** $P<0.001$。

3. 自我接纳在家庭教养方式对特质焦虑影响上的中介作用

从相关分析中可以发现，家庭教养方式中除了"父亲情感温暖"、"母亲情感温暖"和"母亲过度保护"3个因子外，其他因子均与自我接纳总分相关。家庭教养方式中各因子均与特质焦虑相关。设自我接纳总分为中介因子，以家庭教养方式的各因子为自变量，

特质焦虑为因变量,通过中介分析进一步探索三者之间的关系。我们采用系数乘积法中偏差校正的非参数百分位 Bootstrap 方法进行中介分析,样本量选择5000。

(1)自我接纳在父亲拒绝对特质焦虑影响上的中介作用

自我接纳在父亲拒绝与特质焦虑间所产生的间接效应的置信区间不含0,间接效应值为0.825,且父亲拒绝对中学生特质焦虑的直接效应也显著,其置信区间为[2.065,7.096],效应值为4.482。这表明自我接纳在父亲拒绝和特质焦虑之间的中介效应显著,并且表明自我接纳在其中起到部分中介作用。三者中介路径如图4-1所示。

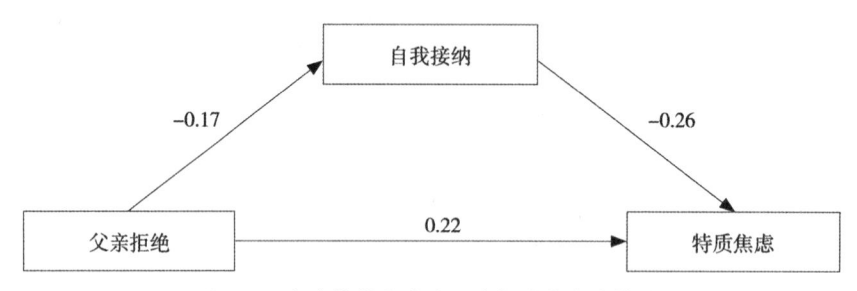

图4-1 家庭教养方式为父亲拒绝的中介模型

(2)自我接纳在父亲过度保护对特质焦虑影响上的中介作用

自我接纳在父亲过度保护与特质焦虑间所产生的间接效应的置信区间不含0,间接效应值为0.533,同时父亲过度保护对中学生特质焦虑水平的直接效应也显著,其置信区间为[3.437,7.561],效应值为5.597。这表明自我接纳在父亲过度保护和特质焦虑之间的中介效应显著,并且表明自我接纳在其中起到部分中介作用。三者中介路径如图4-2所示。

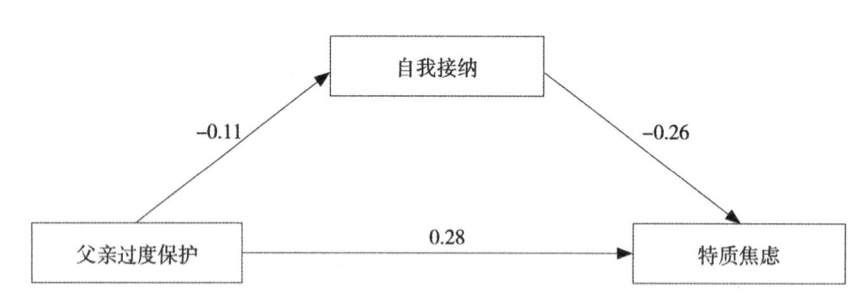

图4-2 家庭教养方式为父亲过度保护的中介模型

(3)自我接纳在母亲拒绝对特质焦虑影响上的中介作用

自我接纳在母亲拒绝与特质焦虑间所产生的间接效应的置信区间不含0,间接效应值为0.848,且母亲拒绝对中学生特质焦虑的直接效应也显著,其置信区间为[3.479,8.106],效应值为5.654。这表明自我接纳在母亲拒绝和特质焦虑之间的中介效应显著,并且表明自我接纳在其中起到部分中介作用。三者中介路径如图4-3所示。

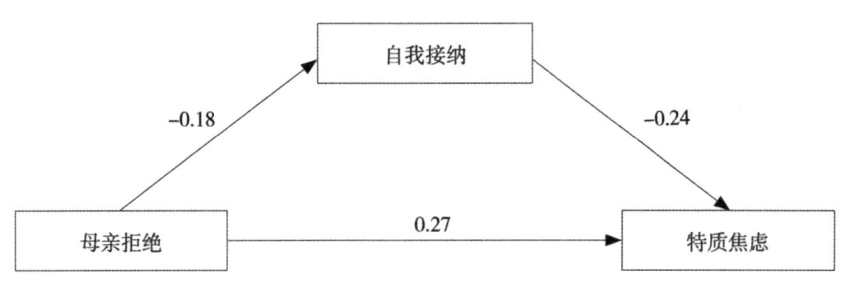

图 4-3　家庭教养方式为母亲拒绝的中介模型

四、讨论

(一)中学生家庭教养方式、自我接纳、特质焦虑情况分析

1. 中学生家庭教养方式的基本情况

现在父母养育子女更多通过使用情感温暖的教养方式,其次是使用过度保护的教养方式,最后是使用拒绝的教养方式。现在家庭教养方式均以情感温暖这种策略为主,以过度保护和拒绝为辅。当今家长逐渐意识到家庭教养方式对孩子的影响,能够给予孩子更多的情感温暖,但是出于对孩子的疼爱和呵护,父母还是会在一些方面过度干涉和保护子女。同时发现,不论是哪一种教养方式,父亲教养方式的均值都要小于母亲教养方式的均值。这可能是由于孩子更容易感受到母亲的教养方式,也有可能是因为目前母亲在家庭中更多参与对孩子的教养。

2. 中学生特质焦虑的基本情况

对比《心理卫生评定量表手册》中的特质焦虑常模,中学生的特质焦虑要显著高于全国常模。中学生处于青春期,本身情绪波动较大,受到人际关系和家庭环境等因素影响,又面临着长期较大的学业压力,对比其他人群,容易产生更高的特质焦虑水平。

3. 中学生自我接纳的基本情况

本研究数据显示,中学生的自我接纳得分略高于量表理论中值。这表明中学生总体自我接纳情况处于中等偏上水平。李彦牛等(2007)对河北师范本科生的研究显示:本科生的总体自我接纳情况处于中等偏上水平。王子豪等(2019)对 551 名高职生进行了问卷调查,结果表明高职学生总体自我接纳情况也处于中等偏上水平。研究结果与过去的研究结果具有一致性。

(二)家庭教养方式、自我接纳、特质焦虑的差异

1. 家庭教养方式、自我接纳、特质焦虑在性别上的差异

家庭教养方式和中学生自我接纳的影响因素不存在性别差异,由于社会竞争和生存

压力的增加,再加上外部环境的刺激或学校教育的作用,中国传统的男孩优先于女孩的观念影响较小。今天的社会相信,无论男女只要通过不断努力都可以拥有好的生活,女生也能做到男生能做的事,因此目前的家庭教育中,对男女生日常的要求和期望是对等的;而且女生受社会要求影响,导致女生会降低对自己的要求从而接纳自己。因此,不同的家庭教养方式和自我接纳程度在性别上都不显著。

根据数据的差异分析,只有特质焦虑在性别上存在显著差异,青春期女孩的特质焦虑水平高于青春期男孩。在青春期阶段,中学生在身体和心理方面逐渐发展和成熟。男生的情绪、意志、独立性都比较强,遇到问题时头脑更加冷静,更加理智,更加能够控制住自己的情绪,因此不容易产生焦虑。而女孩子的情绪控制能力比以前强了很多,但在思考和分析问题上,却更加敏感也更加感性。青春期女生的情绪心境化特点比较突出,情绪响应环境变化而发生变化,也因此更容易感受到焦虑。

2. 家庭教养方式、自我接纳、特质焦虑在年级上的差异

父亲过度保护在年段上存在差异,而且对于高一年段的学生父亲过度保护的分数最高。除了父亲过度保护外,其他家庭教养方式在年段上基本上无差异。特质焦虑在年段上也存在差异,高一和高三的特质焦虑水平要显著高于其他年段。自我接纳在年段上存在差异,初二学生自我接纳要低于高一和高三学生。

在家庭教养方式上,母亲对于孩子中学生阶段的教养方式比较统一,父亲对于高一学生的过度保护要高于其他年段。其可能的原因是,孩子刚刚进入高中生活,相较于初中时期父亲更加担心孩子在学习生活上能否良好地适应。也有可能是因为传统的家庭教养以母亲为主,且父亲的情感表达相对含蓄。年龄较小的孩子不能感知到父亲对其的教养行为。孩子逐渐成长,在进入高中阶段后,孩子的心智得到发展,在逐渐成长的过程中,能够更多地意识到父亲对其的保护。

在特质焦虑水平上,高一和高三的特质焦虑显著高于其他年段。我们认为高一特质焦虑高的原因是:高一学生刚入学,还未适应变化较大的高中生活,对生活的未知性怀有较大的恐慌。而高三学生面临即将高考的升学压力,想要在高考取得较好的成绩,因此特质焦虑的水平也较高。而初一学生摆脱了小学生的身份,还处于对新生活的探索阶段,初二和高二学生已经度过了初期的对新学期的不确定性,距离升学紧张复习还有一段时间,处于过渡阶段,甚至会产生一定的懈怠心理,因此特质焦虑水平较低。

在自我接纳程度上,初二年级学生经过一年的适应以后开始审视自己,也知道自己确定的中考目标与自己能力的差距,使他们自我接纳水平降低;而高一年级学生已经踏入高中生活,刚刚完成中考,在学业上不存在自卑,且高一知识难度和初中并无不可跨越的鸿沟,学生对自身能力属于认同状态。家长也会认为孩子跨过了人生一重要阶段,不施加过度压力;高三年级学生面临毕业,心理年龄更加成熟,对于外界的信息能够更好地处理,对自身的问题和能力都有比较完整的认识,因而更能接纳自我。

(三)家庭教养方式、自我接纳和特质焦虑三者关系与中介作用分析

根据统计结果,积极教养方式(父/母亲情感温暖)与特质焦虑水平呈极显著负相关($P<0.001$),消极教养方式(父/母亲拒绝、父/母亲过度保护)与特质焦虑水平呈正相关。也就是说,家长在平时选择育儿方法时,多采用情感温暖的策略,可以降低子女的特质焦虑;家长采取过多的过度保护与拒绝会使学生的焦虑水平升高。张心枰(2013)提出父母拒绝,会让孩子失去自信,让他们感到失望、难过,从而使他们变得内向、封闭,进而产生孤独、漠然,增加了他们的焦虑情绪。而家长对子女过度保护,则会导致他们缺少勇于创新、勇于承担风险的精神,从而形成胆怯、畏缩的性格,遇到困难易慌张和焦虑。而情感温暖的教育可以让孩子感受到家长的关爱,使他们养成正面积极的态度,从而增强对消极生活事件的处理能力,减少焦虑。

研究显示,自我接纳与特质焦虑呈极显著负相关。高特质焦虑的人,对自己的不良情感、行为缺乏接受能力,而接纳作为一种情绪调整策略可以对焦虑情绪起到调节作用(王江,2016)。

本研究还发现,父母消极的教养方式与自我接纳程度呈显著负相关,即父母采取拒绝和过度保护的消极教养方式,不利于子女接纳自我。换句话说,父母在养育子女时拒绝和过度保护的养育行为越多,孩子就越害怕听到负面评价,在面对未知问题和困难时产生更多的社会回避和痛苦,自我接纳程度也越低。这与之前的研究相一致(马素红等,2015)。

本研究结果表明,自我接纳在家庭教养方式与特质焦虑的关系中起部分中介作用。也就是说,当父母教育方式为父/母亲拒绝和父亲过度保护时,个人自我接纳程度低,个体进行情绪调节的能力就差,导致特质焦虑水平升高。

五、结论

本研究的结论是,家庭教养方式能显著预测特质焦虑,而自我接纳在家庭教养方式(父亲拒绝、父亲过度保护、母亲拒绝)对特质焦虑的影响上起部分中介作用。

因此,在对家庭教养方式以消极方式为主的中学生做个案咨询时,除了要预防其特质焦虑水平的增长,也要关注自我接纳的情况,多对个案进行鼓励。有条件的话,尽量和家长多沟通交流,帮助家长意识到教养方式的重要性。中学生的消极家庭教养方式(如拒绝、过度保护)很可能会导致其产生较高特质焦虑,如果仅仅期待改变家庭教养方式来调节是不现实的,若中学生意识到自身特质是由于受家庭影响,无形中会加剧其家庭矛盾,形成更不可调节的矛盾。因此,需增强中学生其他的内心能量,帮助他们缓解特质焦虑以应对未来可能遇到的挑战。

第三节 家对下一代情绪智力的形塑

前几年网上流传着一个恶作剧视频,内容是美国的家长骗他们的孩子,他们的万圣节糖果被家长都吃掉了,之后拍摄下孩子们听到这个消息的反应。有的孩子听完马上号啕大哭,有的很愤怒甚至摔东西,而有的孩子却表现宽容,甚至跟家长说下次吃之前要记得征求他的意见。对于同一件事,不同个体所表现的情绪反应不同。为什么个体的反应如此不同?这与他们情绪智力的高低或多或少是有关系的。现代心理学研究表明,一个人的成功20%依赖于智力因素,即智商水平的高低;其余80%都依赖于非智力因素。其中,非智力因素中最关键的是情绪智力。情绪智力因其对人一生的重要性而引起人类的注意。

就我国来说,目前关于家庭教养方式对情绪智力发展的影响及其之间的中介或调节变量的研究不多,仅有的研究也集中于主观幸福感、生活适应、自尊、应对方式等,而关于以亲子沟通作为调节变量探讨二者之间发展的研究更是凤毛麟角,所以本研究采取亲子沟通作为调节变量,探讨在亲子沟通的调节作用下家庭教养方式对情绪智力的影响,且相较于众多以成人、初高中生为对象的情绪智力研究,本研究采取4~6年级的小学生为被试进行探讨,因为在这个阶段,情绪智力的重要影响因素来源于家庭。这也是本研究的创新与有意义之处。

一、问题提出

(一)现有的研究成果

1. 情绪智力概述

关于情绪智力的定义还存在一些分歧和争议,但有几点是明确的:(1)情绪智力是指情绪控制能力或情绪智力的高低;(2)在预测人的成功时,了解情绪智力比通过智商测试和其他标准化成就测试测量出来的人的智力水平更有价值;(3)可以采取适当的方法来训练和提高人们的情绪调节能力,使情绪因素有利于提高工作效率,有助于个人成功。

2. 家庭教养方式概述

在一个家庭环境中,对个体社会化、情绪化等发展起重要推动作用的人物应归结为个体的抚养者,在社会中抚养者大部分指向父母,所以研究家庭教养方式主要从父母的教养方式着手。

Darling 等(1993)认为家庭教养方式是父母的教养观念、教养行为及其对儿童的情

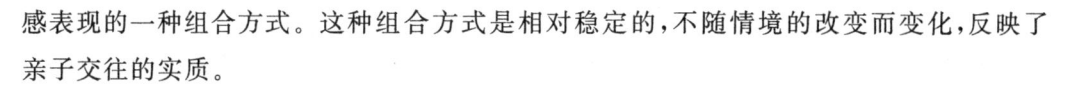

感表现的一种组合方式。这种组合方式是相对稳定的,不随情境的改变而变化,反映了亲子交往的实质。

3. 亲子沟通概述

这一概念在具体研究中有三种操作定义,相应地也就有三种不同侧重点的亲子沟通研究。第一种侧重研究亲子沟通对象的特征、内容、频率、风格、满意度等方面;第二种将亲子沟通视为特殊教养风格,集中研究亲子沟通的一般的、稳定的模式,也称为亲子沟通模式;第三种将亲子沟通看作个体之间的互动行为。

(二)以往研究的不足

近年来,关于情商的话题和研究都被世人津津乐道,情绪智力的定义、理论、要素、影响因素等也在不同研究者的研究下朝向多方面发展,虽然一度因为大众媒体、学术刊物等对情绪智力夸大的研究和讨论使得这个颇有深意的课题流于含糊、浅俗,从而丧失了学术主题的严谨与严肃性,但另一方面在对该课题的传播立下汗马功劳的情况下又推动了几个主要情绪智力理论的确立。

关于情绪智力,国外的研究趋于完善。目前我国对于情绪智力的研究主要集中于绩效、理论建构、影响因素、量表等,而在对情绪智力的影响因素研究中,更多集中于主观幸福感、社会支持、遗传、环境等。在众多的影响因素中,本研究着重考虑家庭教养方式这一因素对情绪智力发展的影响,因为家庭是个体社会化的首因,是情绪智力发展的重要因素和环境,且在国内,以亲子沟通作为调节变量的研究几乎为零,因此本研究对于情绪智力的探索具有重要意义。

(三)研究假设

假设一:情绪智力在性别、年级、主要抚养人、父母受教育程度、是否独生子女上存在显著差异。

假设二:情绪智力与家庭教养方式存在显著性相关。

假设三:家庭教养方式对情绪智力具有预测作用。

假设四:亲子沟通在家庭教养方式对情绪智力的影响上起调节作用。

(四)研究意义

1. 研究的理论意义

本研究以 4~6 年级的小学生为对象,探讨在亲子沟通为干涉变量的作用下,家庭教育方式对情绪智力的影响,以期获得培养情绪智力发展的可控因素,为情商教育培养提供理论依据;另外以小学生为研究对象,进一步拓展了研究对象的领域,为情绪智力发展变化的生命连续进程提供理论知识。

2. 研究的实践意义

著名心理学家、美国的卢果指出:"我们最大的悲剧不是恐怖的地震、连年的战争,甚至不是原子弹投向日本广岛,而是千千万万的人们活着然后死亡,却从来没有意识到存在于他们自身的人类未被开发的巨大潜能。"在现实生活中,我们迫切需要开发提高的是我们的情商潜能,因为妨碍人们充分发挥出自己大脑无限潜能的不是智力水平的高低,而是情商这一因素。本研究的意义在于在情绪智力的理论实践中实现具体化与指导性操作,让家长重视孩子早期的情绪智力培养,使更多的孩子获得一个健康、稳定的心理状态与情绪状态,逐步成为一名优秀、健康的社会人士。

二、研究方法

(一)研究对象

本研究以小学生为对象,被试来自漳州芗城实验小学。以班级为单位,随机选取了 6 个班,4~6 年级各 2 个班,以期使各年级的被试比例大致相等。共发放了 381 份问卷,回收 372 份,回收率为 97.6%,其中有效问卷为 366 份(无效问卷的剔除标准:连续 5 题以上未答,答题没有意义)。取样分布见表 4-23。

表 4-23 被试取样分布

	男生	女生	总计
4 年级	73	59	132
5 年级	56	54	110
6 年级	72	52	124
总计	201	165	366

(二)测量工具

(1)小学生情绪智力量表。本研究使用的情绪智力量表是台湾学者刘玉娟(2008)研究时用过的,该量表共 5 个维度,分别是认识自己的情绪、妥善管理情绪、自我激励、认识他人的情绪和人际中他人情绪管理。该量表共 23 个题目,采用李克特五点量表计分,依"完全符合""大部分符合""部分符合""小部分符合""完全不符合"分别记 5 分、4 分、3 分、2 分、1 分。由参与者根据个人情形回答,得分越高,表示情绪智力越高。该量表的各分量表内部一致性信度 Cronbach's α 系数均在 0.70 以上,总量表的 Cronbach's α 系数是 0.91。因此,该量表的内部一致性信度较好。对该量表的重测信度进行分析,总量表前后测的重测信度达到 0.71 相关,各分量表前后测的重测信度达到中度相关。因此该量表的重测信度不错。由于该量表的信效度是基于台湾而来的,为了符合大陆地区使用，对其字体、文法与词汇稍做修改，但不对总量表的结构与各项目的内容做任何修改。该量表在大陆的信效度检验得出：总量表的 Cronbach's α 系数是 0.916；各分量表内部一致性信度的 Cronbach's α 系数分别为 0.731、0.689、0.787、0.838、0.866，因此该量表具有较好的信效。对该量表做因素分析得到五个共同因素，即认识自己的情绪、自我激励、妥善管理情绪、认识他人的情绪和人际中他人情绪管理，说明本量表的结构效度与 Goleman 的理论相符，因此，本量表具有良好的结构效度。

(2) 家庭教养方式评估量表中文版(EMBU)。

(3) 亲子沟通量表(parent adolescent communication scale)。王树青(2007)修订的亲子沟通量表包括两个分量表——开放性和存在问题，共 20 个项目。该量表采用 5 点记分(非常不符合－1，比较不符合－2，有时符合有时不符合－3，比较符合－4，非常符合－5)。该问卷为国内外研究者广泛应用，具有较高的信效度。本研究中两个分量表和总量表的内部一致性系数为 0.72～0.90。

(三) 施测及数据处理

首先，主试熟悉问卷指导语和施测流程。其次，正式施测时，主试宣读指导语，确认被试都理解明白后才开始作答。对被试同时施测"小学生情绪智力量表"、"家庭教养方式问卷"(EMBU)和"亲子沟通问卷"，统一回收问卷。最后，用 Excel 记录数据，用 SPSS 进行相关分析与回归等统计检验。

三、研究结果

(一) 情绪智力的差异分析

以独立样本 t 检验及单因素方差分析对性别、年级、是否独生、主要抚养人、父母受教育程度进行情绪智力的差异分析(表 4-24 至表 4-28)，得到以下结果：情绪智力在年级、性别、主要抚养人、父母受教育程度上不存在显著差异，仅在是否为独生子女上有显著差异。

表 4-24　情绪智力在独生子女上的差异检验

	独生子女 $M\pm\text{SD}(n=189)$	非独生子女 $M\pm\text{SD}(n=172)$	F	Sig.
情绪智力	85.9101±1.31836	81.4651±1.33390	0.004	0.019

表 4-25　情绪智力在性别上的差异检验

	男 $M\pm\text{SD}(n=200)$	女 $M\pm\text{SD}(n=163)$	F	Sig.
情绪智力	82.2250±1.26108	85.7485±1.40867	0.115	0.063

表 4-26　情绪智力在主要抚养人上的差异多重比较（Tukey 法）

抚养人（I）	抚养人（J）	均值差（I－J）	标准误差	显著性
父亲和母亲	父亲	1.17728	7.41369	0.999
	母亲	5.65347	4.05460	0.504
	其他	－1.74429	4.47945	0.980
父亲	父亲和母亲	－1.17728	7.41369	0.999
	母亲	4.47619	8.32715	0.950
	其他	－2.92157	8.54208	0.986
母亲	父亲和母亲	－5.65347	4.05460	0.504
	父亲	－4.47619	8.32715	0.950
	其他	－7.39776	5.86891	0.589
其他	父亲和母亲	1.74429	4.47945	0.980
	父亲	2.92157	8.54208	0.986
	母亲	7.39776	5.86891	0.589

表 4-27　情绪智力在年级上的差异多重比较（Tukey 法）

（I）年级	（J）年级	均值差（I－J）	标准误差	显著性
4 年级	5 年级	－2.20791	2.33155	0.611
	6 年级	－1.89370	2.24730	0.677
5 年级	4 年级	2.20791	2.33155	0.611
	6 年级	0.31422	2.36515	0.990
6 年级	4 年级	1.89370	2.24730	0.677
	5 年级	－0.31422	2.36515	0.990

表 4-28　情绪智力在父母受教育程度上的差异多重比较（Tukey 法）

受教育程度（I）	受教育程度（J）	父亲 均值差（I－J）	父亲 标准误差	父亲 显著性	母亲 均值差（I－J）	母亲 标准误差	母亲 显著性
小学及以下	初中、高中或职高	－5.69977	4.21049	0.529	－0.05794	3.18021	1.000
	大学	－6.95769	4.40265	0.391	－1.43002	3.51163	0.977
	研究生及以上	－3.92273	6.76869	0.938	4.30861	6.19393	0.899

续表

受教育程度（I）	受教育程度（J）	父亲 均值差（I－J）	父亲 标准误差	父亲 显著性	母亲 均值差（I－J）	母亲 标准误差	母亲 显著性
初中、高中或职高	小学及以下	5.69977	4.21049	0.529	0.05794	3.18021	1.000
	大学	－1.25792	2.14419	0.936	－1.37208	2.28479	0.932
	研究生及以上	1.77705	5.57041	0.989	4.36656	5.59048	0.863
大学	小学及以下	6.95769	4.40265	0.391	1.43002	3.51163	0.977
	初中、高中或职高	1.25792	2.14419	0.936	1.37208	2.28479	0.932
	研究生及以上	3.03497	5.71704	0.952	5.73864	5.78543	0.754
研究生及以上	小学及以下	3.92273	6.76869	0.938	－4.30861	6.19393	0.899
	初中、高中或职高	－1.77705	5.57041	0.989	－4.36656	5.59048	0.863
	大学	－3.03497	5.71704	0.952	－5.73864	5.78543	0.754

从表 4-24 中可看出，情绪智力的方差齐性（$F=0.004$,$P=0.947$），情绪智力在是否独生子女上存在差异（$P=0.019<0.05$），且根据表 4-24 的结果可看出，独生子女群体的情绪智力比非独生子女群体的情绪智力高。

从表 4-25 至表 4-28 可以看出，情绪智力在性别、主要抚养人、年级、父母受教育程度上不存在显著差异。

（二）家庭教养方式、亲子沟通与情绪智力之间的相关分析

将情绪智力测试总分与家庭教养方式、亲子沟通的各因子测试总分进行 Person 相关分析，结果如下（表 4-29 至表 4-33）。

表 4-29 情绪智力与父亲教养方式的相关分析

		父亲情感温暖	父亲惩罚严厉	父亲过分干涉	父亲偏爱被试	父亲拒绝否认	父亲过度保护
情绪智力（G）	Person 相关性	0.325**	－0.112*	0.063	0.097	－0.074	0.050
	显著性（双侧）	0.000	0.034	0.234	0.065	0.158	0.346
	N	359	359	361	362	362	362

注：* $P<0.05$，** $P<0.01$。

表 4-30 情绪智力与母亲教养方式的相关分析

		母亲 情感温暖	母亲 过度干涉和 过度保护	母亲 拒绝否认	母亲 惩罚严厉	母亲 偏爱被试
情绪 智力 (G)	Person 相关性	0.296**	0.019	−0.174**	−0.171**	0.079
	显著性(双侧)	0.000	0.720	0.001	0.001	0.133
	N	356	355	361	359	363

注:** $P<0.01$。

表 4-31 情绪智力与亲子沟通的相关分析

		父亲 开放性	父亲 存在问题	母亲 开放性	母亲 存在问题
情绪 智力 (G)	Person 相关性	0.317**	0.128*	0.382**	0.138**
	显著性(双侧)	0.000	0.015	0.000	0.008
	N	362	364	363	362

注:* $P<0.05$,** $P<0.01$。

表 4-32 父亲教养方式与亲子沟通的相关分析

	父亲 情感温暖	父亲 惩罚严厉	父亲 过分干涉	父亲 偏爱被试	父亲 拒绝否认	父亲 过度保护
父开放性	0.551**	−0.438**	−0.084	0.129*	−0.248**	−0.020
父存在问题	0.208**	−0.390**	−0.251**	−0.014	−0.268**	−0.201**
母开放性	0.491**	−0.317**	−0.054	0.117*	−0.190**	0.033
母存在问题	0.157**	−0.320**	−0.230**	−0.054	−0.247**	−0.193**

注:* $P<0.05$,** $P<0.01$。

表 4-33 母亲教养方式与亲子沟通的相关分析

	母亲 情感温暖	母亲 过度干涉和过度保护	母亲 拒绝否认	母亲 惩罚严厉	母亲 偏爱被试
父开放性	0.496**	−0.065	−0.354**	−0.290**	0.046
父存在问题	0.118*	−0.306**	−0.355**	−0.325**	−0.063
母开放性	0.544**	−0.083	−0.443**	−0.465**	0.076
母存在问题	0.197**	−0.241**	−0.344**	−0.282**	−0.040

注:* $P<0.05$,** $P<0.01$。

由表4-29、表4-30可知,情绪智力与家庭教养方式存在相关,其中在父亲教养方式中,父亲的情感温暖与情绪智力存在显著的正相关,而父亲的惩罚严厉与情绪智力存在显著的负相关;在母亲教养方式中,母亲的情感温暖与情绪智力存在显著的正相关,而母亲的拒绝否认和母亲的惩罚严厉与情绪智力存在显著的负相关。

由表4-31的结果可知,情绪智力与亲子沟通存在显著性相关,父亲亲子沟通的两个因子——开放性与存在问题以及母亲亲子沟通的两个因子——开放性与存在问题皆与情绪智力存在显著性相关。

由表4-32、表4-33可知,家庭教养方式与亲子沟通存在显著性相关。各因子间,父母亲开放性与父亲情感温暖、父亲偏爱被试、母亲情感温暖存在显著正相关,而与父亲惩罚严厉、父亲拒绝否认、母亲拒绝否认、母亲惩罚严厉存在显著负相关;父母亲存在问题与父亲情感温暖、母亲情感温暖存在显著正相关,而与父亲惩罚严厉、父亲过分干涉、父亲拒绝否认、父亲过度保护、母亲过度保护和过度干涉、母亲惩罚严厉、母亲拒绝否认呈显著负相关。

(三)家庭教养方式对情绪智力的预测

将家庭教养方式与情绪智力显著相关的5个因子(父情感温暖、父惩罚严厉、母情感温暖、母拒绝否认、母惩罚严厉)作为自变量,情绪智力总分作为因变量,进行多元直线逐步回归,以考察家庭教养方式对情绪智力的预测作用,得出以下结果(表4-34)。

表4-34 家庭教养方式对情绪智力的回归分析

模型		R	调整R^2	F	B	标准误差	t
1	常量				53.196	4.597	11.573***
	父情感温暖	0.338a	0.112	45.082***	0.592	0.088	6.714***

注:a 因变量:G,*** $P<0.001$。

由表4-34可知,5个显著预测变量预测效标变量(小学生情绪智力)时,进入回归方程的显著变量只有1个(父情感温暖),其多元相关系数为0.338,解释变异量为0.112,即其能预测情绪智力11.2%的变异量。

标准化回归方程式为:情绪智力=0.592×父情感温暖+53.196。

(四)亲子沟通在家庭教养方式对情绪智力影响上的调节作用

以回归的手段来检验亲子沟通在家庭教养方式对情绪智力影响上的调节作用,最终得到10组调节作用,现以一组为例具体阐述检验过程:

第一步:把父情感温暖、父开放性、情绪智力这3个变量分别中心化后得到F_{11}、T_{11}、G_1。

第二步:以F_{11}与T_{11}为自变量,G_1为因变量,做强制回归,得到以下结果(表4-35)。

表 4-35　模型汇总

模型	R	R^2	调整 R^2	标准估计的误差
1	0.367^a	0.134	0.129	16.77343

注：a 预测变量：（常量），T_{11}，F_{11}。

第三步：以 F_{11}、T_{11}、$F_{11}T_{11}$ 为自变量，G_1 为因变量做强制回归，得到以下结果（表 4-36）。

表 4-36　模型汇总

模型	R	R^2	调整 R^2	标准估计的误差
1	0.394^a	0.155	0.148	16.59540

注：a 预测变量：（常量），$F_{11}T_{11}$，F_{11}，T_{11}。

在表 4-37 中，$F_{11}T_{11}$ 对应的 $P=0.004<0.05$，说明调节效应存在。调节效应的大小为表 4-36 中的 R^2 减去表 4-35 中的 R^2；调节效应 $=0.155-0.134=0.021$。

表 4-37　系数^a

模型		非标准化系数 B	标准误差	标准系数 试用版	t	Sig.
1	（常量）	−1.524	0.985		−1.547	0.123
	F_{11}	0.329	0.104	0.188	3.166	0.002
	T_{11}	0.505	0.122	0.254	4.135	0.000
	$F_{11}T_{11}$	0.026	0.009	0.151	2.939	0.004

注：a 因变量：G_1。

回归方程为：$G_1=0.329\times F_{11}+0.505\times T_{11}+0.026\times F_{11}T_{11}-1.524$。

其余 9 组调节作用的结果见表 4-38。

表 4-38　亲子沟通的调节作用汇总

调节变量	调节对象	第一次回归的 $R^2(R_1^2)$	第二次回归的 $R^2(R_2^2)$	调节效应 $(R_2^2-R_1^2)$	回归方程
T_{11}	F_{21} 对 G_1 的影响	0.103	0.129	0.026	$G_1=-0.157\times F_{21}+0.707\times T_{11}-0.048\times F_{21}T_{11}-1.257$
T_{21}	F_{11} 对 G_1 的影响	0.110	0.126	0.016	$G_1=0.575\times F_{11}+0.095\times T_{21}+0.029\times F_{11}T_{21}-0.577$
	F_{21} 对 G_1 的影响	0.022	0.039	0.017	$G_1=-0.505\times F_{21}+0.191\times T_{21}-0.06\times F_{21}T_{21}-1.047$

续表

调节变量	调节对象	第一次回归的 $R^2(R_1^2)$	第二次回归的 $R^2(R_2^2)$	调节效应 $(R_2^2-R_1^2)$	回归方程
H_{11}	M_{11} 对 G_1 的影响	0.159	0.170	0.011	$G_1=0.258\times M_{11}+0.696\times H_{11}+0.02\times M_{11}H_{11}-1.08$
	M_{31} 对 G_1 的影响	0.145	0.155	0.010	$G_1=-0.22\times M_{31}+0.823\times H_{11}-0.04\times M_{31}H_{11}-0.737$
	M_{41} 对 G_1 的影响	0.149	0.164	0.015	$G_1=-0.276\times M_{41}+0.842\times H_{11}-0.045\times M_{41}H_{11}-0.886$
H_{21}	M_{11} 对 G_1 的影响	0.095	0.097	0.002	$G_1=0.53\times M_{11}+0.213\times H_{21}+0.013\times M_{11}H_{21}-0.435$
	M_{31} 对 G_1 的影响	0.038	0.051	0.013	$G_1=-0.691\times M_{31}+0.217\times H_{21}-0.068\times M_{31}H_{21}-0.776$
	M_{41} 对 G_1 的影响	0.038	0.050	0.012	$G_1=-0.669\times M_{41}+0.27\times H_{21}-0.055\times M_{41}H_{21}-0.603$

注：调节变量：中心化后的父开放性（T_{11}）、父存在问题（T_{21}）、母开放性（H_{11}）、母存在问题（H_{21}）。调节对象：中心化后的父情感温暖（F_{11}）、父惩罚严厉（F_{21}）、母情感温暖（M_{11}）、母拒绝否认（M_{31}）、母惩罚严厉（M_{41}）、中心化后的情绪智力（G_1）。

四、讨论

(一)情绪智力在年级上的差异

本研究结果表明小学生情绪智力不存在年级差异，这与刘玉娟（2008）的研究结果一致。

(二)情绪智力在是否独生子女上的差异

本研究结果表明小学生情绪智力存在是否独生子女差异，且是独生子女的被试的情绪智力总体比非独生子女的被试的情绪智力高，这与林静（2011）、韩洁（2011）等的研究结果相反，也与本研究的预想相反。一般来说，在非独生子女家庭中因父母对不同孩子的教养方式不同、亲情关爱存在偏颇等使得非独生子女有更多社会人际交往、协调、处理的机会，在家庭中学会社会生存法则，也因此使情绪智力得到更大的发展。但是本研究结果却表明独生子女比非独生子女的情绪智力高，针对这一结果，本研究进行了以下预想：随着时代的发展，独生子女面临的来自各方面的压力使得他们的情绪智力比非独生子女的情绪智力发展更为快速。具体来说，当代社会的高节奏经济发展，使得父母亲期望子女成才的趋势更加明显，不少的兴趣班、补习班从小抓起。这种现象有利于促进孩子的生活化发展,也有利于促进情绪智力的发展。而为什么说独生子女比非独生子女的压力来源大?那是因为在家庭中,假设独生子女要面临来自长辈的关注、期待是一比四的比例,那么在非独生子女家庭中,因为有其他孩子的分担,关注的压力就没那么强,相应地非独生子女的被重点培养概率就相对较小,在长辈关系中寻求平衡点难度就相对较小。所以说,独生子女面临比非独生子女更大的压力可能是其情绪智力发展更为快速的原因。

(三)情绪智力与家庭教养方式的关系

本研究显示,父母情感温暖有利于促进小学生情绪智力的发展,而父母的惩罚严厉、拒绝否认会阻碍情绪智力的发展。这一结果与张蕾(2012)的研究结果一致。

研究表明,能力发展的条件中包括环境和教育的因素,而情绪智力的发展也是如此。在小学期间,家庭环境和家庭教育无疑对情绪智力的发展存在显著的影响。就马斯洛的需要层次理论来说,人有获得爱与尊重的需要,且根据其不同层次的内容分布间接说明人获得自我肯定、自我价值感的前提是获得社会、他人的肯定。这可以解释为何父母亲以积极的教养方式(情感温暖)教养儿童会使其情绪智力得到发展。因为以积极的教养方式教育儿童可以使其感受到爱,感受到自己有价值,从而增强自信、自尊,而自信、自尊感的提高又有利于促进能力及情绪智力的进一步发展。反之,消极的教养方式(惩罚严厉、拒绝否认)会阻碍其发展,因过多地否定、不认同会使得儿童产生自卑甚至习得性无助。所以,在家庭教养中,父母亲保持一致的积极的教养方式对儿童各方面的发展至关重要。因此,欲使儿童的情绪智力得到较大的培养与发展,父母亲应多采取积极的教养方式而避免消极的教养方式。

(四)亲子沟通在家庭教养方式对情绪智力的影响上起调节作用

本研究显示,亲子沟通在家庭教养方式对小学生情绪智力的影响上起调节作用,且从回归方程可以看出,积极的亲子沟通方式(父母亲开放性)在积极的教养方式(父母亲情感温暖)对情绪智力影响上的调节作用是正向调节,反之,是负向调节。从结果来看,亲子沟通的调节作用不是太大,调节效应在0.02左右,但其对情绪智力的发展却存在多方面的影响,因此亲子之间的沟通方式与方向对情绪智力的发展也是不可忽视的因素。

上述说到,家庭教养方式对情绪智力有影响,可以通过改变父母亲消极的教养方式、保持增进积极的教养方式来促进儿童的情绪智力发展。然而,一般情况下成人的处事风格及教养方式已定型,在没有深层次的领悟或重大事件的改变下,要想令其通过改变教养方式从而促进儿童情绪智力发展是很有难度的。因此,亲子沟通的调节作用在这里可以体现出它的价值。从家庭方面来说,父母亲欲提高儿童的情绪智力,促进儿童情绪智力的发展,不妨在一时改变不了自己习惯化了的消极的家庭教养方式的情况下从保持积极的亲子沟通入手,可以有意识地多增加与儿童沟通的机会,从而促进良好亲子沟通模式的形成;从学校方面来说,教育工作者欲提高学生的情绪智力,促进学生情绪智力的发展,可以在无力改变学生父母消极的家庭教养方式的情况下通过训练孩子学会与父母沟通来改善亲子沟通,从而降低消极的家庭教养方式对情绪智力的坏影响,增强好的家庭教养方式对情绪智力的好影响。

五、结论

情绪智力在年级、性别、主要抚养人、父母受教育程度上不存在显著差异,仅在是否独生子女上存在显著差异:独生子女比非独生子女的情绪智力高。

情绪智力与家庭教养方式存在相关:在父亲教养方式中,父亲的情感温暖与情绪智力存在显著的正相关,而父亲的惩罚严厉与情绪智力存在显著的负相关;在母亲教养方式中,母亲的情感温暖与情绪智力存在显著的正相关,而母亲的拒绝否认和母亲的惩罚严厉与情绪智力存在显著的负相关。

家庭教养方式对情绪智力具有预测作用:父亲情感温暖可以解释情绪智力变异量的11.2%。

亲子沟通在家庭教养方式对情绪智力的影响上起调节作用。

第五章

家对下一代情感的形塑

第一节 家对下一代孤独感的形塑

一、引言

（一）问题提出

近年来随着科技的发展，人与人之间的物理距离被拉近，而心理距离却未随之拉近。调查表明，孤独感已经成为现在人们普遍面临的较严重的一种不良情感体验。孤独感是一种封闭心理的反映，是感到自身和外界隔绝或受到外界排斥所产生出来的孤伶苦闷的情感。一般而言，短暂的或偶然的孤独不会造成心理行为紊乱，但长期或严重的孤独可能引发某些情绪障碍，降低人的心理健康水平。

大学生正处在一个特殊年龄阶段，处于艾森克人格阶段理论中的第六阶段——对亲密与孤独的冲突，因此，对大学生孤独感的研究极其重要。国内外对孤独感影响因素的研究，主要集中在人格倾向、应对方式和社会支持等方面。而家庭教养方式在子女人格的形成、社会支持系统的建立等方面都起着重要的作用，同伴冲突的应对则直接影响人际关系的质量。

故在继承以往研究的基础上，我们对大学生孤独感与家庭教养方式、同伴冲突应对方式的关系进行研究，了解同伴冲突应对方式在家庭教养方式对孤独感的作用中是否有调节作用，系统探索三者间的具体关系，继承并拓展前人的研究成果，为家庭心理健康教育提供理论依据。

（二）概念界定

1. 家庭教养方式的界定

家庭是社会生活的基本单位，是由父母子女共同组成的一个团体。家庭的教养方式

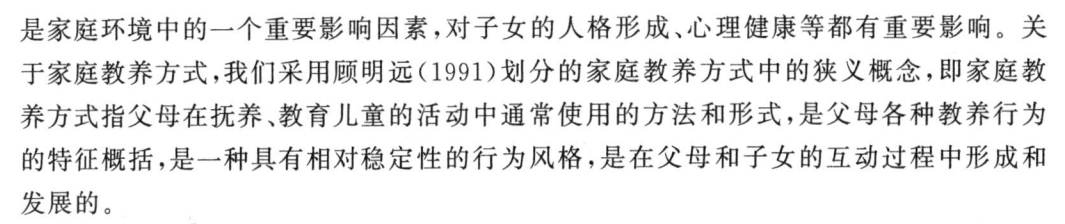

是家庭环境中的一个重要影响因素,对子女的人格形成、心理健康等都有重要影响。关于家庭教养方式,我们采用顾明远(1991)划分的家庭教养方式中的狭义概念,即家庭教养方式指父母在抚养、教育儿童的活动中通常使用的方法和形式,是父母各种教养行为的特征概括,是一种具有相对稳定性的行为风格,是在父母和子女的互动过程中形成和发展的。

2. 同伴冲突应对方式的界定

冲突应对方式又称冲突反应方式、冲突处理方式、冲突应对策略或冲突处理策略。同伴冲突没有一个具体的概念,不同学者对它有着不同的理解。黄希庭等(2000)针对中学生编制应对方式问卷,把应对方式归结为问题解决、求助、退避、发泄、幻想和忍耐六种。魏晓娟(2003)的研究结论认为,冲突应对方式应该是个人的反应,建立在冲突情境认知的基础上。贾玲(2011)概括为个体在与同伴发生冲突时,对该冲突所表现出来的、做出认知评价后具体的应对活动。简而言之,同伴冲突应对方式即个体和同伴发生冲突之后,采用的一系列应对策略、方法。

同伴冲突是人际冲突的一个组成部分,对同伴冲突应对方式进行研究是很有必要的。同伴冲突发生后,大学生采用何种方式化解矛盾、解决冲突,直接关系到他们的交友圈以及人际关系的质量,以及孤独感、亲密感等。

3. 孤独感的界定

孤独感是一种封闭心理的反映,是感到自身和外界隔绝或受到外界排斥所产生出来的孤伶苦闷的情感。

朱自贤(1989)认为孤独感是人处在某种陌生、封闭或特殊的环境中产生的一种孤单、寂寞、不愉快的情感。黄希庭(1991)认为孤独感是一种负性的情绪体验,是个体渴望人际交往和亲密关系却又无法满足,而产生的一种不愉快的情绪。王健从哲学的角度把孤独看作是人类特有的精神现象,其重要特征是主体对象疏离所导致的一种刻骨铭心的精神空落感。

对大学生而言,孤独感主要表现为生活的空虚、感情寄托的缺乏、无法被人理解和接纳的苦闷。目前我国关于大学生孤独感的研究较少,关于孤独感在性别、生源地、年级等人口统计学变量上的差异还没有形成一致性的结论。

(三)家庭教养方式、同伴冲突应对和孤独感三者关系的研究现状

1. 家庭教养方式与孤独感的相关研究

关于孤独感与家庭教养方式的研究较多,群体都主要集中在小学群体、初中生,关于大学生的相对较少。

孟晋(2002)的研究显示大学生的孤独感与父母的情感温暖呈显著负相关,与母亲严厉惩罚、父亲严厉惩罚呈显著正相关。邓丽芳等(2006)的研究表明家庭教养方式中的许多因子与大学生孤独感的各个维度呈显著相关,且对其有显著的预测作用。张云喜(2013)的研究表明,大学生在孤独感、家庭教养方式及成人依恋上存在显著相关,父亲温暖理解的教养方式与成人依恋中的焦虑因子、亲近依赖符合因子对大学生的孤独感具有预测作用。

以往研究表明,家庭教养方式中的诸多因子与大学生孤独感水平呈显著相关,且有预测作用,但具体是哪些因子与孤独感相关,相关程度如何,还没有形成一致性的定论。

2. 同伴冲突应对方式在家庭教养方式对孤独感影响上的调节作用研究

已有资料显示,目前尚未有学者对同伴冲突应对方式在家庭教养方式对孤独感影响上的调节作用进行研究。

(四)研究意义

在当今社会,大学生普遍存在孤独感体验。本研究以问卷调查的方式,了解大学生孤独感的现状,以及同伴冲突应对方式是否会在家庭教养方式对孤独感的作用中产生调节作用,为家庭教育、学校心理健康教育等提供理论依据。

已有资料显示,目前还未有学者就"关于大学生孤独感、家庭教养方式、同伴冲突应对"三者关系方面的问题做出研究,这也为本研究工作提供了可探讨的机会,且为将来的进一步研究提供了素材。

(五)研究假设

(1)孤独感在性别、生源地、是否独生上存在显著差异。
(2)孤独感在年级、学科性质上不存在显著差异。
(3)孤独感与家庭教养方式显著相关。
(4)同伴冲突应对方式在家庭教养方式对孤独感的影响上起调节作用。

二、研究方法

(一)研究对象

本研究采用随机取样的方法,对福建省漳州市350名大学生进行问卷调查,回收了320份,经整理剔除后得到有效问卷273份,有效率85.31%。样本构成情况见表5-1。

表5-1 样本构成情况

变量	类别	人数	百分比/%	总计
性别	男	66	24.2	273
	女	207	75.8	
是否独生	是	79	28.9	273
	否	194	71.1	
学科性质	文科	135	49.5	273
	理科	138	50.5	

续表

变量	类别	人数	百分比/%	总计
家庭所在地	城市	87	31.9	273
	乡镇	160	58.6	
	农村	26	9.5	
年级	大一	82	30.0	273
	大二	66	24.2	
	大三	46	16.9	
	大四	79	28.9	

(二)研究工具

(1)家庭教养方式评估量表中文版(EMBU)。

(2)孤独感量表(UCLA)。邓丽芳等(2006)用过的这一量表为自评量表,主要评价由对社会交往的渴望与实际水平的差距而产生的孤独感。全量表共有 20 个条目,每个条目有 4 级评分:"从不"为 1,"很少"为 2,"有时"为 3,"总是"为 4。其中第 1、5、6、9、10、15、16、19、20 几个题目反向记分,将每个问题的得分相加即为孤独感总分,总分高则表示孤独感高。该量表适用于各种人群,其内部一致性信度 $\alpha=0.94$。

(3)大学生人际冲突应对方式量表。该量表选自李春华(2009)的自编量表。该量表共有 18 个题项,分为 4 个因素:Ⅰ反思沟通、Ⅱ对抗攻击、Ⅲ转移回避、Ⅳ压抑忍让。该量表的信度评估采用分半信度与内部一致性信度来检验与评估问卷修订稿的稳定性与可靠性。经测量,量表的分半信度为 0.6254,经斯皮尔曼-布朗公式矫正后信度为 0.6390。量表的内部一致性信度 α 为 0.709。

(三)程序

本研究采用集体施测方式,以班为单位让学生填写问卷,将问卷发给调查对象后,要求其认真阅读指导语,然后根据自己的实际情况回答每项问题,采用不记名的方法,测试时间为 15 分钟左右,并当场收回问卷。

(四)统计分析方法

采用 SPSS 17.0 对数据进行统计分析,采用的统计方法有独立样本 t 检验、单因素方差分析、相关分析与多元线性回归等。

三、结果

(一)大学生孤独感的基本情况

为了考察大学生孤独感的基本情况,根据孤独量表的计分规则,就此次调查的情况算出了平均分和标准差,具体见表5-2。

表 5-2 孤独感的整体水平

项目	平均分	标准差
孤独感	45.2930	7.8821

从描述性统计结果可以看出:大学生孤独感的总体情况为45.2930±7.8821,即孤独感大体分数在45.2930上下一个标准差内波动。

(二)孤独感在人口统计学变量上的差异

对不同性别、学科性质、是否独生的被试在孤独感得分上进行独立样本 t 检验,结果发现大学生的孤独感在性别、学科性质、是否独生上不存在显著差异。同时,对不同生源地和年级被试在孤独感得分上进行了单因素方差分析,结果发现孤独感在生源地、年级上不存在显著差异。具体分析结果见表5-3、表5-4。

表 5-3 独立样本 t 检验

变量	类别	N	均值	t
性别	男	66	46.500	1.431
	女	207	44.908	
是否独生	是	79	44.924	−0.444
	否	194	45.443	
学科性质	文科	135	44.748	−1.130
	理科	138	45.826	

表 5-4 单因素方差分析

变量	类别	N	均值	F
年级	大一	82	45.817	0.666
	大二	66	45.864	
	大三	46	44.022	
	大四	79	45.013	

续表

变量	类别	N	均值	F
生源地	城市	87	45.345	
	乡镇	160	45.244	0.008
	农村	26	45.423	

(三)孤独感与家庭教养方式、同伴冲突应对方式的相关分析

为了检验家庭教养方式、同伴冲突应对方式对大学生孤独感的影响,我们进行了相关分析(表 5-5)。

表 5-5 大学生孤独感与家庭教养方式、同伴冲突应对方式的相关矩阵

	父亲情感温暖	父亲惩罚严厉	父亲过分干涉	父亲偏爱被试	父亲拒绝否认	父亲过度保护	母亲情感温暖	母亲过分干涉和保护	母亲拒绝否认	母亲惩罚严厉	母亲偏爱被试	孤独感
孤独感	−0.386**	0.228**	0.221**	0.127	0.313**	0.241**	−0.353**	0.293**	0.348**	0.276**	0.212**	—
同伴冲突应对方式	0.397**	−0.262**	−0.160**	−0.085	−0.315**	−0.141*	0.398**	−0.157**	−0.291**	−0.283**	−0.168*	−0.404**

注:* 在 0.05 水平(双侧)上显著相关;** 在 0.01 水平(双侧)上显著相关。

家庭教养方式与孤独感的相关分析表明:孤独感与父亲惩罚严厉、父亲拒绝否认、父亲过分干涉、父亲过度保护以及母亲过分干涉和保护、母亲惩罚严厉、母亲偏爱被试等负性教养方式呈现显著正相关。结果表明,负性教养方式得分越高,孤独感得分越高,即父母采用负性的教养方式易导致子女孤独感的产生。大学生孤独感与父母亲情感温暖呈现显著负相关,表明父母的情感温暖越多,子女越少产生孤独感体验;反之,父母越少表现出情感温暖,子女更容易产生孤独体验。

同伴冲突应对方式与孤独感的相关分析表明:同伴冲突应对方式与孤独感之间呈现显著负相关,即在同伴冲突应对方式上得分越高,孤独感水平越低。研究表明,大学生在采用积极的方式处理同伴之间的冲突关系时,更不容易产生孤独体验。成熟的同伴冲突应对方式,有利于形成亲密感,减少孤独感。

同伴冲突应对方式与家庭教养方式的相关分析表明:同伴冲突应对方式与父母惩罚严厉、父母拒绝否认、父亲过分干涉、父亲过度保护、母亲过分干涉和保护、母亲偏爱被试因素之间存在显著负相关。同伴冲突应对方式与父母情感温暖之间呈现显著正相关,说明父母情感温暖越多,越有利于形成积极的同伴冲突应对方式;而父母过多的严厉惩罚、拒绝否认、过度干涉和保护以及母亲偏爱被试则不利于子女采用积极的同伴冲突应对方式解决问题。

(四)家庭教养方式对孤独感的预测

为了进一步探讨家庭教养方式对大学生孤独感的预测作用,以家庭教养方式相关各因素为自变量,孤独感总分为因变量,进行多元逐步回归,探讨家庭教育方式对孤独感的影响。具体分析结果见表5-6、表5-7、表5-8。

表5-6 模型汇总

模型	R	R^2	调整R^2	标准估计的误差
1	0.395	0.156	0.151	6.63256
2	0.463	0.214	0.206	6.41554
3	0.502	0.252	0.239	6.27892

注:模型1预测变量:(常量),母亲情感温暖。模型2预测变量:(常量),母亲情感温暖,父亲过度保护。模型3预测变量:(常量),母亲情感温暖,父亲过度保护,母亲偏爱被试。

表5-7 方差分析

模型		平方和	df	均方	F	Sig.
1	回归	1492.051	1	1492.051	33.917	0.000
	残差	8094.315	184	43.991		
	总计	9586.366	185			
2	回归	2054.240	2	1027.120	24.955	0.000
	残差	7532.125	183	41.159		
	总计	9586.366	185			
3	回归	2411.038	3	803.679	20.385	0.000
	残差	7175.327	182	39.425		
	总计	9586.366	185			

注:模型1预测变量:(常量),母亲情感温暖。模型2预测变量:(常量),母亲情感温暖,父亲过度保护。模型3预测变量:(常量),母亲情感温暖,父亲过度保护,母亲偏爱被试。因变量:孤独感。

表5-8 回归系数表

模型		非标准化系数 B	SE	标准系数 试用版	t	Sig.
1	(常量)	63.793	3.174		20.100	0.000
	母亲情感温暖	−0.340	0.058	−0.395	−5.824	0.000

续表

模型		非标准化系数		标准系数试用版	t	Sig.
		B	SE			
2	（常量）	55.164	3.857		14.303	0.000
	母亲情感温暖	−0.325	0.057	−0.377	−5.737	0.000
	父亲过度保护	0.745	0.202	0.243	3.696	0.000
3	（常量）	51.412	3.975		12.932	0.000
	母亲情感温暖	−0.329	0.055	−0.382	−5.937	0.000
	父亲过度保护	0.662	0.199	0.216	3.322	0.001
	母亲偏爱被试	0.499	0.166	0.195	3.008	0.003

注：因变量：孤独感。

多元回归分析结果表明，$F=20.385$，母亲情感温暖、父亲过度保护和母亲偏爱被试对孤独感有显著的预测作用，解释率为23.9%。

回归方程为：大学生孤独感$=51.412-0.329M_1+0.662F_6+0.499M_5$。

(五)同伴冲突应对方式在家庭教养方式对孤独感影响上的调节作用

为了检验同伴冲突应对方式在家庭教养方式对孤独感影响上的调节作用，我们采用温忠麟等(2005)的调节作用检验方法，分别对同伴冲突应对方式在家庭教养方式和孤独感之间的调节作用进行检验，采用进入法进行多元回归分析。首先将自变量和因变量进行数据中心化处理；其次分别以同伴冲突应对方式和家庭教育方式各因子为自变量，孤独感为因变量进行多元回归分析，得出测定系数R_1^2；最后以同伴冲突应对方式、家庭教养方式、家庭教养方式与同伴冲突应对方式的乘积为自变量，孤独感为因变量，进行多元回归，得出测定系数R_2^2。根据温忠麟的理论，若家庭教养方式与同伴冲突应对的乘积的回归系数达到显著水平，同伴冲突应对方式在家庭教养方式对孤独感的影响上起调节作用。

根据上述检验方法一一检验之后发现，家庭教养方式中的父亲过度保护(F_6M)因子与同伴冲突应对乘积的回归系数达到显著水平。具体结果见表5-9、表5-10、表5-11、表5-12、表5-13、表5-14。

表5-9 模型汇总

模型	R	R^2	调整R^2	标准估计的误差
1	0.441	0.194	0.188	7.08805

注：预测变量：(常量)，F_6M，TBM。

表 5-10 Anova

模型		平方和	df	均方	F	Sig.
1	回归	3232.090	2	1616.045	32.166	0.000
	残差	13414.210	267	50.240		
	总计	16646.300	269			

注:预测变量:(常量),F_6M,TBM。因变量:GDM。

表 5-11 系数

模型		非标准化系数 B	标准误差	标准系数 试用版	t	Sig.
1	(常量)	−0.061	0.431		−0.141	0.888
	TBM	−0.684	0.102	−0.373	−6.720	0.000
	F_6M	0.588	0.174	0.188	3.386	0.001

注:因变量:GDM。

表 5-12 模型汇总

模型	R	R^2	调整 R^2	标准估计的误差
1	0.458	0.209	0.201	7.03355

注:预测变量:(常量),F_6MTBM,F_6M,TBM。

表 5-13 Anova

模型		平方和	df	均方	F	Sig.
1	回归	3487.043	3	1162.348	23.496	0.000
	残差	13159.257	266	49.471		
	总计	16646.300	269			

注:预测变量:(常量),F_6MTBM,F_6M,TBM。因变量:GDM。

表 5-14 系数

模型		非标准化系数 B	标准误差	标准系数 试用版	t	Sig.
1	(常量)	0.078	0.432		0.179	0.858
	TBM	−0.660	0.102	−0.360	−6.492	0.000
	F_6M	0.596	0.172	0.190	3.455	0.001
	F_6MTBM	0.091	0.040	0.124	2.270	0.024

注:因变量:GDM。

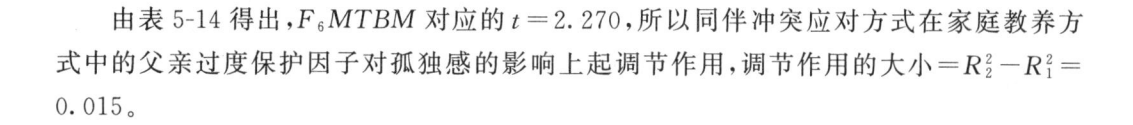

由表 5-14 得出，F_6MTBM 对应的 $t=2.270$，所以同伴冲突应对方式在家庭教养方式中的父亲过度保护因子对孤独感的影响上起调节作用，调节作用的大小 $=R_2^2-R_1^2=0.015$。

四、讨论

(一)孤独感在性别上不存在显著差异

孤独感在性别上不存在显著差异，这与之前的研究假设不一致，与国内学者韦耀阳(2005)、何毅钦(2011)的研究结果一致，与邓丽芳等(2006)、赵晨(2008)的研究结果相矛盾。我们认为，研究结果与我们的假设存在差异的原因是：首先，与被试的选取有关。男女被试构成比例的不协调，是导致结果出现偏差的一大原因。其次，从结果中我们可以得出，无论男生、女生，对孤独感的体验能力相差不大。这与男生与女生在面对孤独时都会采取一些适合自己的策略来排解孤独情感有关。例如，女生大多会通过倾诉寻求情感支持、帮助来减轻孤独体验，而男生则可能多是通过运动或者游戏等来缓解这类不良情感体验。

(二)孤独感在生源地上不存在显著差异

孤独感在生源地上不存在显著差异，与假设结果不一致。这与王娜等(2009)的结果一致，而与何毅钦(2011)的结果相矛盾。他们认为来自农村的大学生比城市的大学生有更高的孤独感，是因为农村的学生相对城市的学生更加自卑、内向，更加敏感，更容易获得孤独体验。我们认为，在我们的调查中在生源上无显著差异的原因是：首先，被试中乡镇、城市、农村的构成比例相差较大，因此，无法进行相对客观的比较。而造成农村生源大学生比较少的原因，我们认为除了与随机选取被试时的偶然性有关，还与"读书无用论"观点在农村的盛行有关，他们认为及早辍学打工比读书获得的收益更大，所以农村生源的大学生相对乡镇和城市的大学生比例较小。其次，随着经济的发展，农村的生活水平日益提高，随着农村城镇化、农村城市化趋势不断推进，教育越来越公平，更多的农村学子们享受到了和城市学子一样的教育资源，教育资源的公平化及农村经济水平的提高，让农村城市学子之间的心理差距越来越小。

(三)孤独感在是否独生上不存在显著差异

孤独感在是否独生上不存在显著差异，与之前的假设结果不一致，与张雪琴等(2012)的研究结果不一致。之所以出现结果与预期不一致，是因为：首先，与被试的构成比例不均衡有关，即独生子女的被试偏少有关。其次，随着科技的进步、教育的普及，公民的素质在不断提高，父母的教育观念也不断更新了。在非独生子女的父母中，父母更多地能够以"手心手背都是肉"的态度对待子女，让子女感受到父母平等的爱与关怀，减少子女的不安与争夺焦虑，保证子女都获得足够的情感温暖，减少孤独体验。独生子女相对非独生子女能够得到更多来自父母的关爱,独生子女能获得父母完整的爱,而不似非独生子女与兄弟姐妹共同享受父母的爱,互相争宠。

(四)孤独感与家庭教养方式的关系

本研究表明,孤独感与父母教育方式之间存在显著相关,且具有一定的预测作用,与研究假设一致。我们的研究结果与已有的研究结果一致,如与邓丽芳等(2006)对"大学生气质类型、家庭教养方式与孤独感的关系研究"结果一致。在家庭教养中,父母对子女更多的情感关怀、理解,在宽容民主的氛围中子女更容易获得情感的支持,减少孤独感体验。

关于家庭教养方式的许多研究都表明家庭教养方式对子女的人格形成、身心健康、人际交往等产生影响。积极良好的家庭教养方式会对子女将来的生活、学习、工作等产生积极的引导、促进作用。关于孤独感的研究也表明孤独感与自身的人格、气质类型、心理健康程度等密切相关。因此,采用何种教养方式对子女的身心健康成长极其关键。虽然大学生离开了父母,独立面对大学生活,但是其人格、气质等已在早年成型了,仍旧以其早年的方式处理问题,故家庭教养方式通过对大学生人格形成、心理健康、气质类型等方面产生影响进而影响其孤独感水平。

其中,父母的过分干涉、过度保护与大学生孤独感正相关,与结果预测一致。父母过分干涉、保护的家庭教养方式往往是批评和命令多于鼓励与信任,与子女缺乏民主平等的沟通,子女的情感在家中多是被压抑的,无法与父母分享其内心真实想法,容易让子女产生没有人在乎我的想法的消极态度,甚至把这样的想法转移到与同学、朋友的交往中,采用被动交往的方式,无法获得真诚的友谊。他们带着早年的这些经验进入大学,独自面对大学生活,没有了父母的干涉和保护,易产生无依无靠的孤独感。

在关于家庭教养方式与大学生孤独感的回归分析中,我们还得知,母亲情感温暖、父亲过度保护、母亲偏爱被试对孤独感有显著的预测作用。因此,在培育子女的过程中,父母应采取积极良性的教养方式,给予子女更多的情感温暖,积极主动地与子女进行沟通交流,增加家庭的亲密感,营造温暖、民主、充满爱的氛围供子女健康成长;尽量避免采用消极负性的教养方式,让子女在良性的环境中健康成长,降低其孤独水平,提高其心理健康水平。

(五)同伴冲突应对方式在家庭教养方式对孤独感的影响上起调节作用

本研究表明,同伴冲突应对方式在家庭教养方式对大学生孤独感的影响上起调节作用,这与预期假设一致。研究结果发现家庭教养方式、同伴冲突应对方式、孤独感之间存在相关。同伴冲突应对方式受自身的知识水平、交往观念等主观能动性的影响,有相对独立于家庭教养的因素。同伴冲突应对是人际关系应对的一个成分,人际关系的好坏对孤独感有重要影响,许慧燕(2010)的研究已表明这一点。在此基础上,并通过研究得出,同伴冲突的应对方式在家庭教养方式和孤独感之间起调节作用。

孤独感对大学生的心理健康水平、学业水平等都会产生重要的影响,因此在家庭教养方式对子女孤独感产生影响以后,我们应积极主动地采取措施降低孤独感水平,保持心理健康。而同伴冲突的应对方式能够在家庭教养方式对孤独感产生影响的情况下,进行一定的调节,降低孤独水平。因此,为了减弱负性的家庭教养方式对大学生孤独感形成带来的不良影响,可以通过提高同伴冲突应对能力来减弱孤独感水平。在学校心理健康教育中应加强冲突的应对方式教育:在面对矛盾发生言语争端型冲突时,教师应引导学生学会理智对待,积极沟通,争取把矛盾在当下解决,做到就事论事、对事不对人;在行动上发生冲突时,可以暂时先采取转移回避等应对措施,回避当下的不良情境,运用移情、合理宣泄等方式消除冲突带来的不良情绪反应,待冷静后,及时反思,理智分析冲突事件发生的缘由,主动与对方进行沟通,化解矛盾。总之,在面对同伴间冲突时要学会积极反思、主动沟通,勇于面对冲突、及时解决,切不可本着"大事化小,小事化了"的态度,一味压抑忍让,最终影响自己的同伴关系进而影响到心理健康。

五、结论

孤独感在年纪、性别、家庭所在地、是否独生、专业上不存在显著差异。

孤独感与家庭教养方式之间存在显著相关,孤独感与家庭教养方式中父亲惩罚严厉、父亲拒绝否认、父亲过度保护以及母亲过分干涉和保护、母亲惩罚严厉、母亲偏爱被试存在显著正相关;孤独感与父母亲的情感温暖存在显著负相关。

家庭教养方式中的母亲情感温暖、父亲过度保护和母亲偏爱被试对孤独感有显著的预测作用,其中父亲过度保护、母亲偏爱被试为正向预测作用,母亲情感温暖为负向预测作用。

同伴冲突应对方式在家庭教养方式中的父亲过度保护因子对孤独感的影响上起调节作用。

第二节 家对下一代缺陷感的形塑

一、引言

(一)文献综述

1. 缺陷感

(1)对缺陷感的研究

目前国内外有关缺陷感的研究较少,涉及面也较窄,针对大学生缺陷感的研究更是鲜见。沈雪芬等(2004)的研究结果表明,在性别上,江西师范大学大一、大二、大三学生在缺陷感总分、自尊、社交自信、外貌、体能上存在显著性差异,学习能力没有差异;在专业上,文理科在外貌、体能上存在差异,文科生的缺陷感分高于理科生的缺陷感分,其余因子及总分不存在显著性差异;在生源地上有显著性差异的因子有缺陷感总分、自尊、学习能力和体能,来自农村的江西师范大学生的缺陷感分高于城镇大学生的缺陷感分;在参加活动情况上,积极参加活动的大学生缺陷感分低于很少参加活动学生的缺陷感分。

(2)缺陷感的概念

对于缺陷感一词,没有明确的概念界定,闫莉娜(2011)将缺陷感视为低自尊感之一,而缺陷感会引起个体不适和伤害体验,主要表现在个体对自己的学习能力、社交自信、自尊、体能和外貌的情感体验。

虽然缺陷感一词没有明确的概念界定,但根据已有的论述可以得出,缺陷感与自卑和自尊有密不可分的关系,是学习能力、社交自信、自尊、体能和外貌这五个方面的情感体验。综上所述,本研究将缺陷感定义为:缺陷感是个体主观感受和自我评价,个体通过对自身的学习能力、社交自信、自尊、体能和外貌五个方面评价自身的缺陷感。

2. 心理控制源

(1)对心理控制源的研究

肖莉等(1989)的研究表明,IPC量表对我国大学生具有一定的稳定性。

全东明等(2001)研究发现,海洛因滥用者与大学生在内控性和有势力他人上存在显著性差异,海洛因滥用者的内控性低于大学生的内控性,而海洛因滥用者的有势力他人高于大学生的有势力他人。

海洛因滥用者心理控制源的P量表分在性别上存在显著性差异,即男性海洛因滥用者的外控倾向高于女性海洛因滥用者的外控倾向。

阎燕燕等(2012)研究发现,在心理控制源的三个维度上,男女生间存在显著差异的维度只有机遇这一维度,而女生机遇量表的得分显著低于男生的得分。心理控制源在本科生与专科生上均存在显著差异,本科生在内控性这一维度的得分显著高于专科生的得分,其余两个维度的得分均低于专科生的得分。

(2)心理控制源的概念

即使心理学家们对"心理控制源"有自己不同的定义,但"心理控制源"其内涵是一致的,心理控制源是指个体在与周围环境相互作用的过程中,对自己的行为方式和行为结果的责任的认知或定向。

3. 家庭教养方式

(1)对家庭教养方式的研究

王志梅(2003)研究表明,初中男、女生在父母惩罚严厉以及母亲过分干涉过度保护和偏爱上存在显著性差异,男生这几项因子分显著高于女生分。

在家庭教养方式中的父母的情感温暖、偏爱被试四个因子上,生源地是城市的初中生和生源地是农村的初中生存在显著差异,来自农村的初中生感受到父母的情感温暖和偏爱比来自城市的初中生少。

父母的文化程度不同,家庭教养方式也存在差异,文化程度较高的父母趋向于采用积极的教养方式来抚养被试。

(2)家庭教养方式的概念

关于家庭教养方式,国内外均有不同的称法。在国外,家庭教养方式称为"parenting""parenting style"或"parental style";在国内,称为"父母抚养方式""家庭教养方式""父母教育方式"。

在国内,对于家庭教养方式没有明确统一的定义。

张文新(1997)将父母在对子女抚养教育过程中所表现出来的一种相对稳定的行为方式定义为家庭教养方式。

陈陈(2002)视家庭教养方式为父母在养育子女活动中的常用行为方式,是父母对子女教养行为一种稳定性的行为风格的总概括。

龚艺华(2005)认为家庭教养方式是指父母在抚养子女的日常活动中所表现出来的一种对待子女的固定的行为模式和行为倾向,比较集中地反映了父母对待子女的态度,同时也是其教育观念的反映。教养方式同教养行为不同,但某种教养方式总是通过一些教养行为表现出来。

4. 对家庭教养方式、心理控制源、缺陷感两两关系的研究

(1)对家庭教养方式与缺陷感二者关系的研究

关于家庭教养方式与缺陷感二者关系的研究几乎是空白,而在众多学者的研究中找到了关于家庭教养方式与自尊二者关系的研究。

陈秀娟等(2009)研究发现,自尊的高低水平分别与父母的情感温暖、偏爱被试和父母过分干涉、过度保护是具有相关关系的。父母情感温暖、偏爱被试,则被试的自尊水平较高;父母过分干涉、过度保护被试,则被试的自尊水平较低。

(2)对心理控制源与家庭教养方式二者关系的研究

阎燕燕等(2012)研究发现,父母的养育方式多为积极的,如情感温暖,孩子在心理控制源上会形成内控的倾向。相反,父母消极的养育方式会让孩子对事件结果的看法倾向于相信外在的力量。

王钢等(2006)研究发现,重庆高中生心理控制源的三个维度与父亲养育方式中相对消极的因子存在显著性相关,而母亲的养育方式更多影响的是孩子的外控,即有势力他人和机遇。

(3)对心理控制源与缺陷感二者关系的研究

由于目前国内外有关缺陷感的研究较少,涉及面也较窄,针对大学生缺陷感的研究更是鲜见,因此对心理控制源与缺陷感二者关系的研究也是甚少的。

在方柳等(2009)的研究中,有这样的结论:高自尊组在内部控制得分上显著高于低自尊组,在未知方控制上得分显著低于低自尊组,而外部势力控制无显著差异。相关分析发现,内部控制得分越高,自尊程度越高;外部势力控制得分或未知方控制得分越高,自尊程度越低。这些都说明了高自尊组更多将成败归因于自己的努力或能力,属于"内控型",低自尊组更多将成败归因于机遇、运气等未知方控制因素或自我不可控制的因素,属于"外控型"。

5. 对家庭教养方式、心理控制源、缺陷感三者关系的研究

无相关研究。

(二)问题的提出

1. 以往研究的不足

由于目前国内外有关缺陷感的研究较少,涉及面也较窄,针对大学生缺陷感的研究更是鲜见,以致对心理控制源与缺陷感二者关系的研究也甚少,暂没找到对家庭教养方式、心理控制源、缺陷感三者关系的研究。

2. 研究意义

大学生是人生的转型时期,各方面都会对其心理产生影响,而拥有良好的心理和健康的人格是每一个在校大学生的梦想。缺陷感是低自尊感的表现,是人们对自己的社交自信、学习能力、自尊、外貌和体能的情感上的评价,缺陷感高会产生一系列的心理问题,自卑心理也会乘虚而入,其他如抑郁症、自杀等行为也都是由自我比较高的缺陷感引起的。

本研究要做的就是了解自己的心理控制源及缺陷感,发现心理控制源(内外控)与缺陷感之间的相关性,什么样类型的人容易有什么样的心理缺陷感,通过内外控对缺陷感的预测性及时采取必要措施,降低大学生的心理缺陷感;发现缺陷感的影响因素,通过外界因素来引导大学生减少缺陷感的发生,使大学生拥有更好的社会适应性。本研究可作为对大学生进行心理辅导的依据,有一定的现实意义。

缺陷感作为一种特定的心理学术语,在一定程度上能够反映出个体人格的特点及心理素质情况。当前,各高校以素质教育为目的的相关课题很多,如创新培养、社会化与适应性、人格塑造、心理卫生和保健等,都可由缺陷感入手去进行有效的解读。所以,现阶段如果各高校和各组织能够重视起大学生的心理缺陷感,将降低大学生心理缺陷感贯穿素质教育过程始终会促进大学生更好地适应社会。

本研究意在通过探讨大学生缺陷感、心理控制源与家庭教养方式三者之间的关系,为进一步开展大学生的心理咨询、心理健康教育工作提供依据。

(三)研究假设

(1)缺陷感在性别、专业、家庭所在地、是否独生子女、父母文化程度、父母职业、是否曾任班干部上均存在显著差异。

(2)缺陷感、家庭教养方式和心理控制源三者之间存在显著相关。

(3)家庭教养方式对缺陷感具有预测作用。

(4)心理控制源在家庭教养方式对缺陷感的影响上起中介作用。

二、研究方法

(一)研究对象

本研究采用随机抽样的方法,选取了闽南师范大学学生为研究被试。共发放问卷310份,回收问卷306份,回收率为98.71%,其中有效问卷294份,有效率为94.84%。被试样本分布情况见表5-15。

表5-15 被试构成分布($N=294$)

	水平	人数	百分比	有效百分比
性别	男	44	15.0	15.0
	女	250	85.0	85.0
年龄	18	24	8.2	8.2
	19	106	36.1	36.2
	20	130	44.2	44.4
	21	30	10.2	10.2
	22	3	1.0	1.0
	不详	1	0.3	
专业	文科	133	45.2	46.7
	理科	152	51.7	53.3
	不详	9	3.1	
家庭所在地	农村	181	61.6	61.6
	城市	113	38.4	38.4
是否独生子女	是	82	27.9	27.9
	否	212	72.1	72.1
父亲文化程度	小学及以下	53	18.0	18.5
	初中	114	38.8	39.7
	高中或中专	75	25.5	26.1
	大专	26	8.8	9.1
	本科及其以上	19	6.5	6.6
	不详	7	2.4	

续表

	水平	人数	百分比	有效百分比
父亲职业	工人	118	40.1	43.1
	农民	105	35.7	38.3
	知识分子	26	8.9	9.5
	干部	25	8.5	9.1
	不详	20	6.8	
母亲文化程度	小学及以下	102	34.7	35.7
	初中	108	36.7	37.8
	高中或中专	51	17.4	17.8
	大专	16	5.4	5.6
	本科及其以上	9	3.1	3.1
	不详	8	2.7	
母亲职业	工人	106	36.0	39.3
	农民	124	42.2	45.9
	知识分子	28	9.5	10.4
	干部	12	4.1	4.4
	不详	24	8.2	
是否曾任班干部	是	192	65.3	68.1
	否	90	30.6	31.9
	不详	12	4.1	

(二)研究工具

本研究采用问卷调查法,主要运用以下问卷。

(1)缺陷感量表(FIS)。在该量表中,量表得分越低,表明缺陷感越强。

(2)内控性、有势力他人及机遇量表(IPC)。"内控性"是指个体相信自己能够驾驭自己的生活,"有势力他人"意味着个体认为外因是控制自己生活中事件的主要因素,而"机遇"则是指个人觉得影响他的生活经历以及一些事件的结果是由于机遇。IPC的每一个分量表底下都包括8个题目,整个IPC量表一共24个题目。该量表采用6级评分,"1"代表很不同意,"6"代表很同意。被试分量表得分的高低说明被试心理控制源的倾向。肖莉等(1989)使用IPC量表对176名大学生进行了测试,得到重测信度I为0.80,P为0.42,C为0.59,重测信度估计值均达显著性水平,说明测量结果的稳定性和一致性是可被接受的。肖莉等(1989)对IPC量表的初步分析表明,该量表具有一定的稳定性,显示了心理控制源的三维结构,符合中国中学生的特点,可以用于中国学生。因此,本研究采用该量表来测量闽南师范大学大学生的心理控制源。

(3)家庭教养方式评估量表中文版(EMBU)。

(三)资料收集方法

将缺陷感量表、内控性、有势力他人及机遇量表、家庭教养方式评价量表合成一份总问卷,且三个量表按 ABC、BCA、ACB 三种方式组合。总问卷的发放采用以班级为单位的团体测试,由我们统一指导,并在发放问卷前说明。本问卷采用匿名填写的方式,只做研究,不对个人进行评价,并且资料保密。这份问卷所有的问题都没有标准答案,无所谓对错和好坏。每题只能选择一个答案,不愿填写者可以不交卷。由我们统一发放问卷,当场统一收回问卷。

(四)统计方法

将回收的有效问卷的数据全部输入电脑,根据被试在缺陷感、心理控制源、家庭教养方式 3 个量表及各分量表上的得分,经过筛选后,运用 SPSS 16.0 软件包对有效问卷数据进行处理,采用描述性统计、差异性检验、相关分析和回归分析等统计方法对数据进行统计分析。

三、结果分析

(一)大学生缺陷感现状的描述统计

对 294 名闽南师范大学学生收回的有效问卷进行归类统计,对被试的缺陷感及缺陷感的分因子进行描述性统计分析,得到的结果见表 5-16。

表 5-16 被研究对象的缺陷感各维度及缺陷感总分的描述性统计

	N	全距	均数	标准差
自尊	294	4.43	4.9303	0.90633
社交自信	294	5.5	4.5577	1.11902
学习能力	294	4.43	4.6031	0.88271
外貌	294	5.2	4.3263	0.98441
体能	294	6	4.5440	1.36417
缺陷感总分	294	4.42	4.6049	0.83952

从表 5-16 中闽南师范大学学生的缺陷感各因子的平均得分来看,将各个因子的平均得分按照降序排列为自尊、学习能力、社交自信、体能、外貌。在本研究中,根据数据得出,大学生缺陷感在自尊维度的得分高于其他四个维度。在缺陷感的五个分因子里,将各个因子的标准差按照降序排列为体能、社交自信、外貌、自尊、学习能力,体能的标准差

值最大,这表明在体能维度上,被研究对象个体差异较其他维度大。

(二)缺陷感在人口学变量上的差异

1. 缺陷感在性别上的差异

将性别作为自变量,对性别不同的294名闽南师范大学学生缺陷感各个维度的得分做独立样本 t 检验,由数据得出,大学生缺陷感及其各维度在性别上不存在显著性差异。

2. 缺陷感在专业上的差异

将专业作为自变量,对不同专业研究对象缺陷感各个维度的得分做独立样本 t 检验,结果见表5-17。

表5-17　大学生缺陷感及其各维度的专业差异检验

	文科($M\pm SD$)	理科($M\pm SD$)	t	df	Sig.(2-tailed)
自尊	4.92±0.89	4.93±0.93	−0.12	287	0.91
社交自信	4.47±1.11	4.64±1.10	−1.31	287	0.19
学习能力	4.59±0.90	4.61±0.87	−0.14	287	0.89
外貌	4.25±0.96	4.40±1.00	−1.26	287	0.21
体能	4.33±1.42	4.72±1.28	−2.47	287	0.01*
缺陷感总分	4.53±0.81	4.67±0.85	−1.39	287	0.17

注:* $P<0.05$。

结果表明,在缺陷感的总分及其五个维度中,文理科生在缺陷感的体能维度上有显著差异,理科生的体能缺陷感得分大于文科生,说明文科感受到的体能缺陷感强于理科生。

3. 缺陷感在家庭所在地上的差异

研究大学生缺陷感在家庭所在地上的差异,得到的结果显示,大学生缺陷感及其各维度在学生的家庭所在地上不存在显著性差异。

4. 缺陷感在是否独生子女上的差异

为进一步了解来自闽南师范大学被调查学生的缺陷感在是否独生子女上是否存在差异,我们进行了单因素方差分析,结果显示,独生子女与非独生子女在缺陷感及其各维度上没有显著性差异。

5. 缺陷感在是否曾任班干部上的差异

研究大学生缺陷感在是否曾任班干部方面的差异,得到的结果显示,大学生缺陷感及其各维度在是否曾任班干部方面不存在显著性差异。

6. 缺陷感在父母文化程度上的差异

对缺陷感在父母文化程度上的差异,本研究应用单因素分析,得到的结果表明,缺陷感和其各维度在父亲文化程度及母亲文化程度上均无差异显著。

7. 缺陷感在父母职业上的差异

为进一步了解大学生缺陷感及缺陷感各因子,我们做了缺陷感在父母职业上的差异分析,结果显示,缺陷感及其各维度在父亲职业上无显著性差异,在母亲职业上的差异结果见表 5-18。

表 5-18　大学生缺陷感及其各维度在母亲职业上的差异检验

变量	来源	SS	df	MS	F	Sig.
体能	组间	15.98	3	5.33	2.89	0.04*
	组内	489.45	265	1.85		
	总	505.43	268			

注:* $P<0.05$。

数据结果表明,只有缺陷感中的体能在母亲不同文化水平上存在显著性差异;使用 Tukey-HSD 检验,比较得出在缺陷感的体能维度上,母亲职业间存在显著差异,结果见表 5-19。

表 5-19　体能在母亲职业上的显著差异

因变量	母亲职业(I)	母亲职业(J)	均值差(I−J)	标准差	Sig.	95%置信水平 下限	95%置信水平 上限
体能	工人	知识分子	−0.77799*	0.29	0.04	−1.54	−0.02

由表 5-19 的结果可以看出,Tukey-HSD 检验中,在缺陷感的体能维度上,母亲的四种职业中,只有工人与知识分子的孩子之间存在显著性差异,且知识分子的孩子体能缺陷感分值高于工人的孩子,意味着工人的孩子感受到的体能缺陷感强于知识分子的孩子 ($P<0.05$)。

(三)家庭教养方式、心理控制源与缺陷感三者的相关性

家庭教养方式量表含有 11 个因子,分别为父亲"情感温暖""惩罚严厉""过分干涉""偏爱被试""拒绝否认""过度保护"和母亲"情感温暖""过干涉过保护""拒绝否认""惩罚严厉""偏爱被试";心理控制源量表中包含总分及 3 个因子,分别为"内控性""有势力他人""机遇";缺陷感量表中包含总分及 5 个因子,分别是"自尊""社交自信""学习能力""外貌""体能"。

对大学生家庭教养方式、心理控制源与缺陷感三者的相关研究是这些变量之间建立模型的基础,为了更好地明确三者是否存在显著相关,接下来讨论大学生家庭教养方式、心理控制源与缺陷感三者之间的相关关系。

1. 缺陷感与家庭教养方式的相关性

将缺陷感与家庭教养方式进行相关分析,结果见表 5-20。

表 5-20　缺陷感与家庭教养方式的相关分析

	自尊	社交自信	学习能力	外貌	体能	缺陷感总分
父亲情感温暖	0.20***	0.11	0.19***	0.06	0.12*	0.17**
父亲惩罚严厉	−0.30***	−0.24***	−0.22***	−0.24***	−0.17**	−0.29***
父亲过分干涉	−0.21***	−0.24***	−0.17**	−0.14*	−0.15**	−0.24***
父亲偏爱被试	−0.13*	−0.13*	−0.11	−0.09	−0.08	−0.14*
父亲拒绝否认	−0.30***	−0.21***	−0.23***	−0.27***	−0.24***	−0.30***
父亲过度保护	−0.20***	−0.29***	−0.25***	−0.24***	−0.23***	−0.31***
母亲情感温暖	0.24***	0.12*	0.25***	0.04	0.10	0.18**
母亲过干涉过保护	−0.23***	−0.28***	−0.19***	−0.25***	−0.23***	−0.30***
母亲拒绝否认	−0.32***	−0.23***	−0.27***	−0.25***	−0.25***	−0.32***
母亲惩罚严厉	−0.30***	−0.21***	−0.24***	−0.22***	−0.18**	−0.28***
母亲偏爱被试	−0.09	−0.11	−0.09	−0.10	−0.08	−0.12*

注：* $P<0.05$，** $P<0.01$，*** $P<0.001$。

表 5-20 的结果显示，父母的情感温暖与缺陷感总分及其 5 个维度的相关结果是：父亲情感温暖只与自尊、学习能力、体能、缺陷感总分存在显著正相关，父母惩罚严厉、过干涉过保护、拒绝否认均与缺陷感及各维度存在显著负相关，父亲偏爱被试只与自尊、社交自信、缺陷感总分存在显著负相关，母亲偏爱被试只与缺陷感总分存在显著负相关，其余无显著相关。

2. 缺陷感与心理控制源的相关性

将缺陷感与心理控制源进行相关分析，结果见表 5-21。

表 5-21　缺陷感与心理控制源的相关分析

	自尊	社交自信	学习能力	外貌	体能	缺陷感总分
内控性	0.24***	0.13*	0.22***	0.12*	0.15**	0.21***
有势力他人	−0.29***	−0.34***	−0.34***	−0.35***	−0.23***	−0.39***
机遇	−0.27***	−0.32***	−0.37***	−0.27***	−0.19***	−0.36***
心理控制源总分	−0.15**	−0.25***	−0.23***	−0.24***	−0.13*	−0.26***

注：* $P<0.05$，** $P<0.01$，*** $P<0.001$。

表 5-21 中的结果显示，缺陷感量表各维度及总分和心理控制源量表各维度及总分之间存在显著相关。内控性与缺陷感量表各维度及总分之间有显著正相关；有势力他人、机遇和心理控制源总分与缺陷感量表各维度及总分之间有显著负相关。

3. 心理控制源与家庭教养方式的相关性

将心理控制源与家庭教养方式进行相关分析，结果见表 5-22。

表 5-22　心理控制源与家庭教养方式的相关分析

	内控性	有势力他人	机遇	心理控制源总分
父亲情感温暖	0.17**	−0.19***	−0.21***	−0.11
父亲惩罚严厉	−0.17**	0.23***	0.20***	0.13*
父亲过分干涉	−0.09	0.18**	0.14*	0.11
父亲偏爱被试	−0.09	0.07	0.09	0.03
父亲拒绝否认	−0.20***	0.26***	0.25***	0.15*
父亲过度保护	−0.01	0.23***	0.18**	0.19***
母亲情感温暖	0.28***	−0.11	−0.12*	0.01
母亲过干涉过保护	−0.02	0.21***	0.22***	0.19***
母亲拒绝否认	−0.16**	0.25***	0.24***	0.16**
母亲惩罚严厉	−0.17**	0.22***	0.20***	0.12*
母亲偏爱被试	−0.05	0.09	0.11	0.07

注：* $P<0.05$，** $P<0.01$，*** $P<0.001$。

表 5-22 中的结果显示，心理控制源总分与家庭教养方式各维度之间的相关关系为：父母情感温暖和内控性有显著正相关，和有势力他人、机遇有显著负相关；父母惩罚严厉、拒绝否认和内控性有显著负相关，和有势力他人、机遇、心理控制源总分有显著正相关；父亲过分干涉和有势力他人、机遇有显著正相关；父亲过度保护、母亲过干涉过保护和有势力他人、机遇、心理控制源有显著正相关；其余无显著相关。

(四)家庭教养方式对缺陷感的预测

为了探究家庭教养方式对大学生缺陷感的预测程度，本研究以大学生家庭教养方式为自变量，以缺陷感为因变量，进行逐步回归分析，结果见表 5-23。

表 5-23　家庭教养方式对缺陷感的逐步回归分析

因素	指标	β	R^2	调整 R^2	ΔR^2
Q 总	M_3	−0.32***	0.10	0.10	
Q 总	M_3	−0.23***	0.14	0.14	0.04
	F_6	−0.22***			
Q 总	M_3	−0.19**	0.16	0.15	0.01
	F_6	−0.23***			
	M_1	0.14*			

注：* $P<0.05$，** $P<0.01$，*** $P<0.001$。
M_3：母亲拒绝否认；
F_6：父亲过度保护；
M_1：母亲情感温暖；
Q 总：缺陷感总分。

表 5-23 的结果显示,家庭教养方式中的母亲拒绝否认、父亲过度保护和母亲情感温暖对缺陷感有显著的预测作用,且预测力为 15%,即缺陷感变异的 15% 可以用家庭教养方式来解释。回归方程式:$Y(缺陷感)=5.27-0.19\times M_3-0.23\times F_6+0.14\times M_1$。

(五)心理控制源在家庭教养方式对缺陷感影响上的中介作用

1. 家庭教养方式、心理控制源与缺陷感的路径分析

如图 5-1 至图 5-6 所示。

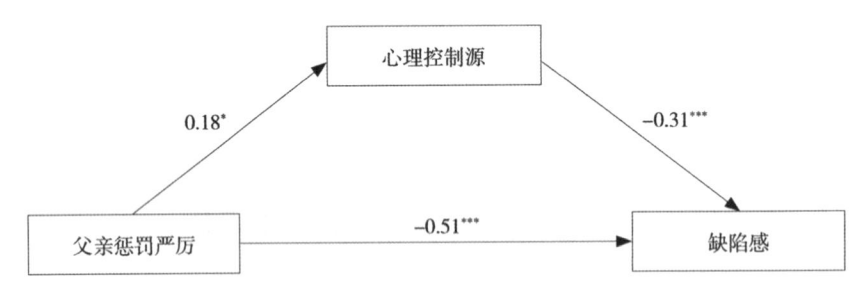

图 5-1 父亲惩罚严厉对缺陷感的影响:心理控制源的中介作用

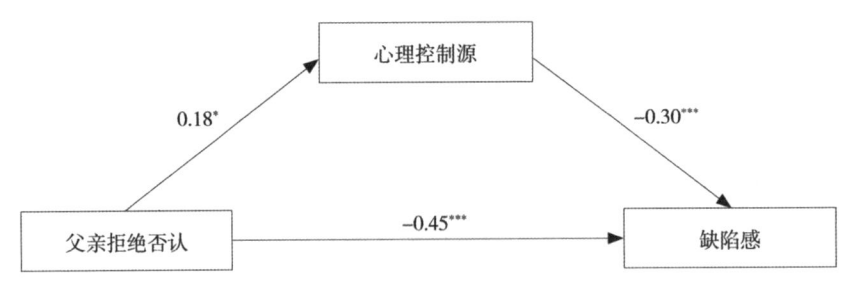

图 5-2 父亲拒绝否认对缺陷感的影响:心理控制源的中介作用

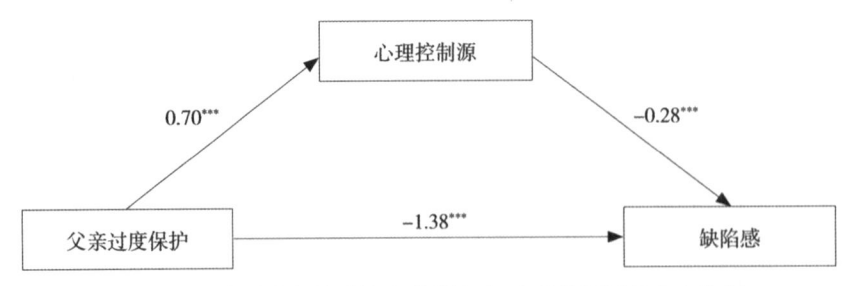

图 5-3 父亲过度保护对缺陷感的影响:心理控制源的中介作用

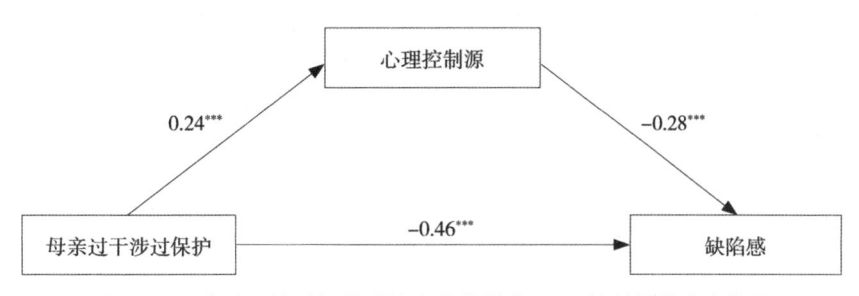

图 5-4　母亲过干涉过保护对缺陷感的影响:心理控制源的中介作用

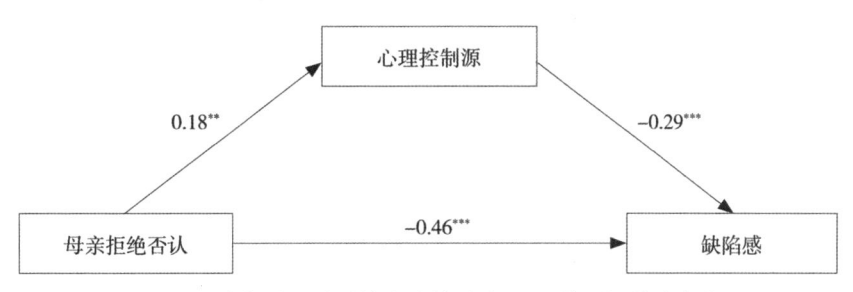

图 5-5　母亲拒绝否认对缺陷感的影响:心理控制源的中介作用

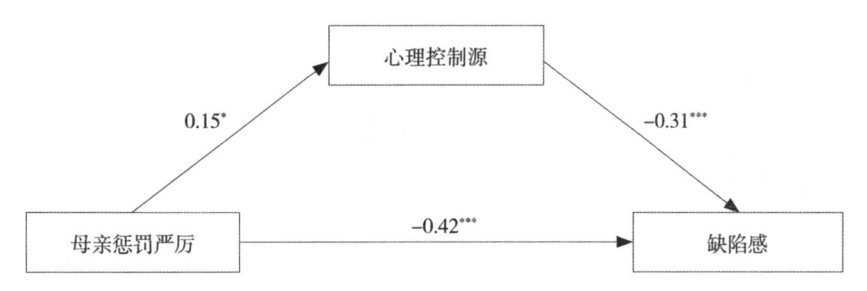

图 5-6　母亲惩罚严厉对缺陷感的影响:心理控制源的中介作用

2. 路径系数效应的分解

路径系数效应的分解见表 5-24。

表 5-24　路径系数效应的分解

	路径	效应	百分比/%
父亲惩罚严厉	$X_1 \to Y$	−0.51	
	$X_1 \to M \to Y$	−0.06	9.86
	总	−0.57	
父亲拒绝否认	$X_2 \to Y$	−0.45	
	$X_2 \to M \to Y$	−0.05	10.71
	总	−0.50	

续表

	路径	效应	百分比/%
父亲过度保护	$X_3 \to Y$	−1.38	
	$X_3 \to M \to Y$	−0.20	12.44
	总	−1.58	
母亲过干涉过保护	$X_4 \to Y$	−0.46	
	$X_4 \to M \to Y$	−0.07	12.75
	总	−0.53	
母亲拒绝否认	$X_5 \to Y$	−0.46	
	$X_5 \to M \to Y$	−0.05	10.19
	总	−0.51	
母亲惩罚严厉	$X_6 \to Y$	−0.42	
	$X_6 \to M \to Y$	−0.05	9.97
	总	−0.47	

四、讨论

(一)体能缺陷感在专业上的差异

对大学生的缺陷感及缺陷感各维度的数据,通过统计软件英文版 SPSS 16.0 进行了差异分析和检验。结果显示,大学生缺陷感中体能因子在文、理科专业上存在显著性差异,理科生的体能因子得分高于文科生得分,即文科生所感受到的体能缺陷感程度强于理科生。

文科生的体能缺陷感强于理科生,其可能原因是:受传统观念限制,和在自身天性上就处于相对弱势地位的女生,会更易在生理上和心理上产生疲惫感。从生理上来说,众所周知,男人和女人体能方面存在差异,男人体能普遍比女人好。因此天生的生理及身体素质等因素决定了男生的体力强于女生的体力。且如今文理分班,文科班中的女生数多于理科班的女生数,理科班的男生数多于文科班的男生数,以致整体上理科生的体能强于文科生的体能。且如今的应试教育,在有一定脏、累的体育课上,学生能躲就躲,能藏就藏,这种情况下女生多数会找借口避免上体育课,导致整体上男生体能素质强于女生,进而导致文理科生的体能差异。人们的普遍观念也认为文科生应该是文质彬彬的,而理科生就注定了要拥有一副强壮的体魄。这使得文科生更加注意自己的体能表现等,让文科生更觉得自己的体能不如理科生,从而缺陷感加重。

本研究得出结论:文科生的体能因子得分显著低于理科生的得分,文科生体能缺陷感强于理科生。

(二)缺陷感不受家庭所在地因素的影响

统计分析结果表明,大学生缺陷感及其各个维度不受被试家庭所在地因素的影响,也就是来自城市和农村的被试的差异不明显。这其中的原因可能是:改革开放的不断深入,经济发展及社会进步,推动了城乡文化协调发展,实现了城乡在文化权利上的平等、文化政策上的一致、文化资源上的互补、文化发展上的互动;逐步丰富了农民群众的精神文化生活,提高了农民群众的思想道德素质和科学文化素质,形成了文明健康的生活方式,培育了良好的社会风尚;推动了农村物质文明、政治文明、精神文明、生态文明协调发展,城乡之间的差异越来越小,导致来自城市和农村的大学生缺陷感水平差异不大。另外,虽然来自农村的大学生所享有的社会资源和来自城市的大学生所享有的社会资源是有区别的,但是来自农村的大学生比来自城市的大学生大多更能刻苦学习、吃苦耐劳、意志顽强,在校表现更加优秀,在处理各种社会压力时更加有经验,因而两者相抵反映在缺陷感水平上就没有显著差异;同时,来自农村的大学生不希望自己在来自城市的同学面前表现得过于自卑和弱小,所以,外在表现比内在实际显得更自信、更强大一点,以此显示自己和来自城市大学生的平等性。这些原因导致他们的缺陷感水平在被试的家庭所在地上没有显著性差异。

(三)父母惩罚严厉对缺陷感有影响

通过研究发现,家庭教养方式是父母惩罚严厉的孩子,缺陷感较高。

其中原因可能为:父母对于孩子犯错误时惩罚过于严厉,不利于子女自我意识的发展,容易使孩子感到被否认与贬低,降低自我评价,从而影响孩子的缺陷感,使其产生了较高的缺陷感。

如果父母对子女的惩罚过于严厉,会使孩子终日生活在惶恐之中,战战兢兢、畏畏缩缩,让他们感到被否定和不被认可,没有存在感,从而产生消极的自我评价,加重他们的缺陷感。父母给予的正面评价及关爱越多,其子女的缺陷感就会越弱。

因此,为了降低学生的缺陷感,父母应该改善惩罚严厉的养育方式。我们认为可以采取以下几方面的措施:首先要重视家庭教育知识讲座或者家庭教育咨询。其次,父母在惩罚时要选择适当的惩罚,惩罚过重易引起孩子对抗情绪,太轻又不足以使孩子引以为戒。惩罚孩子要以达到目的为原则,既不能轻描淡写又不能小题大做。孩子受罚后也许会改正错误,但并不等于他明白道理,也不能保证下次不再犯。所以让孩子明白受罚的原因才是根除错误的关键,说理是惩罚孩子后必不可少的。另外,爷爷奶奶和爸爸妈妈之间,爸爸和妈妈之间要达成一致。

(四)有势力他人对学习能力缺陷感有影响

心理控制源越倾向于有势力他人,相信外因能够控制自己生活中的事件,缺陷感就越强。

研究结果显示,心理控制源为有势力他人的被试的学习能力缺陷感较高。其原因可能为:心理控制源的有势力他人即外控者相信外因能够控制自己生活中的事件,他们常常缺乏自我信念,没有主见,一味地听从他人的摆布。当他们在学校遇到学习上的困难时,便开始抱怨学校和老师,认为学校不够好,学校的设施不完备,学校可以提供的学习资料不充足,教师的教学水平不够好,教师的教育方式不适合自己等,总之自己的一切不如意都是由学校和老师造成的;反之当他们在学习上很顺利时,便认为一切都是外界因素控制的,并不是自己有这个学习能力。相信外界控制力量的学生的学习信心受到打击,学习能力缺陷感增强。如此一来,心理控制源为有势力他人,不仅会对学生自身学习能力产生不良的影响,而且会不断产生对学习能力的不确定和恐慌。所以,这样的学生会体验到更多的消极情感,继而产生强烈缺陷感。

这一研究结果的启示是,为了降低大学生的学习能力缺陷感,可以培养大学生的内控性。相信能力、努力或他们自己的行为对周围发生的事情起决定性作用。当个体相信他们能影响周围的世界并控制自己的生活时,取得好的成绩,他们倾向于将成绩的取得归结于自己的素质,如能力或努力。

大学生正处于社会化未成熟的阶段,其心理控制源的倾向性是可以通过干预而逐步改变的。所以对高校的学生工作来说,应注重大学生内控性的培养,引导大学生在日常学习和生活中,多从成功中发现自己的优势,肯定自己的能力,进而树立自信;在失败时要从自身找原因,并相信可以通过自己的努力取得更好的成绩,这有助于降低他们的学习能力缺陷感。

五、结论

我们对缺陷感总分及其"自尊""社交自信""学习能力""外貌""体能"五个维度做了性别、专业、家庭所在地、是否独生子女、是否曾任班干部、父母文化程度、父母职业的差异检验,仅有理科生的体能分显著大于文科生的体能分;在母亲职业上,知识分子孩子的体能缺陷感显著高于工人孩子的体能缺陷感。

家庭教养方式与缺陷感总分及其五个维度的相关结果是:父亲情感温暖只与自尊、学习能力、体能、缺陷感总分存在显著正相关;母亲情感温暖只与自尊、社交自信、学习能力、缺陷感总分存在显著正相关;父母惩罚严厉、过干涉过保护、拒绝否认均与缺陷感及各维度存在显著负相关;父亲偏爱被试只与自尊、社交自信、缺陷感总分存在显著负相关;母亲偏爱被试只与缺陷感总分存在显著负相关;其余无显著相关。

家庭教养方式中的母亲拒绝、否认、父亲过度保护和母亲情感温暖对缺陷感有显著的预测作用,且缺陷感变异的15%可以用家庭教养方式来解释。回归方程如下:缺陷感＝5.27－0.19×母亲拒绝否认－0.23×父亲过度保护＋0.14×母亲情感温暖。

心理控制源在父亲严厉惩罚、拒绝否认、过度保护和母亲过干涉过保护、拒绝否认、惩罚严厉对缺陷感的影响上起部分中介作用。

第三节 家对下一代主观幸福感的形塑

一、引言

(一)概念界定

幸福是人类经久不衰的话题,我们一直在追求幸福的路上。主观幸福感是指个体对自身生活的整体评价,包括生活满意度、积极情感体验的存在和没有消极情感体验存在3个基本成分。影响主观幸福感的因素有很多,比如人格、价值取向、归因风格、生活事件、家庭因素等。

徐慧等(2008)认为,家庭教养方式(parenting style)是指父母在抚养子女的成长过程中所使用的方式,是父母教育和抚养的各种行为的特征概括。教养方式作为家庭方面的重要影响因素之一,对主观幸福感有着重要的影响。

(二)已有研究及问题的提出

已有的很多研究表明,家庭教养方式与主观幸福感存在显著相关,人格对主观幸福感有预测作用。不少学者研究了家庭教养方式、主观幸福感两者与自我概念、自尊、社会支持、宽恕、心理韧性、幽默风格之间的关系,但是很少有学者探讨家庭教养方式、人格、主观幸福感三者之间的关系。余寒露(2013)进行了大学生内隐主观幸福感调查及人格外向性、家庭教养方式的研究,发现人格外向性在家庭教养方式对内隐幸福感的影响中具有中介作用。这为本研究提供了一定的理论依据。但是人格的其他维度在家庭教养方式对主观幸福感的影响中是否也起到作用呢,目前没有关于这方面的研究。本研究旨在深入探究人格在教养方式对主观幸福感影响上是否有调节作用。

(三)研究意义

进行此项研究旨在让人们更好地了解教养方式、人格、主观幸福感三者之间的作用机制,从而避免因人格或者教养方式给主观幸福感带来影响,开辟一条提升主观幸福感的新途径,为拓展主观幸福感的研究领域提供真实可靠的实证支持和理论补充。

(四)研究假设

(1)主观幸福感在性别、独生与否、地区、年级、学科上存在显著差异。
(2)家庭教养方式中父母情感温暖因子与主观幸福感存在正相关。
(3)家庭教养方式中父母拒绝否认因子、父母过度保护因子与主观幸福感存在负相关。

(4)家庭教养方式对主观幸福感有预测作用。

(5)人格在家庭教养方式对主观幸福感的影响上起调节作用。

二、研究方法

(一)研究对象

以闽南师范大学本科生为被试,采用随机分层抽样的研究方法,实际发放问卷350份,回收的问卷在经过剔除无效问卷后共得到有效问卷328份,有效率为93.71%。其中男生147人,女生181人;独生113人,非独生215人;城镇116人,农村211人,漏填1人;大一60人,大二99人,大三71人,大四98人;文科70人,理科247人,其他11人。

(二)研究工具

(1)总体幸福感量表(GWB)。胡洁等(2002)用过的总体幸福感量表共33个题目。除了评定总体幸福感,本量表还通过将其内容组成6个分量表从而对幸福感的6个因子进行评分。这6个因子是对健康的担心、精力、对生活的满足和兴趣、忧郁或愉快的心境、对情感和行为的控制以及松弛与紧张焦虑。得分越高则幸福感越高。

(2)简式家庭教养方式量表中文修订版(s-EMBU-C)。

(3)艾森克人格量表(EPQ)。周波(2013)用过。

(三)研究程序

查阅大量文献,以闽南师范大学本科生为被试,采用随机分层抽样的研究方法,以问卷形式收集数据,运用SPSS软件对数据进行独立样本t检验、单因素方差分析、相关分析、回归分析、调节效应检验等处理。

三、结果

(一)主观幸福感的差异比较

1. 主观幸福感在性别上的差异比较

为探讨主观幸福感在性别上的差异,进行独立样本t检验,结果如下(表5-25)。

表 5-25 主观幸福感在性别上的差异

	男($n=147$)	女($n=181$)	t	Sig.(双侧)
主观幸福感	76.01±12.33	75.46±10.98	0.431	0.667

由表 5-25 可见,主观幸福感在性别上不存在显著性差异。

为探讨主观幸福感各因子在性别上的差异,我们进行了独立样本 t 检验,结果如下(表 5-26)。

表 5-26　主观幸福感各因子在性别上的差异

	男($n=147$)	女($n=181$)	t	Sig.(双侧)
对健康的担心	8.78±2.73	8.83±2.65	−0.178	0.859
精力	17.50±4.09	17.10±3.48	0.967	0.334
对生活的满足和兴趣	6.44±1.98	6.13±1.63	1.551	0.122
忧郁或愉快的心境	14.43±3.84	14.84±3.24	−1.032	0.303
对情感和行为的控制	12.37±2.28	12.14±2.09	0.954	0.341
松弛与紧张焦虑	16.49±3.77	16.42±3.28	0.180	0.858

由表 5-26 可见,主观幸福感各因子在性别上均不存在显著性差异。

2. 主观幸福感在独生与否上的差异比较

为探讨主观幸福感在独生与否上的差异,我们进行了独立样本 t 检验,结果如下(表 5-27)。

表 5-27　主观幸福感在独生与否上的差异

	独生($n=113$)	非独生($n=215$)	t	Sig.(双侧)
主观幸福感	76.46±13.04	75.31±10.76	0.853	0.394

由表 5-27 可见,主观幸福感在独生与否上不存在显著性差异。

为探讨主观幸福感各因子在独生与否上的差异,我们进行了独立样本 t 检验,结果如下(表 5-28)。

表 5-28　主观幸福感各因子在独生与否上的差异

	独生($n=113$)	非独生($n=215$)	t	Sig.(双侧)
对健康的担心	8.78±2.71	8.82±2.67	−0.128	0.899
精力	17.41±4.12	17.21±3.57	0.441	0.659
对生活的满足和兴趣	6.55±1.89	6.12±1.73	2.058	0.040
忧郁或愉快的心境	14.71±3.84	14.63±3.36	0.195	0.845
对情感和行为的控制	12.48±2.30	12.13±2.10	1.396	0.164
松弛与紧张焦虑	16.54±3.83	16.40±3.32	0.332	0.740

由表 5-28 可见,对生活的满足和兴趣因子在独生与否上存在显著性差异:独生显著高于非独生;主观幸福感其他各因子在独生与否上均不存在显著性差异。

3. 主观幸福感在地区上的差异比较

为探讨主观幸福感在地区上的差异,我们进行了独立样本 t 检验,结果如下(表5-29)。

表5-29 主观幸福感在地区上的差异

	城镇($n=116$)	农村($n=211$)	t	Sig.(双侧)
主观幸福感	75.84±13.59	75.67±10.37	0.113	0.911

由表5-29可见,主观幸福感在地区上不存在显著性差异。

为探讨主观幸福感各因子在地区上的差异,我们进行了独立样本 t 检验,结果如下(表5-30)。

表5-30 主观幸福感各因子在地区上的差异

	城镇($n=116$)	农村($n=211$)	t	Sig.(双侧)
对健康的担心	8.73±2.53	8.86±2.76	−0.419	0.676
精力	17.39±4.20	17.24±3.51	0.346	0.729
对生活的满足和兴趣	6.32±1.89	6.25±1.75	0.348	0.728
忧郁或愉快的心境	14.72±3.88	14.62±3.33	0.264	0.792
对情感和行为的控制	12.00±3.53	12.38±1.95	−1.400	0.163
松弛与紧张焦虑	16.67±3.66	16.33±3.42	0.840	0.401

由表5-30可见,主观幸福感各因子在地区上均不存在显著性差异。

4. 主观幸福感在年级上的差异比较

为探讨主观幸福感在年级上的差异,我们进行了单因素方差分析,结果如下(表5-31)。

表5-31 主观幸福感在年级上的差异

	大一($n=60$)	大二($n=99$)	大三($n=71$)	大四($n=98$)	F	显著性
主观幸福感	79.00±11.40	74.31±10.37	75.04±9.18	75.58±13.97	2.198	0.088

由表5-31可见,主观幸福感在年级上不存在显著性差异。

为探讨主观幸福感各因子在年级上的差异,我们进行了单因素方差分析,结果如下(表5-32)。

表 5-32　主观幸福感各因子在年级上的差异

	大一($n=60$)	大二($n=99$)	大三($n=71$)	大四($n=98$)	F	显著性
对健康的担心	8.32±2.61	8.91±2.51	9.03±2.79	8.84±2.82	0.879	0.452
精力	18.20±3.73	17.05±3.71	17.01±2.86	17.14±4.34	1.486	0.218
对生活的满足和兴趣	6.57±1.79	6.06±1.68	6.34±1.80	6.24±1.91	1.033	0.378
忧郁或愉快的心境	15.92±3.26	14.33±2.96	13.96±3.56	14.71±3.99	3.871	0.010
对情感和行为的控制	12.78±1.87	11.87±1.88	12.10±2.34	12.41±2.44	2.539	0.057
松弛与紧张焦虑	17.22±2.94	16.09±3.25	16.61±3.30	16.23±4.12	1.483	0.219

由表 5-32 可见，忧郁或愉快的心境因子在年级上存在显著性差异；主观幸福感其他各因子在年级上均不存在显著性差异。

由表 5-33 可见，在忧郁或愉快的心境因子上，大一显著高于大二，大一显著高于大三，大一显著高于大四；除此之外，其他年级间均不存在显著性差异。

表 5-33　忧郁或愉快的心境因子得分在年级上的多重比较

	忧郁或愉快的心境因子（均值差 $I-J$）	Sig.（双侧）
大一至大二	1.58333	0.006
大一至大三	1.95892	0.001
大一至大四	1.20238	0.036

5. 主观幸福感在学科上的差异比较

为探讨主观幸福感在学科上的差异，我们进行了单因素方差分析，结果如下（表 5-34）。

表 5-34　主观幸福感在学科上的差异

	文科($n=70$)	理科($n=247$)	其他($n=11$)	F	显著性
主观幸福感	75.96±11.90	75.49±11.54	79.00±11.23	0.502	0.606

由表 5-34 可见，主观幸福感在学科上不存在显著性差异。

为探讨主观幸福感各因子在学科上的差异，我们进行了单因素方差分析，结果如下（表 5-35）。

表 5-35　主观幸福感各因子在学科上的差异

	文科($n=70$)	理科($n=247$)	其他($n=11$)	F	显著性
对健康的担心	8.24±2.68	8.94±2.65	9.27±3.13	2.043	0.131
精力	17.90±3.85	17.09±3.71	17.64±4.32	1.319	0.269
对生活的满足和兴趣	6.21±1.71	6.30±1.81	5.82±2.18	0.423	0.656
忧郁或愉快的心境	14.77±3.73	14.55±3.49	16.18±2.86	1.171	0.311
对情感和行为的控制	12.31±2.14	12.19±2.18	13.18±2.23	1.147	0.319
松弛与紧张焦虑	16.51±3.56	16.41±3.53	16.91±2.47	0.120	0.887

由表 5-35 可见，主观幸福感各因子在学科上均不存在显著性差异。

(二)家庭教养方式与主观幸福感的相关性

由表 5-36 可见，父亲情感温暖因子、母亲情感温暖因子与主观幸福感存在显著正相关；父亲拒绝否认因子、母亲拒绝否认因子、父亲过度保护因子、母亲过度保护因子与主观幸福感存在显著负相关。

表 5-36　家庭教养方式各因子与主观幸福感的相关性($N=328$)

	父亲情感温暖	母亲情感温暖	父亲拒绝否认	母亲拒绝否认	父亲过度保护	母亲过度保护
主观幸福感	0.203**	0.253**	−0.308**	−0.276**	−0.163**	−0.143**

注：** $P<0.01$。

由表 5-37 可见，父亲情感温暖因子与主观幸福感各因子中的精力、对生活的满足和兴趣、忧郁或愉快的心境、对情感和行为的控制存在显著正相关；母亲情感温暖因子与主观幸福感各因子中的精力、对生活的满足和兴趣、忧郁或愉快的心境、对情感和行为的控制、松弛与紧张焦虑存在显著正相关；父亲拒绝否认因子与主观幸福感各因子中的精力、忧郁或愉快的心境、对情感和行为的控制、松弛与紧张焦虑存在显著负相关；母亲拒绝否认因子与主观幸福感各因子中的对健康的担心、精力、忧郁或愉快的心境、对情感和行为的控制、松弛与紧张焦虑存在显著负相关；父亲过度保护因子和母亲过度保护因子都与主观幸福感各因子中的对健康的担心、忧郁或愉快的心境、松弛与紧张焦虑存在显著负相关。

表 5-37　家庭教养方式各因子与主观幸福感各因子的相关性($N=328$)

	父亲情感温暖	母亲情感温暖	父亲拒绝否认	母亲拒绝否认	父亲过度保护	母亲过度保护
对健康的担心	−0.105	−0.082	−0.101	−0.129*	−0.173**	−0.124*
精力	0.159**	0.200**	−0.126*	−0.112*	−0.026	−0.025
对生活的满足和兴趣	0.200**	0.203**	−0.080	−0.045	−0.014	−0.005
忧郁或愉快的心境	0.254**	0.269**	−0.337**	−0.276**	−0.137*	−0.114*
对情感和行为的控制	0.246**	0.275**	−0.241**	−0.214**	−0.041	−0.064
松弛与紧张焦虑	0.072	0.137*	−0.275**	−0.257**	−0.207**	−0.192**

注：* $P<0.05$，** $P<0.01$。

(三)家庭教养方式对主观幸福感的预测

1. 家庭教养方式对主观幸福感总分的预测

鉴于父亲情感温暖因子、母亲情感温暖因子、父亲拒绝否认因子、母亲拒绝否认因子、父亲过度保护因子、母亲过度保护因子与主观幸福感存在显著相关,为进一步探讨这6个家庭教养方式因子对主观幸福感是否具有预测作用,我们进行了逐步回归分析,结果见表5-38。

表5-38　家庭教养方式6因子对主观幸福感的回归分析($N=328$)

预测变量	因变量	F	R^2	调整R^2	标准系数	t
父亲拒绝否认	主观幸福感	24.139***	0.130	0.125	−0.265	4.950***
母亲情感温暖					0.189	3.527***

注:*** $P<0.001$。

由表5-38可见,父亲拒绝否认因子、母亲情感温暖因子对主观幸福感具有预测作用,可以解释主观幸福感变异的12.5%。

回归方程:主观幸福感＝72.145−1.040×父亲拒绝否认因子＋0.677×母亲情感温暖因子。

2. 家庭教养方式对主观幸福感各因子的预测

由表5-39可见,父亲过度保护因子对健康的担心因子具有预测作用,可以解释对健康的担心因子变异的2.7%。

表5-39　家庭教养方式6因子对健康的担心因子的回归分析($N=328$)

预测变量	因变量	F	R^2	调整R^2	标准系数	t
父亲过度保护	对健康的担心	9.925**	0.030	0.027	−0.172	−3.150**

注:** $P<0.01$。

回归方程:对健康的担心因子＝10.935−0.133×父亲过度保护因子。

由表5-40可见,母亲情感温暖因子对精力因子具有预测作用,可以解释精力因子变异的3.7%。

表5-40　家庭教养方式6因子对精力因子的回归分析($N=328$)

预测变量	因变量	F	R^2	调整R^2	标准系数	t
母亲情感温暖	精力	13.479***	0.040	0.037	0.200	3.671***

注:*** $P<0.001$。

回归方程:精力因子＝12.947＋0.233×母亲情感温暖因子。

由表5-41可见,母亲情感温暖因子对生活的满足和兴趣因子具有预测作用,可以解释对生活的满足和兴趣因子变异的3.8%。

表5-41　家庭教养方式6因子对生活的满足和兴趣因子的回归分析（$N=328$）

预测变量	因变量	F	R^2	调整R^2	标准系数	t
母亲情感温暖	对生活的满足和兴趣	13.980***	0.041	0.038	0.203	3.739***

注：*** $P<0.001$。

回归方程：对生活的满足和兴趣因子＝4.161＋0.114×母亲情感温暖因子。

由表5-42可见，父亲拒绝否认因子对松弛与紧张焦虑因子具有预测作用，可以解释松弛与紧张焦虑因子变异的7.4%。

表5-42　家庭教养方式6因子对松弛与紧张焦虑因子的回归分析（$N=328$）

预测变量	因变量	F	R^2	调整R^2	标准系数	t
父亲拒绝否认	松弛与紧张焦虑	27.031***	0.077	0.074	－0.277	5.199***

注：*** $P<0.001$。

回归方程：松弛与紧张焦虑因子＝19.312－0.329×父亲拒绝否认因子。

由表5-43可见，父亲拒绝否认因子、母亲情感温暖因子对忧郁或愉快的心境因子具有预测作用，可以解释忧郁或愉快的心境因子变异的14.6%。

表5-43　家庭教养方式6因子对忧郁与愉快的心境因子的回归分析（$N=328$）

预测变量	因变量	F	R^2	调整R^2	标准系数	t
父亲拒绝否认	忧郁或愉快的心境	28.805***	0.151	0.146	－0.290	－5.488***
母亲情感温暖					0.198	3.752***

注：*** $P<0.001$。

回归方程：忧郁或愉快的心境因子＝13.626－0.348×父亲拒绝否认因子＋0.217×母亲情感温暖因子。

由表5-44可见，母亲情感温暖因子、父亲拒绝否认因子对情感和行为的控制因子具有预测作用，可以解释对情感和行为的控制因子变异的10.3%。

表5-44　家庭教养方式6因子对情感和行为的控制因子的回归分析（$N=328$）

预测变量	因变量	F	R^2	调整R^2	标准系数	t
母亲情感温暖	对情感和行为的控制	19.733***	0.109	0.103	0.230	4.246***
父亲拒绝否认					－0.187	－3.460**

注：** $P<0.01$，*** $P<0.001$。

回归方程：对情感和行为的控制因子＝10.567＋0.155×母亲情感温暖因子－0.138×父亲拒绝否认因子。

(四)人格在家庭教养方式对主观幸福感影响上的调节作用

采用以下方法进行检验：

第一步:把 X、M、Y 这 3 个变量分别中心化后得到 X_0、M_0、Y_0;

第二步:以 X_0、M_0 为自变量,Y_0 为因变量,做强制回归,得到第一个 R^2;

第三步:以 X_0、M_0、$X_0 \times M_0$ 为自变量,Y_0 为因变量,做强制回归,得到第二个 R^2。

如果 $X_0 \times M_0$ 对应的 $P < 0.05$,说明调节效应存在。调节效应的大小为第二步的 R^2 减去第一步的 R^2。

经检验,我们发现以下 4 组调节作用:

1. 心理变态因子在父亲情感温暖因子对主观幸福感影响上的调节作用

由表 5-45 可见,父亲情感温暖 0 乘心理变态 0 对应的 $P = 0.032 < 0.05$,说明心理变态因子在父亲情感温暖因子对主观幸福感影响上的调节作用存在;调节作用的大小是 $0.117 - 0.104 = 0.013$。

表 5-45　心理变态因子在父亲情感温暖因子对主观幸福感影响上的调节作用

因变量	自变量	标准系数	t	P	R^2	调整 R^2
主观幸福感 0	父亲情感温暖 0	0.159	2.973	0.003	0.104	0.099
	心理变态 0	−0.255	−4.786	0.000		
主观幸福感 0	父亲情感温暖 0	0.144	2.691	0.007		
	心理变态 0	−0.270	−5.046	0.000	0.117	0.109
	父亲情感温暖 0×心理变态 0	−0.114	−2.159	0.032		

调节方程:主观幸福感中心化 = −0.257 + 0.502×父亲情感温暖中心化 − 1.054×心理变态中心化 − 0.149×父亲情感温暖中心化×心理变态中心化。

2. 内外倾向因子在父亲过度保护因子对主观幸福感影响上的调节作用

由表 5-46 可见,父亲过度保护 0×内外倾向 0 对应的 $P = 0.011 < 0.05$,说明内外倾向因子在父亲过度保护因子对主观幸福感影响上的调节作用存在;调节作用的大小是 $0.084 - 0.065 = 0.019$。

表 5-46　内外倾向因子在父亲过度保护因子对主观幸福感影响上的调节作用

因变量	自变量	标准系数	t	P	R^2	调整 R^2
主观幸福感 0	父亲过度保护 0	−0.152	−2.832	0.005	0.065	0.059
	内外倾向 0	0.201	3.744	0.000		
主观幸福感 0	父亲过度保护 0	−0.146	−2.728	0.007		
	内外倾向 0	0.213	3.981	0.000	0.084	0.075
	父亲过度保护 0×内外倾向 0	0.138	2.570	0.011		

调节方程:主观幸福感中心化 = 0.064 − 0.487×父亲过度保护中心化 + 0.556×内

外倾向中心化＋0.100×父亲过度保护中心化×内外倾向中心化。

3. 情绪性因子在母亲过度保护因子对主观幸福感影响上的调节作用

由表 5-47 可见,母亲过度保护 0×情绪性 0 对应的 $P=0.010<0.05$,说明情绪性因子在母亲过度保护因子对主观幸福感影响上的调节作用存在;调节作用的大小是 $0.370-0.356=0.014$。

表 5-47　情绪性因子在母亲过度保护因子对主观幸福感影响上的调节作用

因变量	自变量	标准系数	t	P	R^2	调整 R^2
主观幸福感 0	母亲过度保护 0	−0.031	−0.680	0.497	0.356	0.352
	情绪性 0	−0.590	−12.988	0.000		
主观幸福感 0	母亲过度保护 0	−0.008	−0.176	0.860	0.370	0.364
	情绪性 0	−0.604	−13.316	0.000		
	母亲过度保护 0×情绪性 0	−0.118	−2.601	0.010		

调节方程:主观幸福感中心化＝0.266−0.025×母亲过度保护中心化−1.232×情绪性中心化−0.064×母亲过度保护中心化×情绪性中心化。

4. 心理变态因子在母亲过度保护因子对主观幸福感影响上的调节作用

由表 5-48 可见,母亲过度保护 0×心理变态 0 对应的 $P=0.037<0.05$,说明心理变态因子在母亲过度保护因子对主观幸福感影响上的调节作用存在;调节作用的大小是 $0.109-0.097=0.012$。

表 5-48　心理变态因子在母亲过度保护因子对主观幸福感影响上的调节作用

因变量	自变量	标准系数	t	P	R^2	调整 R^2
主观幸福感 0	母亲过度保护 0	−0.127	−2.391	0.017	0.097	0.092
	心理变态 0	−0.278	−5.250	0.000		
主观幸福感 0	母亲过度保护 0	−0.103	−1.916	0.056	0.109	0.101
	心理变态 0	−0.271	−5.134	0.000		
	母亲过度保护 0×心理变态 0	−0.113	−2.091	0.037		

调节方程:主观幸福感中心化＝0.102−0.319×母亲过度保护中心化−1.053×心理变态中心化−0.110×母亲过度保护中心化×心理变态中心化。

四、讨论

(一)男大学生主观幸福感高于女生

这可能是因为,男生在各方面的要求相对女生来说比较低,比较容易满足,遇到事情时,心态比较好,看得比较开,自然而然能够感受到较多的幸福;而女生,心思比较细腻,相对于男生较敏感,容易纠结,生活中的很多琐事都能引起情绪的波动,所感受到的幸福感就比较少。但是,男女生幸福感无显著性差异。思考个中原因,可能是虽然男女生的思维方式、心态等影响了主观幸福感的得分,但随着时代的进步、社会的发展,男女生的社会地位趋于平等,和男生一样享受着国家社会赋予的各项权利,之前的性别差异逐步缩小,能在学习、生活、工作等不同方面感受到主观幸福感,因而,主观幸福感在性别上无显著差异。主观幸福感各因子在性别上也无显著差异,但是男女生在主观幸福感各因子上的得分却有高低之分。表 5-26 显示:女生在对健康的担心因子、忧郁或愉快的心境因子上得分高于男生。这可能与女生的性格有关,女生敏感多疑,一旦身体出现一些异常信号,便开始担心健康问题,心境也随之受到影响;女生情绪的表现较男生而言外显,难过时哭泣、倾诉,开心时雀跃欢呼,而男生,无论面对什么,都较少表现出大喜大悲之态,心境平稳,给人宠辱不惊之感。

(二)在忧郁与愉快因子得分上,大一学生显著高于大二、大三、大四学生

忧郁与愉快因子得分越高,说明越愉快。大一学生的得分显著高于大二、大三、大四学生的得分,说明大一新生比大二、大三、大四学生更快乐,这可能有多方面的原因。其一,学习任务的变化:高中三年学业任务极重,每天有刷不完的题、上不完的课,而到了大学,课程不再像高中那样紧凑,学习任务相对较轻,有了较多可支配的空闲时间,情绪状态也有所改善,顿时体验到幸福感,而到了大二、大三、大四,已经习惯了慢节奏的生活,有了种本应如此、理所当然的感觉,在此方面的幸福感就会有所减弱。其二,接触面更广:高中以高考为重,一切为高考让路,每天面对最多的就是考试内容。到了大学,除了学习,大一新生有大量的机会参加各种社团活动、兴趣小组、社会实践等,和志同道合的朋友们一起做事,得到老师同学们的关心与帮助,从中体验到更多的幸福感。其三,人际关系:大一刚入学,虽然离开了熟悉的朋友,身边出现的都是陌生的面孔,但是刚组建的班级、社团或者宿舍,大多会举办各类活动,在活动中,成员之间相互认识,从而结交到很多新的朋友,此时,心情便愉悦。随着时间的流逝,大一后朋友间舍友间的小冲突、小摩擦不断积累,直至爆发,体验到的幸福感便有所降低。其四,父母约束:高中时父母经常在耳旁唠叨,任何事都得经过父母的同意,行动受到了一定的限制,而到了大一,远离父母,获得了前所未有的自由,放飞自我,体验到了不受束缚、我的事情我做主的快乐。总而言之,对于大一而言,周围一切崭新的事物,都带来了一定的积极情绪体验,而随着大学校园生活的逐步展开,对周围的人物、环境渐渐熟悉,大二、大三、大四基本适应了这种生活,便波澜不惊了。

(三)父亲情感温暖因子、母亲情感温暖因子与主观幸福感存在显著正相关

此结论与李冬霞等(2007)、胡洁等(2002)探讨过家庭教养方式与主观幸福感关系的学者的研究结果一致。

家庭是我们长期的生活场所,父母是我们的第一任老师,父母的教养方式体现在生

活的方方面面,对我们有着潜移默化的影响,影响着我们看问题的角度、我们的做事风格、我们对问题的看法,自然而然影响着我们的主观幸福感。积极的教养方式,如父母的情感温暖,让我们体验被爱的感觉,享受被爱的快乐;而消极的教养方式,如父母的拒绝否认、父母的过度保护,可能引发我们自责、难过、不满、抗拒等消极情绪,降低我们的主观幸福感。对于国家来说,孩子是祖国未来的发展力量;对于父母来说,孩子是自己的希望。因此,对孩子的培养既要注重学校的教育、社会的支持,也要注重家庭教育,尤其是父母的教养方式,给孩子提供积极的教养方式,关爱孩子,理解孩子的发展需求,适度保护,多加鼓励,营造和谐的家庭氛围。表5-38显示:父亲的拒绝否认因子、母亲的情感温暖因子对主观幸福感具有预测作用,可以预测主观幸福感变异的12.5%。此结果说明,在众多家庭教养方式因子中,父亲拒绝否认与母亲情感温暖对主观幸福感的影响有举足轻重的作用。在传统观念中,父亲扮演的角色一般较为严厉,有一定的权威性,是家里的大家长;而母亲则大多慈祥有爱,闪烁着母性光芒,对孩子关心爱护有加。在这种大背景下,孩子便希望得到父亲的认可、母亲的关爱。一旦感受到父亲拒绝否认,母亲爱的缺失,很有可能影响到主观幸福感。因此,父母角色的准确定位对孩子未来的发展至关重要。

(四)人格情绪性因子在母亲过度保护因子对主观幸福感的影响上起调节作用

人格情绪性因子得分高的人,情绪波动较大,遇到事情时,不论事件是微小的还是较严重的,问题情境如何,都会产生强烈的情绪反应,并且需要一定的时间才能平复心情,所以,通常情况下,人格情绪性得分高的人,可能体验到强烈的消极情感。但是,当它作为调节因子时却起了意想不到的效果。

研究结果表明,人格情绪性在母亲过度保护因子对主观幸福感的影响上有负向调节作用,降低了坏影响。也就是说,当家庭中的母亲不自觉扮演过度保护的角色时,人格情绪性这一因子能够减少因母亲过度保护带来的主观幸福感的缺失。母亲过度保护虽然是出于爱子之心,但对于过度的保护,孩子往往会感到反感,心情压抑,主观幸福感自然而然受到影响。此时,人格情绪性因子就发挥作用了:当孩子由于母亲过度保护而不满时,产生想反抗又不敢反抗的心理,便会焦虑,担心,闷闷不乐,忧心忡忡,情绪呈一种压抑状态。此时人格情绪性因子分高的人因为能产生强烈的情绪反应,所以能改变由母亲过度保护而引发的这种情绪压抑状态,母亲过度保护因子对主观幸福感的负面影响便可因此降低。教育建议:对于家庭中存在母亲过度保护这一情况的学生,学校教育工作者可以通过增大人格情绪性这一因素的作用,降低母亲过度保护因子对其主观幸福感的负面影响。

五、结论

主观幸福感在性别、地区、学科、独生与否、年级上都不存在显著差异。

对生活的满足和兴趣因子在独生与否上存在显著差异;独生显著高于非独生;在忧

郁或愉快的心境因子上：大一显著高于大二，大一显著高于大三，大一显著高于大四；其他因子在性别、地区、学科、独生与否、年级上都不存在显著差异。

父亲情感温暖因子、母亲情感温暖因子与主观幸福感存在显著正相关；父亲拒绝否认因子、母亲拒绝否认因子、父亲过度保护因子、母亲过度保护因子与主观幸福感存在显著负相关。

父亲拒绝否认因子、母亲情感温暖因子对主观幸福感具有预测作用，可以解释主观幸福感变异的12.5%。

心理变态因子在父亲情感温暖因子对主观幸福感的影响上起调节作用；内外倾向因子在父亲过度保护因子对主观幸福感的影响上起调节作用；情绪性因子在母亲过度保护因子对主观幸福感的影响上起调节作用；心理变态因子在母亲过度保护因子对主观幸福感的影响上起调节作用。

第六章

家对下一代人际关系的形塑

第一节 家对下一代人际信任的形塑

一、引言

家庭环境会在个体的成长经历中发挥着至关重要的影响,父母不仅是个体在这世间能最早接触到的重要他人,也是个体成长过程中的启蒙人,并且父母对子女的教养方式会在子女学习或生活等多个方面,尤其是在心理方面产生巨大影响,因此良好适宜的家庭教养方式以及和谐的家庭环境不仅会让青少年学会爱与被爱,还会影响青少年良好的人际关系的建立,相反,有矛盾冲突的家庭环境和不良的父母关系不利于个体身心健康的发展,也容易对青少年成长过程中人际信任的建立产生影响。高中阶段孩子心理问题易频发,这些心理问题的出现与家庭教养方式、认知方式有着密切的关系。

当今的高中生刚经历过半成熟、半幼稚的"心理断乳期",正在逐步向成熟发展,此时高中生无论是在生理上、心理上还是在社会性上都在向成年人不断地接近,因此这一时期的青年智力已逐渐接近成熟,对未来不仅充满理想,并且在意志力与行动的觉悟上都有了较大的发展,但同时这一阶段的高中生也进入自我意识逐渐增强的阶段,这也是心理发展的"第二反抗期"。这一时期的高中生由于自身能力和意识的不断成长,渴望在精神上得到独立,并会不断挑战父母的权威。

发展心理学理论认为家庭是个体早期生活中最重要的首要场所,因此家庭教养对青少年的认知和社会技能的形成和发展具有重要影响。良好的人际关系是作为考量个体心理健康水平的必要指标之一,而人际信任是人际沟通的重要前提条件。郑信军(1997)研究发现,不同年段的学生人际信任水平存在着极为明显的差异,处于高中阶段的学生的人际信任水平最高,由此可以看出高中时期是人生观、世界观、价值观形成的关键期,高中生已经初步具备了较为辩证完备的认识社会和看待人际关系的能力,但是仍易受到个体认知方式和外部环境的影响,这其中家庭教养方式起着至关重要的作用。以往的研究通常只考虑家庭教养方式与个体内部心理特征的关系,本研究还考虑到了认知方式在家庭教养方式对高中生人际信任影响上的调节作用。

在本研究中,选择将家庭教养方式作为自变量,采用问卷调查法,分析家庭教养方式、认知方式、人际信任之间的关系,探讨认知方式在家庭教养方式对高中生人际信任影响上的调节作用,为提高高中生的人际信任提供可参考的实证依据。

(一)研究目的与意义

本研究对福清市高中生家庭教养方式与人际信任之间的关系进行探讨,以明确家庭教养方式是否会对高中生人际信任产生影响,这将有助于帮助学校、家庭和社会缓解由于高中生人际信任问题导致的一系列人际交往问题、个人成长发展问题;着重探讨认知方式是否在家庭教养方式对高中生人际信任的影响上起调节作用,探讨家庭教养方式、人际信任、认知方式三者之间的关系,为社会和家庭在中学人际信任方式的影响作用上提供科学依据和指导意见,从而提高高中生的人际信任水平,减少由于人际信任而引发的一系列不良现象。

(二)研究假设

假设1:家庭教养方式、认知方式与人际信任在人口统计学变量上存在差异。
假设2:家庭教养方式与人际信任显著相关。
假设3:家庭教养方式可以预测高中生人际信任的程度。
假设4:认知方式在家庭教养方式对人际信任的影响上起调节作用。
理论模型如图6-1。

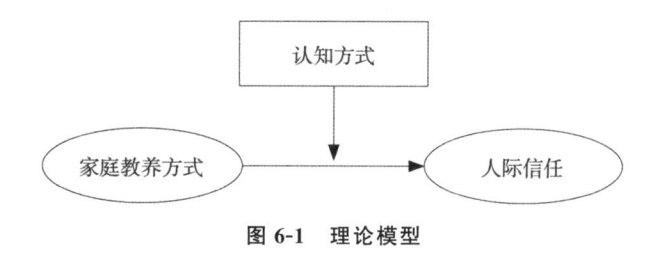

图 6-1 理论模型

二、文献综述

(一)家庭教养方式

1. 家庭教养方式的概念

对家庭教养方式的研究可以追溯到20世纪30年代,行为主义学派和精神分析学派开始着手对家庭教养方式进行的研究。关于家庭教养方式的含义,直到当前,尽管在研究中使用的名词不同,殊途同归的是从根本上对家庭教养方式的表述是相似的,但由于研究领域和侧重点不同,国内外对家庭教养方式也有不同的定义。

Darling 等(1993)则将父母对子女的养育方法解释为通过在一系列养育孩子的行动中所有表现出来的长期持久不易改变的行为态度,也就是父母双方所运用的养育活动可以共同在孩子的成长中发挥巨大的作用。

曾崎等(1997)把家庭教养方式的概念界定成父母在养育子女的过程中渐渐形成的固有的思维观念和方式。根据一些研究者的观点,家庭教养方式可以理解成一种较为固定的行为模式,这种固定的行为模式综合体现了父母的教育观念和养育行为。关颖等(1994)通过研究将父母的教养方式定义为在对孩子的教导中所选用的途径策略。李彦章等(2001)通过研究后将家庭中的养育方式定义为在某种特定的环境下为了达成所定的教育目标而采用的相对稳定的行为倾向。

不同的研究者从不一样的角度看待家庭教养方式,因此国内外就会有以上不同的定义和内容。本研究结合前人的观点,认为家庭教养方式是指父母在对子女的教养过程中,由于自身的文化程度、职业倾向、性格特征以及道德修养等各方面的不同,从而导致父母在教养子女方法的选择上不同,所得到的结果也会不一样。

2. 家庭教养方式的理论与研究

关于家庭教养方式的研究,国外的研究从 20 世纪五六十年代就已经兴起,由于在儿童成长过程中,最重要的参与者便是父母,于是处于刚开始兴起阶段的研究主要将目标集中于父母与子女间的亲密程度。

3. 家庭教养方式的测量

有关家庭教养方式的测量国内外已经有了众多研究,早在 20 世纪五六十年代,国外精神病领域的学者已经开始研究有关家庭环境尤其是某些特殊的家庭情况,例如父母离异、父母双方中有早逝者等对个体精神疾病的影响,开始对家庭教养方式的测量和评价进行研究,因此相较于国内而言,国外的研究成果更加成熟。在众多研究中最多采用的是问卷调查法。

(二)认知方式

1. 认知方式的概念

认知方式可称为认知风格,是一种个体间差异较大且相对稳定的心理特征以及个体在认知活动中更加倾向选择的信息处理方式。认知方式体现在认知组织方式和认知功能方面。

古希腊学者希波克拉底在其提出的体液类型说中首次提到了气质类型,这是一种有关情绪和行为的模式的概念。Allport(1937)提出生活风格(life-styles)概念,第一次将认知风格理论化。

2. 认知方式的理论与研究

虽然认知方面的研究人员数量众多,但由于每一个流派、每一个研究人员研究的内容、关注的重点、研究的目标有所不同,于是在这些研究成果后,出现了许多不同的有关认知方式的理论模型。

在20世纪六七十年代,关于认知风格的研究大量兴起,这一阶段的研究成果数量增长迅速,但进入80年代后整个认知风格的研究日渐衰落,进入一个低谷期。这个阶段的理论研究也基本处于停滞阶段,其原因主要是该领域的众多研究者没有进行相互参照。近年来,对于认知风格的研究从整体进行分析的观点得到认可,所以从方法上来看,整个研究从分析走向整合,对于认知方式的理论研究已经有了新的研究成果。

我国对于认知风格的研究开始于20世纪80年代,其中就有关于场认知方式问题的一系列研究。李寿欣(1994)在关于高中生认知方式的研究中提出,高中生的认知方式发展稳定并且在性别上不会存在极显著差别。

(三)人际信任

1. 人际信任的概念

国内外研究学者不仅在心理学上,也在多个学科领域进行了关于人际信任的研究,因此对于人际信任并没有公认的概念界定。

Sabel(1993)在研究中认为,人际信任是指将交往双方拥有的特质进行交换,且交换双方是值得信任的。

国内学者宋时全(2005)认为,人际信任是一种在与他人交往时,既可以相信自己的行为和言语能被他人接受,又可以完全信任他人,不用担心因为自己的言语不当会导致人际关系出现问题,从而获得心理上的认可。

由上可知,当下学界对于人际信任的概念界定并没有统一,本研究对人际信任的概念界定为:人际信任是指在与他人的交往中,个体对于他人行为的一种心理可靠程度的期许。

2. 人际信任的理论与研究

国内关于人际信任的研究比国外晚得多,且研究的方面和内容也不够完善。在20世纪80年代,我国众多关于人际信任的研究更多地倾向于人与人之间的诚信问题,直到20世纪90年代,我国学者的研究才开始从社会学、心理学的角度进行。王丽等(2005)研究发现,个体的人际水平越高其亲社会行为水平也越高。田可新(2005)研究发现,个体的心理健康水平与人际信任水平呈相当明显的正相关。

(四)家庭教养方式、认知方式、人际信任的相关研究

1. 家庭教养方式与认知方式

家庭因素是环境因素中最为重要的一个影响,因此国内外有关家庭教养与认知方式的研究也进一步证明家庭教养方式在认知方式的发展中发挥着重要影响。

Baumrind(1978)在经过了10年实验研究后提出,在家庭教养方式为权威型的家庭环境中长大的子女认知能力会超过在其他教养方式下长大的孩子,也会形成较强的社会责任心、不依赖他人以及开朗的性格。

此外在国内也有相关研究,李寿欣等(2004)从两所学校抽取总共395名高中生,采用家庭教养方式问卷和镶嵌图形测验对其进行测验,结果显示在父母亲各四个维度上,

场依存与场独立的学生存在着显著性差异,其中场依存学生的父母对于子女的管束更严,场独立学生的父亲则是更多偏爱子女,场独立的母亲对子女表达的更多是拒绝。

2. 家庭教养方式与人际信任

Stein等(1974)在研究时发现,青少年所处的家庭结构、环境、经济是否稳定、整个家庭规模、家庭成员间的亲密程度,以及家庭居住地变动性都与青少年的人际信任存在较为明显的相关,其中来自家庭规模小、家庭居住地变动性低的青少年,在家庭受到父母关心和陪伴的时间更多,所表现的人际信任水平会更高。

陈雪(2008)通过研究发现,家庭的养育方式会对处于青少年时期的初中生良好健康的人际信任水平的形成产生显著的影响,并通过线性回归分析可以看出,父母的情感温暖因子与父亲的过度保护因子对初中生的人际关系水平具有显著的预测性。

3. 认知方式与人际信任的关系

由于环境因素的作用,认知方式会受到影响,拥有不同认知风格的个体在进行信息处理分析时会有显著的不同。人际信任表现为人际交往中一方对另一方能产生信任并进一步选择运用更为适宜的对应措施。

Sorrentino等(1995)通过研究人与人之间关系的变化、人际的信任关系,得出不同类型的认知风格可以对人际信任造成较大的影响。认知方式也成为研究人际信任的重要角度之一。

我国学者发现每个人认知方式的不同与人际交往双方之间的亲密关系存在一定的关系(蔡迎春等,2006)。

三、研究方法

(一)研究对象

本研究所选取的被试来自福清市在校高中生,共发放问卷300份,回收问卷300份,回收率100%,剔除掉无效问卷后得到有效问卷277份,有效率为92.33%。有效样本下的人口统计学变量分析见表6-1。

表6-1 被试基本情况(N=277)

变量	组别	人数	百分比/%
性别	男	166	59.9
	女	111	40.1
年级	高一	80	28.9
	高二	116	41.9
	高三	81	29.2
家庭所在地	城镇	148	53.4
	农村	129	46.6

续表

变量	组别	人数	百分比/%
是否独生	独生子女	39	14.1
	非独生	238	85.9
家庭结构	单亲家庭	16	5.8
	非单亲家庭	261	94.2

(二)研究工具

(1)家庭教养方式问卷(s-EMBU-C)。

(2)镶嵌图形量表(EFT)。本研究采用由北京师范大学心理系修订的"镶嵌图形量表"(EFT)来作为划分被试认知风格的测试工具,本量表共包含三个部分:第一部分9道题,只作为练习使用,不计入总分;第二、三部分各包括10道题,这两部分的每一个部分答对1、2两道题各得0.5分,答对3、4两题各1分,答对5~10题各得1.5分,总分为24分。每一题要求被试从每一个复杂图形中找到一个隐藏的指定简单图形即为得分,答错得分为0。经过测验校正后该量表的信度为0.90,效度为0.82。

(3)人际信任量表(ITS)。本研究采用的是贾会丽(2014)研究时使用过的人际信任量表,该量表主要用于测试个体与他人之间相关行为、承诺或者陈述的可靠性估计。量表共包括25个题目,其内容包括各种情景下对他人的人际信任,不同的情景涉及不同的社会角色,采用5分对称评分法,1分为完全同意,5分为完全不同意。量表总分范围为25~125分,中间分值为75分,得分越高个体的人际信任就越高。该量表的分半信度为0.76,三个月后的重测信度为0.68。

(三)研究过程

发问卷前事先联系学校,由年级主任随机选择班级,将问卷分发给选定好的各班级,在各班级施测前说明问卷填写的注意事项,并统一在下午第四节自习课施测,在问卷填写结束后统一收回问卷。

(四)数据处理

本研究所得的数据用SPSS 26.0进行处理与分析,采用独立样本t检验、方差分析、相关性分析、回归分析和调节作用分析。

四、结果与分析

(一)共同方法方差偏差检验

本研究在选取并使用问卷法进行研究时,为了防止出现因同样的数据来源、施测环境、项目语境以及项目本身特征所影响的预测变量和校标变量之间人为的共变,需要用到共同方法偏差检验。本研究采用 Harman 单因子检验,分析结果显示,特征根大于 1 的因子有 26 个,最大因子方差解释度为 14.5%(小于 40%),因此本研究的样本数据不存在严重的共同方法偏差。

(二)家庭教养方式、认知方式和人际信任的描述统计

依据高中生在问卷中的评分结果,样本数据的基本情况评分见表 6-2。

表 6-2　各变量描述统计($N=277$)

		均值(M)	标准差(SD)	最大值(max)	最小值(min)
父亲	拒绝	1.406	0.518	4.000	1.000
	情感温暖	2.663	0.739	4.000	1.000
	过度保护	1.899	0.498	3.630	1.000
母亲	拒绝	1.448	0.542	4.000	1.000
	情感温暖	2.797	0.712	4.000	1.000
	过度保护	2.048	0.537	4.000	1.000
人际信任		78.306	8.850	114.00	43.00
场认知方式		14.284	5.429	23.00	2.00

据表 6-2 可知,母亲教养方式中的拒绝、情感温暖、过度保护三个维度的均值都高于父亲教养方式三个维度的均值,父亲教养方式中情感温度的均值高于拒绝以及过度保护维度的均值。高中生的人际信任的得分范围是[43,114],均值为 78.306,高于该量表的均分 75 分。高中生场认知方式的得分范围是[2,23],均值为 14.284。

(三)家庭教养方式、认知方式和人际信任的差异性检验

本研究采用独立样本 t 检验的方法,分别对高中生的家庭教养方式、认知方式和人际信任的性别、城乡、是否独生子女等特征差异进行分析;运用单因素方差分析的方法,分别对高中生家庭教养方式、认知方式和人际信任的年级特征差异进行分析。

1. 家庭教养方式、认知方式、人际信任在性别上的差异

从表 6-3 可以得出,在家庭教养方式的 3 个维度中,拒绝维度在性别特征上有显著性差异($P<0.05$)。

表 6-3　家庭教养方式、认知方式和人际信任在性别上的差异比较($N=277$)

变量	性别 $M\pm$SD 男生($n=166$)	女生($n=111$)	t	P
父亲拒绝	21.09±3.49	22.05±2.68	−2.589	0.010
父亲情感温暖	16.31±5.30	16.50±5.18	−0.287	0.774

续表

变量	性别 $M\pm SD$ 男生($n=166$)	女生($n=111$)	t	P
父亲过度保护	24.49±4.32	25.00±3.58	−1.058	0.291
母亲拒绝	20.92±3.62	21.77±2.67	−2.250	0.025
母亲情感温暖	15.63±5.18	15.38±4.87	0.840	0.402
母亲过度保护	23.39±4.51	23.86±3.87	−0.904	0.367
人际信任	78.40±8.46	78.74±7.73	−0.349	0.728
认知方式	12.69±3.75	12.95±3.84	−0.564	0.573

在父亲拒绝因子中,男性均值为 21.09,女性均值为 22.05,t 值为 −2.589($P<0.05$),通过了显著水平为 0.05 的显著性检验,说明在父亲拒绝这个因子上,女性水平显著高于男性水平。

在母亲拒绝因子中,男性均值为 20.92,女性均值为 21.77,t 值为 −2.250($P<0.05$),通过了显著性水平为 0.05 的显著性检验,说明在母亲拒绝因子上,女性水平要显著高于男性水平。

在认知方式与人际信任这 2 个因子上,经过 t 检验,高中生在镶嵌图形测验以及人际信任量表中的得分,男女差异不显著($P>0.05$),说明高中生在人际信任和认知方式上均不受到性别差异的影响。

2. 家庭教养方式、认知方式、人际信任在家庭结构上的差异

由表 6-4 可以得出,高中生在认知方式这个维度中有明显的家庭结构特征的差异($P<0.01$),其中男性均值为 10.37,女性均值为 12.94,t 值为 −2.668($P<0.01$),通过了显著性水平为 0.05 的显著性检验,说明在认知方式这个因子上,女性水平显著高于男性水平。

表 6-4 家庭教养方式、认知方式和人际信任在家庭结构上的差异比较($N=277$)

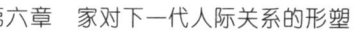

变量	是否单亲 $M\pm SD$ 是($n=16$)	否($n=261$)	t	P
父亲拒绝	21.81±2.13	21.45±3.28	0.429	0.668
父亲情感温暖	15.68±4.33	16.43±5.30	−0.554	0.580
父亲过度保护	24.93±3.35	24.68±4.09	0.245	0.807
母亲拒绝	21.31±2.72	21.26±3.33	0.061	0.951
母亲情感温暖	13.87±3.84	15.52±5.11	−1.268	0.206
母亲过度保护	24.12±3.42	23.54±4.32	0.524	0.601
人际信任	81.56±5.54	78.35±8.13	1.553	0.122
认知方式	10.37±3.03	12.94±3.77	−2.668	0.008

家庭教养方式的父母3个因子以及人际信任因子经过独立 t 检验,高中生在家庭教养方式量表以及人际信任方式量表的得分上,家庭结构差异不显著($P>0.05$),说明高中生在人际信任和家庭教养方式上均不受到是否为单亲家庭差异的影响。

3. 家庭教养方式、认知方式、人际信任在家庭来源地上的差异

由表 6-5 可以得出,经过 t 检验,不同家庭来源地学生在父亲教养方式的拒绝、情感温暖、过度保护,母亲教养方式的拒绝、情感温暖、过度保护,认知方式以及人际信任总分上的 P 值均大于 0.05,说明家庭教养方式在家庭来源地上没有显著的差异。

表 6-5 家庭教养方式、认知方式和人际信任在家庭来源地上的差异比较($N=277$)

变量	城镇($n=148$)	农村($n=129$)	t	P
父亲拒绝	21.50±3.10	21.44±3.36	0.130	0.897
父亲情感温暖	16.24±5.06	16.56±5.46	−0.510	0.611
父亲过度保护	24.56±3.97	24.84±4.13	−0.568	0.570
母亲拒绝	21.24±3.18	21.28±3.43	−0.109	0.913
母亲情感温暖	15.02±4.93	15.89±5.17	−1.421	0.156
母亲过度保护	23.59±4.15	23.56±4.41	0.056	0.956
人际信任	77.91±8.37	79.26±7.59	−1.399	0.163
认知方式	12.84±3.69	12.74±3.89	0.220	0.826

4. 家庭教养方式、认知方式、人际信任在是否独生子女上的差异

由表 6-6 可以得出,在家庭教养方式的 3 个维度中,其中过度保护在是否独生子女上呈显著性差异($P<0.05$)。在家庭教养方式方面,父亲过度保护因子中,独生子女的均值为 23.00,非独生子女的均值为 24.97,t 值为 −2.287($P<0.05$),通过了显著水平为 0.05 的显著性检验,说明在父亲过度保护这个因子上,非独生子女水平显著高于独生子女水平。

表 6-6 家庭教养方式、认知方式和人际信任在是否独生子女上的差异比较($N=277$)

变量	是($n=166$)	否($n=111$)	t	P
父亲拒绝	20.79±3.52	21.58±3.16	−1.427	0.155
父亲情感温暖	16.17±5.59	16.42±5.20	−0.274	0.784
父亲过度保护	23.00±5.17	24.97±3.77	−2.287	0.027
母亲拒绝	20.79±4.00	21.34±3.17	−0.957	0.340
母亲情感温暖	15.15±5.39	15.47±5.01	−0.367	0.714
母亲过度保护	21.97±5.54	23.84±3.97	−2.022	0.049
人际信任	79.64±8.46	78.36±7.93	−0.922	0.358
认知方式	13.07±3.35	12.75±3.85	−0.496	0.620

在母亲过度保护因子上,独生子女均值为 21.97,非独生子女均值为 23.84,t 值为 −2.022($P<0.05$),通过了显著性水平为 0.05 的显著性检验,说明在母亲过度保护这个因子上,非独生子女水平显著高于独生子女水平。

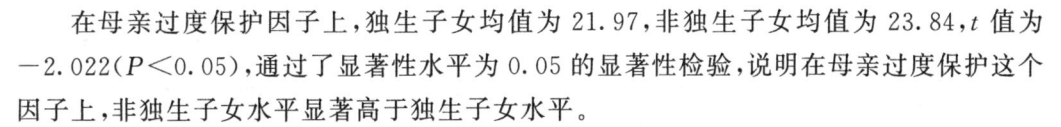

然而在父母亲拒绝、情感温暖的维度上均不存在显著性差异($P>0.05$),说明高中生在家庭教养方式下的这两个维度均不受到是否独生子女影响。

在认知方式与人际信任这两个因子上,经过 t 检验,高中生在镶嵌图形量表以及人际信任量表中的得分,是否独生子女差异不显著($P>0.05$),说明高中生人际信任和认知方式均不受是否独生子女差异的影响。

5. 家庭教养方式、认知方式、人际信任在年级上的差异

从表 6-7 可知,不同年级的高中生在父母拒绝、父亲情感温暖、父亲过度保护、母亲拒绝、母亲情感温暖、母亲过度保护、人际信任上的得分 P 值均大于 0.05,表明不同年级的高中生在父母拒绝、父亲情感温暖、父亲过度保护、母亲拒绝、母亲情感温暖、母亲过度保护、人际信任维度上的差异均不显著,不同年级的高中生在认知方式上的得分 P 值小于 0.05,表明不同年级的高中生在认知方式这个维度上存在显著性不同。通过 LSD 事后检验可知,来自高一年级的被试在认知方式上的得分要显著高于来自高二、高三年级的被试的得分。

表 6-7　家庭教养方式、认知方式和人际信任在年级上的差异比较($N=277$)

	高一($M\pm$SD)	高二($M\pm$SD)	高三($M\pm$SD)	F	LSD
父亲拒绝	21.68±3.09	21.38±3.25	21.39±3.33	0.240	
父亲情感温暖	16.62±5.31	16.52±5.27	15.97±5.18	0.370	
父亲过度保护	25.21±4.19	24.59±4.11	24.33±3.78	1.013	
母亲拒绝	21.51±3.29	21.15±3.30	21.17±3.33	0.319	
母亲情感温暖	15.73±5.31	15.21±4.85	15.43±5.12	0.251	
母亲过度保护	23.58±5.12	23.72±4.19	23.37±4.33	0.163	
人际信任	77.43±9.47	79.49±7.77	78.27±6.67	1.619	
认知方式	14.62±3.62	11.85±3.50	12.34±3.71	14.882***	1>2,1>3

注:*** $P<0.001$。

(四)家庭教养方式与人际信任的相关分析

为了解家庭教养方式与人际信任之间的关系,我们进行了相关分析,分析结果见表 6-8。

表 6-8　家庭教养方式与人际信任的相关分析

	1	2	3	4	5	6	7
1 人际信任	1						
2 父亲拒绝	−0.311***	1					
3 父亲情感温暖	0.273***	−0.482***	1				

续表

	1	2	3	4	5	6	7
4 父亲过度保护	−0.259***	0.577***	−0.142*	1			
5 母亲拒绝	−0.333***	0.782***	−0.430***	0.482***	1		
6 母亲情感温暖	0.265***	−0.404***	0.843***	−0.201**	−0.534***	1	
7 母亲过度保护	−0.274***	0.495***	−0.208***	0.783***	0.605**	−0.323***	1

注：*** $P<0.001$。

由表6-8可知，人际信任与父亲拒绝、父亲过度保护、母亲拒绝、母亲过度保护负相关显著，与父亲情感温暖、母亲情感温暖正相关显著（$P<0.001$）。

(五)家庭教养方式对人际信任的预测作用

以家庭教养方式各因子为自变量，以人际信任为因变量，做逐步回归，最终结果见表6-9。

表6-9 家庭教养方式对人际信任的逐步回归分析

结果变量	预测变量	R^2	ΔR^2	F	B	t
人际信任	母亲拒绝	0.147	0.137	15.626***	−0.461	2.681**
	父亲情感温暖				0.263	2.762**
	父亲过度保护				−0.280	2.190*

注：* $P<0.05$，** $P<0.01$，*** $P<0.001$。

由表6-9可以看出，家庭教养方式中只有三个维度即母亲拒绝、父亲情感温暖与父亲过度保护进入回归方程并对高中生的人际信任有显著的预测作用，家庭教养方式可以解释13.7%的人际信任。

(六)认知方式在家庭教养方式对人际信任影响上的调节作用分析

1. 认知方式在父亲拒绝对人际信任影响上的调节作用分析

由表6-10、表6-11可以看出，认知方式在父亲拒绝对高中生人际信任的影响上起调节作用，调节作用的大小是2.4%。

表6-10 认知方式在父亲拒绝对人际信任影响上的调节作用分析一

结果变量	预测变量	R^2	ΔR^2	F	B	t
人际信任	父亲拒绝	0.125	0.119	19.586***	−0.782	2.681**
	认知方式				−0.359	−2.995**
人际信任	父亲拒绝	0.149	0.140	15.922***	0.538	1.082
	认知方式				1.891	2.299*
	父亲拒绝×认知方式				−0.105	2.765**

注：* $P<0.05$，** $P<0.01$，*** $P<0.001$。

表 6-11　认知方式在父亲拒绝对人际信任影响上的调节作用分析二

查看步骤	回归方程	R^2	R^2 的变化
一	$W=-0.782X-0.359M+99.934$	0.125	0.024
二	$W=0.538X+1.891M-0.105XM+71.517$	0.149	

注:X:家庭教养方式中的父亲拒绝因子;M:认知方式;W:人际信任。

2. 认知方式在父亲情感温暖对人际信任影响上的调节作用分析

由表 6-12、表 6-13 可以看出,认知方式在父亲情感温暖对高中生人际信任的影响上起调节作用,调节作用的大小是 2.9%。

表 6-12　认知方式在父亲情感温暖对人际信任影响上的调节作用分析一

结果变量	预测变量	R^2	ΔR^2	F	B	t
人际信任	父亲情感温暖	0.104	0.098	15.918***	0.426	4.865**
	认知方式				-0.364	-2.997**
人际信任	父亲情感温暖	0.133	0.124	14.008***	-0.497	1.574
	认知方式				-1.556	3.794***
	父亲情感温暖×认知方式				0.072	3.038**

注:** $P<0.01$,*** $P<0.001$。

表 6-13　认知方式在父亲情感温暖对人际信任影响上的调节作用分析二

查看步骤	回归方程	R^2	R^2 的变化
一	$W=0.426X-0.364M+76.216$	0.104	0.029
二	$W=-0.497X-1.556M+0.072XM+91.383$	0.133	

注:X:家庭教养方式中的父亲情感温暖因子;M:认知方式;W:人际信任。

3. 认知方式在父亲过度保护对人际信任影响上的调节作用分析

由表 6-14 可以看出,认知方式在父亲过度保护对高中生人际信任影响上没有起到调节作用。

表 6-14　认知方式在父亲过度保护对人际信任影响上的调节作用分析

结果变量	预测变量	R^2	ΔR^2	F	B	t
人际信任	父亲过度保护	0.094	0.087	14.141***	-0.513	-4.496***
	认知方式				-0.346	-2.834**
人际信任	父亲过度保护	0.101	0.091	10.246***	0.157	0.346
	认知方式				0.899	1.088
	父亲过度保护×认知方式				-0.051	-1.523

注:** $P<0.01$,*** $P<0.001$。

4. 认知方式在母亲拒绝对人际信任影响上的调节作用分析

由表 6-15、表 6-16 可以看出,认知方式在母亲拒绝对高中生人际信任的影响上起调节作用,调节作用的大小是 1.2%。

表 6-15 认知方式在母亲拒绝对人际信任影响上的调节作用分析一

结果变量	预测变量	R^2	ΔR^2	F	B	t
人际信任	母亲拒绝	0.137	0.131	21.727***	−0.808	−5.915***
	认知方式				−0.343	−2.880**
人际信任	母亲拒绝				0.065	0.142
	认知方式	0.149	0.140	15.981***	1.162	1.527
	母亲拒绝×认知方式				−0.071	−2.003*

注:* $P<0.05$,** $P<0.01$,*** $P<0.001$。

表 6-16 认知方式在母亲拒绝对人际信任影响上的调节作用分析二

查看步骤	回归方程	R^2	R^2 的变化
一	$W=-0.513X-0.346M+100.122$	0.137	0.012
二	$W=0.065X+1.162M-0.071XM+81.573$	0.149	

注:X:家庭教养方式中的母亲拒绝因子;M:认知方式;W:人际信任。

5. 认知方式在母亲情感温暖对人际信任影响上的调节作用分析

由表 6-17、表 6-18 可以看出,认知方式在母亲情感温暖对高中生人际信任的影响上起调节作用,调节作用的大小是 1.5%。

表 6-17 认知方式在母亲情感温暖对人际信任影响上的调节作用分析一

结果变量	预测变量	R^2	ΔR^2	F	B	t
人际信任	母亲情感温暖	0.100	0.093	15.174***	0.429	4.714***
	认知方式				−0.364	−2.990**
人际信任	母亲情感温暖				−0.232	−0.725
	认知方式	0.115	0.105	11.795***	−1.177	−2.968**
	母亲情感温暖×认知方式				0.052	2.153*

注:* $P<0.05$,** $P<0.01$,*** $P<0.001$。

表 6-18 认知方式在母亲情感温暖对人际信任影响上的调节作用分析二

查看步骤	回归方程	R^2	R^2 的变化
一	$W=0.429X-0.364M+76.576$	0.100	0.015
二	$W=-0.232X-1.177M+0.052XM+86.971$	0.115	

注:X:家庭教养方式中的母亲情感温暖因子;M:认知方式;W:人际信任。

6. 认知方式在母亲过度保护对人际信任影响上的调节作用分析

由表 6-19 可以看出,认知方式在母亲过度保护对高中生人际信任影响上没有起到调节作用。

表 6-19 认知方式在母亲过度保护对人际信任影响上的调节作用分析

结果变量	预测变量	R^2	ΔR^2	F	B	t
人际信任	母亲过度保护	0.108	0.102	16.607***	−0.538	−5.001***
	认知方式				−0.387	−3.191**
人际信任	母亲过度保护	0.109	0.099	11.084***	−0.380	−0.878
	认知方式				−0.101	−0.132
	母亲过度保护×认知方式				−0.012	−0.378

注:** $P<0.01$,*** $P<0.001$。

五、讨论

(一)家庭教养方式、认知方式和人际信任的人口学变量特点及基本情况分析

1. 家庭教养方式的基本状况分析以及人口学变量特点

从本研究的数据分析结果来看,总的来说我国当下的家庭教养方式主要以积极的教养方式为主,在家庭教养方式的 3 个维度中,父母对子女的教养首先倾向于情感温暖,其次是过度保护,最后则是拒绝,这说明我国大多数家庭在子女的教养中能给予足够的情感温暖以及过度保护,在同一种家庭教养方式中,母亲得分均高于父亲,与任磊(2014)的研究结果一致,由此我们可以看出在家庭中主要是由母亲承担照顾子女的责任,无论是在学习还是生活中,母亲与子女的相处时间远多于父亲。因此在日常生活中母亲对于孩子的影响是多方面的,在行为上更为体贴细心,在情感上更为细腻,由此在母亲的影响下,孩子能习得爱与理解。如果在对子女日常生活和学习的教育中,母亲表现出了过多的干涉,那么对于正处于青春期的高中生来说,他们会认为自己的心理隐私和空间受到了侵犯,在情感上容易对自己的母亲产生逆反心理;但是如果母亲在孩子的日常学习和生活中表现出过多保护,那么子女在成长中将会更加依赖于自己的母亲,个体将得不到发展和成长,由此将出现当下社会中的"巨婴"现象。

结合本研究的数据分析可以发现,家庭教养方式中只有拒绝维度在男女性别方面具有显著差异,女生在父母亲拒绝程度感受上显著高于男生,并且在父亲拒绝上的差异性比在母亲拒绝上的差异性更加显著。出现这样的结果,可能与父亲在家庭中担任的角色有关,与在生活与学习中提供情感上的温暖和支持的母亲不同,父亲在家庭中往往担任的是具有权威性的榜样;此外也有可能与我国"严父慈母"观念有关,在对子女的教育中,

母亲更多地采用让孩子感受到温暖与理解,而父亲更多采用严格要求和拒绝等方式与孩子相处。在对情感的敏锐感知上,女生的情感敏锐度要显著地高于男生的情感敏锐度,因此对处于青春期的女生来说,往往能更敏锐地感受到父母的情感与态度变化。

本研究发现,在家庭教养方式的各因子中,只有在父亲过度保护和母亲保护维度上具有显著差异,非独生子女的分数显著高于独生子女的分数,这可能是由于独生子女家庭父母管教方式会比非独生子女家庭更加严格。与非独生家庭相比,独生子女家庭中的孩子受到的父母期望与关注更高。此外,非独生子女在家中的关注也会被其他兄弟姐妹分散,因此在非独生子女成长过程中,受到的父母关注会相对少一些,父母会选择相对宽松的方式来教养子女,而对于独生子女来说,虽然父母的保护作用会在子女的成长过程中发挥积极作用,但是过度的保护则会起到相反的作用,特别是对处于叛逆期的青少年来说,则会产生消极的反抗情绪,这不利于青少年的身心健康发展。

本研究的家庭教养方式在家庭结构、家庭来源、被试的年级差异上不明显,这与张文新(1997)的研究结果并不相符,可能是与样本数据数量不够,以及样本数据质量不够高等原因有关。

2. 认知方式的基本状况分析以及人口学变量特点

本研究结果表明,虽然女高中生的认知方式高于男高中生的认知方式,但是高中生的人际信任在性别上没有明显差异,这一数据研究结果与李寿欣(2004)的研究结果一致。他在研究中发现,高一学生的场依存性、场独立性不存在性别差异。为什么会有这样的研究结果呢?林崇德在研究中提出这样的观点,认为与男性相比女性更依存于周围的环境,但是在男女性心理发展不成熟时,此时高中生心理在独立与依赖之间产生矛盾,但是随着时间的增长,高中生心理特质逐渐发展成熟,男女之间的这种差异就渐渐消失了。

在被试是否独生子女上,认知方式的分数没有明显的差异,这与高冲(2021)的研究结果一致。高冲在研究中认为在对高中生认知风格的影响中,个体的认知方式是一种在认知、记忆、思维中习惯化了的行为方式,个体特质与家庭情感关爱呈正向相关,但个体的认知方式很少受到家庭情感的影响,因此对于是否独生子女的高中生来说,认知风格不会有明显的差异。

此外,本研究还发现,高中生的认知分数在是否单亲家庭上有显著性差异,非单亲家庭的高中生在认知分数上要显著高于单亲家庭的高中生。这可能是由于,与非单亲家庭相比,单亲家庭中只有父母一方在家中对子女的思想行为进行引导,若在单亲家庭中主要是由父亲对子女进行教养,那么父亲采取的教养方式与母亲不同,父亲对子女的教养主要表现在子女的认知、情感、行为、学业与人格等方面。钟立新(2003)也曾在研究中指出,父亲与母亲在教养方式上会有所不同,传教的内容也有不同,父亲对孩子的教养能增强子女的独立性,提高孩子处理危机的能力。然而若是在主要由母亲对孩子进行教养的家庭中,就会导致在孩子的成长中由于父亲角色缺位而出现问题,会影响子女独立性的养成。

本研究发现,家庭来自城镇的高中生认知分数要高于家庭来自农村的高中生的分数,但是高中生的认知方式分数在家庭来源地上不存在差异性,这就说明无论高中生的家庭来自城镇或农村,对于高中生的认知分数并没有明显的影响,家庭所在地只能说明高中生所处的环境不一样。个体认知是一种相对稳定的认知方式,家庭所处的社会环境对青少年认知方式的影响作用并不大。

3. 人际信任的基本状况分析及人口学变量特点

本研究发现,高中生的人际信任分数在性别差异与年级差别上没有显著性,这与郑信军(1997)、李龙辉(2006)、殷蕾(2019)的研究结果一致,出现这样结果的原因可能是处于高中阶段的学生日常学习与生活主要围绕学校,高中阶段的学生社交范围不大,高中生的生活中心是学习,高中日常生活十分简单,因此高中生的人际信任分数在不同性别、不同年级上没有明显的差异。

本研究发现,高中生人际信任分数在城乡差异上不显著,这一点与殷蕾(2019)的研究结果相同,但是本研究发现来自农村的高中生人际信任水平分数要高于来自城市的高中生的分数,而与其研究结果相反:城市中的家庭除了关注学生的学习生活,更多地关注学生的社会生活,而生长在农村的学生会比生长在城市的学生更加关注学习生活,由于前途的发展与学习有关,所以来自城市的高中生的人际信任水平会比来自农村的高中生的水平高。而本研究则出现与此相反的结果,我们认为这可能与近几年的疫情有关,疫情下来自城市家庭的高中生受到的压力主要来自学业升学的压力,其次由于隔离的缘故学生的社交范围受限,而来自农村的学生则在疫情时期受到的影响要小,来自农村的高中生的活动范围要比城市高中生的范围大。也有可能与本研究的样本数据有关,样本数据数量不够、数据质量不佳都有可能造成这样的结果。

本研究发现,独生子女与非独生子女高中生的人际信任水平没有明显的不同,这与贾会丽(2014)的研究结果一致。总的来看,独生子女的人际信任分数要高于非独生子女的分数,这可能是由于与非独生子女相比,独生子女在家中受到父母的关注要多,因此在父母的更多情感温暖的关注和保护下,对他人更容易信任,更有利于建立良好的人际信任。

(二)家庭教养方式、认知方式和人际信任的关系

1. 家庭教养方式预测人际信任

通过本研究的相关分析,我们发现家庭教养方式的6个维度都与人际信任水平呈极显著相关,其中父亲情感温暖、母亲情感温暖与高中生的人际信任呈正向相关,父亲拒绝、父亲过度保护、母亲拒绝以及母亲过度保护与高中生的人际信任呈负向相关,由此可以得出,高中生的人际信任水平会受到家庭教养方式的影响,积极的家庭教养方式更有助于高中生与他人良好人际信任、人际关系的形成。这一结论与王丽芳等(2005)通过以高三学生为研究对象,贾蕊(2010)通过以高一、高二学生为研究对象而得出的父母的教养方式与人际信任间相关关系的研究结果一致,而埃里克森在早期的研究中也提出,只要父母在照顾孩子时给予充足的照顾,孩子就能与外界建立积极的人际信任感;如果父母的教养方式不当,子女就不能建立良好的人际信任,在与他人交往时会表现得更加多疑、猜忌。

2. 认知方式在家庭教养方式对人际信任影响上的调节作用

本研究通过逐步回归和分析的方法,探讨家庭教养方式的6个维度在对高中生人际信任水平的影响中认知方式是否起到了调节作用。回归分析的研究结果显示,高中生的认知方式只在自变量家庭教养方式中的父亲拒绝、父亲情感温暖、母亲拒绝和母亲情感温暖四个维度对人际信任产生调节作用,因此本研究认为认知方式在家庭教育方式对人际信任的影响中起着主要的调节作用。本研究发现父亲拒绝因子与母亲拒绝因子都与高中生人际信任水平呈显著负相关,即当在回归方程中引入高中生的认知方式时将会影响父亲拒绝因子与母亲拒绝因子对高中生人际信任的影响。高中生认知分数越高,在家庭教养方式中父亲或者母亲对孩子的拒绝程度越高,高中生的人际信任就越低。此外,本研究也发现父亲情感温暖、母亲情感温暖都与高中生人际信任水平呈显著正相关,即当在回归方程中引入高中生的认知方式时将会影响父亲情感温暖与母亲情感温暖对高中生人际信任的影响。高中生认知分数越高,在家庭教养方式中父亲或者母亲对孩子的情感温暖越高,高中生的人际信任也就越高。这也很好地证明了高中生的人际信任会受到家庭教养方式、与父母之间亲密关系的影响以及个体的认知方式这种稳定的个体人格特质的影响,这与 Stein 等(1974)以青少年为被试进行研究后发现人际信任与家庭的稳定性、家庭大小以及父母与孩子之间的关系显著相关的研究结果一致。

六、结论

结论一:家庭教养方式中的父亲拒绝、母亲拒绝因子上的分数在性别上呈现显著差异,其中女生的分数显著高于男生的分数,父亲过度保护与母亲过度保护因子上的分数在是否独生子女上呈现显著差异。

结论二:认知方式分数在是否单亲家庭、年级上存在显著差异,其中来自非单亲家庭学生的认知方式分数显著高于来自单亲家庭学生的分数,高一年级学生的认知方式分数要显著高于高二、高三学生的分数。

结论三:家庭教养方式的6个维度都与人际信任水平呈极显著相关,其中父亲情感温暖与母亲情感温暖与人际信任呈正向相关,父亲拒绝、父亲过度保护、母亲拒绝以及母亲过度保护与人际信任呈负向相关。

结论四:认知方式在家庭教养方式对人际信任的影响上起调节作用。

第二节　家对下一代同伴关系的形塑

一、问题提出

本研究目的是通过探讨高年级小学生的同伴关系、自尊与教养方式三者间的关系，并通过路径分析，进一步探讨自尊在高年级小学生的家庭教养方式对同伴关系的影响中是否起到中介效应。良好的同伴关系有利于个体在社会化过程中自我发展和人格完善。家庭教养方式在很大程度上决定着儿童在日后的社会生活中的同伴关系，而在小学时期自尊水平高速发展，其中自我肯定和自我否定对同伴关系也有一定的作用。研究家庭教养方式对小学生同伴关系的影响，可以指导家长对儿童实行正确的教养。通过研究时下家庭教养方式的特点和小学生高年段同伴关系的特征，进而总结出家庭教养方式对小学生高年段同伴关系影响规律，正确地认识家庭教养方式对小学生同伴关系的影响。但教师往往会发现家长的教养方式已经根深蒂固难以改变，所以我们在教养方式对同伴关系的影响上进一步探讨自尊变量对两者关系的影响，为教师改善学生的同伴关系从培养学生的自尊入手提供依据。

(一)有关同伴关系的研究

1. 同伴关系的定义

同伴指共同生活或者共同工作的人。小学生的同伴是指小学生在相互交往、一起学习、一起游戏的过程中所结识的伙伴。它应该具备年龄相仿、心理发育在同一水平线、相对稳固、心理上有亲近感等特征。小学生同伴关系是指小学生在与伙伴共同生活、交往中形成的相对稳定的相互关系。

2. 同伴关系对小学生健康成长的意义

同伴关系是儿童社会化过程中必然要接触到的。通过同伴之间的交往，小学生能够认识自己、发现自己、完善自己。在与同伴的交往中孩子有了更多了解他人的机会，在共同的游戏中小学生能够逐步掌握与人相处的各种技巧，能够学会谦让、容忍、合作等良好的社会化技能。具有良好同伴关系的小学生能够更好地适应学校生活，他们对社会的认知水平也会得到相应的提高。可以说，同伴关系对小学生的健康成长有许多积极的意义。

(1)良好的同伴关系能使小学生之间相互安慰，减少孤独感

现代家庭独生子女所占比例大，家庭成员由于心理成熟度不同、年龄差距大、知识水平不在同一个层次、家庭地位不平等，往往使小学生与家庭其他成员之间缺少共同的兴趣和爱好，缺少共同的语言，缺少平等交流的机会。即使物质较为充裕，物质要求很容易得到满足，但在心理上儿童仍容易产生孤独感。在儿童心目中，总会自然形成大人和小

孩的明显不同点。儿童心中也会产生与同龄人交往的需要,这在家庭中是无法得到满足的,只有通过同伴关系才能解决这一心理需求。

(2)良好的同伴关系促进小学生交往能力的提高

相互协作是人类社会一个显著的特点。可以说,协作创造了社会化的组织结构。与同伴一起做的游戏往往是多人参加的,在游戏的过程中必然有同伴之间的相互配合,不论是积极的主动配合还是被动协调,都可以在儿童的心里产生潜移默化的影响。儿童在一起解决难题时,大家会各抒己见,很多时候儿童会有不同的解题思路和解题方法,从而拓展了儿童的思维能力。

(3)良好的同伴关系有利于小学生相互学习并掌握与他人交往的技能

在家庭中父母出于血缘的纽带关系,会自然地呵护和帮助自己的孩子。而在同伴交往中,要想得到同伴的接受和认可,就必须依靠自身优点、吸引力去赢得他人的关注。这就要求儿童必须学会理解、容忍、接受他人,懂得在与同伴的交往中要有付出才会有回报。在和同伴的交流和沟通中掌握正确表达自己想法的技巧,同时也要掌握理解别人意思的方法。

(4)良好的同伴关系可以改变小学生"以自我为中心"的不良意识形态

在人的自然属性中,"以自我为中心"的心理意识是在成长过程中自然形成的。现代家庭中,成长环境的特殊、家庭教养方式的差异使小学生的这种心理特征有加重的趋势。这一特征不利于人类的社会化进程。在与同伴交往的过程中,儿童必须了解别人的想法,逐渐意识到别人拥有的权利。通过同伴的态度和反应促使自我认识的改变。通过同伴交往经验的不断积累,儿童会了解到群体的规则,将自身的心理特征发展趋向群体化,在一定程度上淡化"以自我为中心"的意识。

(5)良好同伴关系有利于儿童形成正确的价值观

同伴关系能够展示出价值取向。在学校里较多地出现这种情况:学习成绩好的同学往往结交同样水平的同学做同伴,而学习成绩差的同学往往结交同样学习成绩差的同学做同伴。这无形中就强化了他们的价值观。同伴之间的交往更加经常、更加亲切、更加直接、更加丰富多彩,对小学生价值观的形成作用更加重要。

(6)良好同伴关系有利于小学生性别意识的形成

人类在幼儿期间性别意识是非常淡薄的,在儿童期才逐步建立起来。在这个过程中,首先是父母有意识地培养儿童的不同性别观。比如男孩子家长会有意识地给他们提供一些男性较喜欢的玩具,也会以男性的角色特点对其进行教育,在同伴交往中使得这种趋势更加强化。在与同伴的交往中,如果儿童出现与性别不相符合的行为往往会受到嘲笑,如果在同一性别意识中表现出色,会受到同伴的赞誉、青睐,受到鼓励。心理学研究表明,儿童对同伴的性别做出选择是随着年龄变化的。青春期以前多愿意选择同性同伴,在小学阶段随年龄增长更明显呈上升趋势。这种现象的出现,主要原因有:一是同性别的儿童由于家庭教养方式性别取向相同,导致兴趣爱好和活动方式具有共同性,相互间合作交流更加容易和更加方便。二是儿童性别认同感使得儿童愿意选择同性别的同伴。

(二)有关自尊的研究

1. 自尊的定义

自尊一直是心理学研究的热点,并被作为心理健康的一个重要指标。早期的心理学家对自尊的定义有一个共同的特点,就是强调个人在成功感、可控感和价值感上的主观感受。

2. 小学生自尊的发展特点

(1)小学生的自尊更加分化,小学生自尊的发展和他们的经验有直接关系(蔡华俭,2003),他们从不同的环境背景中获得经验,如学习、人际交往和游戏运动等,所以他们形成了不同方面的自尊,这些分化的自我评价结合起来形成一种总体的自我价值感(黄希庭,1998)。

(2)小学生对自己心理特点和能力的评价更趋现实(郭小艳,2007),这些变化与个体认识能力和社会比较能力的发展有关。

(3)小学生能认识到个性特点属于内部的倾向性(Brown,1998)。个体开始认识到自己是具有复杂个性的人。在这个阶段,个体开始注意公众面前的自我,知道自己在别人面前应有什么样的举止,并能注意自己的行为,比如听音乐时应安静、不要大声说话等。

3. 小学生自尊发展的影响因素

(1)年龄因素

个体自尊发展上存在显著的年龄差异,一般说来,随着年龄的增长,3～9岁儿童自尊呈波浪式发展趋势。10～12岁,自尊发展呈上升趋势;13～15岁,自尊发展呈下降趋势;15岁之后,自尊发展趋于稳定(魏运华,1999)。

(2)性别因素

个体自尊水平的高低在性别之间差异表现比较明显(魏运华,1999)。通常来说,女孩安静、听话顺从、易情绪化、重感情,所以其自尊水平较低,自我否定的程度比较高;男孩生来活泼好动,注重自主和独立,向往自由,所以其自尊水平较高,自我肯定的程度也就高一些。

(3)环境因素

个体自尊的发展也会受到学业成绩和家庭的影响。学业成绩在个体的学习和生活中占据重要地位,对个体自尊的发展有着重要的影响。一般来说,成绩好,自尊发展水平就高。家庭对小学生自尊的发展影响也较大(钱铭怡等,1998),尤其是母亲方面非常重要,因为在个体成长过程中,母亲更加注意对孩子的教育和培养,与孩子在一起的时间一般来说远远超过父亲,所以,受母亲的影响会大一些。

(三)有关家庭教养方式的研究

1. 家庭教养方式的定义

父母在养育子女的过程中所呈现出的固定模式和行为倾向称为家庭教养方式,它是父母的教育观念、教育行为以及对子女情感表达的综合体现,是父母各种行为特征的概括,具有相对稳定的风格。父母的教养行为不仅包含目标定向行为,还包含非目标定向行为,例如语气、神情、动作的变化,情绪情感的自然表露。父母通过其特定的教养方式,把自己的价值观念、态度、行为习惯、社会道德规范等内容传授给子女,或者对子女产生潜移默化、或多或少的影响,并由此构成了子女社会化发展的具体目标和内容。此外,家庭教养方式对子女许多方面的发展都产生重要的影响。

2. 家庭教养方式的理论研究

教养方式一般包括三个部分:父母和子女间的情感联系,父母对子女的教育实践与行为,以及父母的教育信念。由于研究者关注的教养方式的方面不同,因此所持的理论观点不同。精神分析理论的研究者强调父母与子女之间的情感关系,以及这种关系对孩子心理社会、心理性欲以及人格发展所产生的影响,强调的是教养方式的重要性。该理论的研究者认为,父母自身的特性决定了亲子之间情感联系的个性差异。心理学的另一重要理论流派——行为主义学派则关注父母的教养行为,认为孩子发展的主要差异是由孩子所处的环境差异造成的,家长必须学会正确地运用奖励、惩罚、监督等措施。早期的研究者关注的是家庭教养方式对儿童社会化的影响,在早期对儿童社会化的研究中,研究者们用维度来划分父母的教养方式。

(四)家庭教养方式、自尊和同伴关系的相关研究

1. 家庭教养方式和自尊的相关研究

魏运华(1999)采用家庭教养方式量表(EMBU)对644名中小学生进行研究。研究发现家庭教养方式对少年儿童自尊的发展有显著影响。父母温暖理解的教养方式会促进少年儿童自尊的发展,提高他们的自尊水平。相反,父母惩罚严厉、过分干涉、拒绝否认、过度保护的教养方式会不同程度地阻碍少年儿童自尊的发展,降低儿童的自尊水平。父母对子女的情感温暖支持对子女的自尊水平有积极的影响;父母拒绝否认、严厉惩罚对青少年自尊的发展有消极的影响。

2. 家庭教养方式和同伴关系的相关研究

马宁宁(2011)采用家庭教养方式评价量表(EMBU)以及"小学生同伴交往调查问卷"进行家庭教养方式的调查,最终参加了2份问卷调查并且有效的被试共200人。采用了独立因子t检验及多元回归分析的方法,发现父母的教养方式对小学五、六年级小学生的同伴关系具有显著的影响。父母对五、六年级小学生采取"拒绝否认""过度保护"等教养方式,会不同程度地阻碍五、六年级小学生同伴关系的发展,降低五、六年级小学生与同伴交往的能力。相反,对五、六年级小学生采取"温暖与理解"的教养方式会促进五、六年级小学生良好同伴关系的发展,提高五、六年级小学生与同伴交往的能力。

3. 自尊和同伴关系的相关研究

没人做过。

(五)家庭教养方式、自尊和同伴关系三者关系的研究

没人做过。

(六)研究意义

小学生社会化能力逐渐成为大家关注的焦点,同伴关系作为儿童社会化的重要背景,在儿童的发展和社会适应中起着重要作用。通过观察小学生在校表现,不难发现,一些小学生有比较要好的同伴,他们能相互学习、相互协作、关系融洽、促进学习进步;而另一些小学生却缺少同伴,性格孤僻,不愿意也不会与同学交往。这样的儿童常常表现为态度冷漠,行为多具有破坏性、攻击性。马宁宁(2011)的研究表明,好的家庭教养方式可以增强五、六年级小学生的同伴关系,反之孩子的同伴交往能力较差,与同伴关系不好。也有研究说明个人自尊水平与小学生的同伴关系显著相关。研究只是探讨同伴关系与家庭教养方式、自尊与同伴关系的相关性,但是这三者之间存在什么样的关系尚不清楚。

家庭是孩子最初接触到的课堂,父母就是孩子的第一任老师,改善学生同伴关系最好的老师是父母,但现在很多家长由于忙碌而把教育孩子的问题推给教师,认为教师可以从学校教育上去改变自家孩子的同伴关系。实际上很难,一是老师精力有限,班级学生多,除了正常的教学活动外没有太多精力花在个别学生身上;二是有研究表明,学生的自尊可以影响学生的同伴关系,但是家庭教养方式也在影响学生自尊;三是学校提高学生自尊水平难度有点大,心理健康课无法做到因材施教。那么老师是否可以通过提高学生的自尊水平直接去影响学生的同伴关系,从而提高学生的同伴交往能力?我们将对这三个变量进行研究,以引起学校和家长对家庭教养方式的重视,让家长意识到父母的教养方式与孩子的同伴关系息息相关,对孩子的身心发展有着极其重要的、强烈而且深远的影响。

(七)研究假设

(1)同伴关系在性别、年级和年龄上存在显著性差异。
(2)家庭教养方式与同伴关系相关显著,并对同伴关系具有预测作用。
(3)自尊水平与同伴关系显著相关,并对同伴关系具有预测作用。
(4)自尊在家庭教养方式对同伴关系的影响上起中介作用。

二、研究方法与程序

(一)研究对象

采用整群抽样的方法,抽取了漳州市东铺头中心小学和漳州市第二实验小学的5、6年级各2个班,共8个班300名高年级小学生,剔除无效问卷后,得到266份有效问卷,有效问卷回收率为88.7%。选择对象为小学高年段的儿童是因为该阶段的学生有一定的阅读基础,能理解问卷内容,而且该时期是孩子成长的关键阶段,是孩子价值观、世界观形成的极端重要时期,低年段的小学生在同伴交往中有很多的不确定性,还没能形成相对稳定的意识习惯,同时他们对调查问卷涉及的问题理解能力有限。

表 6-20　被试人口学统计情况（$N=266$）

变量	水平	频数
性别	男	134
	女	131
年级	5 年级	173
	6 年级	93

(二)研究工具

(1)家庭教养方式评估量表中文版(EMBU)。

(2)自尊量表。我们采用方柳等(2009)用过的自尊量表(SES),该量表共有 10 道题目。SES 最初是用以评定青少年关于自我价值和自我接纳的总体感受。该量表由 10 个条目组成,分四级评分,1 表示非常符合,2 表示符合,3 表示不符合,4 表示很不符合。分数越高,表示自尊水平越低。该量表在国内外得到广泛应用,有较好的信度和效度。

(3)同伴关系量表。我们使用马宁宁(2011)用过的儿童青少年同伴关系量表,该量表主要用于了解儿童青少年在与他人相处中的自我感觉。量表包括 22 个项目,采用 4 点计分制,以 1～4("1"不是这样,"4"总是这样)对各项目进行评定。分数越高者,则同伴关系越糟。该量表的内部一致性 Cronbach's α 系数为 0.71,有较好的信度。

(三)施测方法与程序

本研究的主试均为作者本人和该班班主任。在实测前,先请各班班主任熟悉问卷内容、问卷结构、答题方法及指导语等。3 份问卷合在一起共 98 题,采用集体施测的方法,以班级为单位,每个班级均由两人负责。作者本人先进行自我介绍,说明施测目的,宣读指导语,说明问卷的作答要求和注意事项,强调作答纪律,然后被试开始答题。作答过程中,如果被试有不明白的地方可举手示意,主试对其疑问一一解释清楚,最后主试现场检查被试问卷,确定是否有信息不完整、遗漏题目的情况,并当场收回。

(四)数据处理

施测结束后,运用 SPSS 17.0 统计软件对所收集到的数据进行输入、整理和分析。

三、结果分析

(一)各变量的描述统计

见表 6-21。

表 6-21　各变量的描述统计

变量	M	SD	min	max
F_1	51.8278	11.56052	19.00	73.00
M_1	55.5308	10.60891	25.00	74.00
F_2	18.1778	6.32927	12.00	48.00
M_2	12.3733	4.59181	8.00	32.00
F_3	19.0613	5.26062	10.00	69.00
M_3	32.9985	7.08602	17.00	53.00
F_4	9.2889	3.37821	5.00	20.00
M_4	9.3282	3.32852	5.00	20.00
F_5	9.1963	3.28959	6.00	21.00
M_5	12.3733	4.59181	8.00	32.00
F_6	10.2833	2.71020	5.00	18.00
同伴关系 T	39.9582	8.89419	13.00	67.00
自尊 Z	19.8022	4.93149	10.00	33.00

表中,F_1:情感温暖,F_2:惩罚,F_3:过分干涉,F_4:偏爱被试,F_5:拒绝否认,F_6:过度保护为父亲教养方式,M_1:情感温暖,M_2:惩罚,M_3:过分干涉,M_4:偏爱被试,M_5:拒绝否认为母亲教养方式。以下表里的字母表示含义相同。

(二)同伴关系的差异比较

1. 同伴关系在年龄上的差异比较

没有显著的差异。

2. 同伴关系在年级上的差异比较

没有显著的差异。

3. 同伴关系在性别上的差异比较

见表 6-22。

表 6-22　同伴关系的性别差异(N 男＝134,N 女＝131)

变量	男生($M\pm$SD)	女生($M\pm$SD)	t	df	P
同伴关系	41.68±8.92	38.08±8.92	3.373	263	0.001

同伴关系在性别上有显著的差异,同伴关系的得分上女生显著低于男生,所以高年级小学生女生的同伴关系相对比男生的好。

(三)家庭教养方式、自尊、同伴关系的相关性

1. 家庭教养方式与同伴关系的相关性

同伴关系与父亲(母亲)情感温暖因子显著负相关,与父亲(母亲)的惩罚、过分干涉、偏爱被试、拒绝否认以及父亲的过度保护因子呈显著正相关(表6-23)。同伴关系问卷得分越高说明其同伴关系越差,所以当父母采取情感温暖的教养方式时有利于促进子女同伴关系的发展,而父母采取惩罚、严厉、拒绝和否认等行为越严重,子女的同伴关系得分越高,同伴关系就越差,会阻碍子女同伴关系的发展。

表6-23 家庭教养方式与同伴关系的相关性

	F_1	F_2	F_3	F_4	F_5	F_6	M_1	M_2	M_3	M_4	M_5
同伴关系	−0.18**	0.19**	0.23**	0.16*	0.24**	0.22**	−0.14*	0.26**	0.31**	0.17**	0.26**

注:** 在0.01水平(双侧)上显著相关,* 在0.05水平(双侧)上显著相关。

2. 自尊与家庭教养方式的相关性

自尊与父亲(母亲)的情感温暖因子显著负相关,与父亲(母亲)的惩罚、过分干涉、拒绝否认这些因子呈显著正相关(表6-24)。父亲的过度保护和母亲的偏爱被试因子与自尊无相关。自尊问卷得分越高说明其自尊水平越低,所以当父母采取情感温暖的教养方式时有利于提高子女的自尊水平,而父母采取惩罚、严厉、拒绝和否认等行为越严重时,则自尊水平越低。

表6-24 自尊与家庭教养方式的相关性

	F_1	F_2	F_3	F_4	F_5	F_6	M_1	M_2	M_3	M_4	M_5
自尊	−0.32**	0.20**	0.17**	−0.13*	0.14*	0.095	−0.32**	0.20**	0.19**	−0.09	0.20**

注:** 在0.01水平(双侧)上显著相关,* 在0.05水平(双侧)上显著相关。

3. 自尊和同伴关系的相关性

高年级小学生的自尊与同伴关系显著相关(表6-25)。高自尊的学生同伴关系比低自尊的学生同伴关系好。

表6-25 自尊和同伴关系的相关性

	同伴关系
自尊	0.333**

注:** 在0.01水平(双侧)上显著相关。

(四)家庭教养方式对同伴关系的预测

为了探讨家庭教养方式是否对高年级小学生同伴关系具有预测作用,我们运用逐步回归法进行家庭教养方式对同伴关系的回归分析,以逐步回归法来选择最佳的独立变量

组合。由表 6-26 可知,只有母亲的过分干涉、偏爱被试与父亲的情感温暖 3 个变量进入回归方程式。

表 6-26　家庭教养方式对高年级小学生同伴关系的回归分析

因变量	自变量	β	P	R^2	调整 R^2
同伴关系	母亲过分干涉	0.255	0.000	0.135	0.125
	父亲情感温暖	−0.163	0.007		
	母亲偏爱被试	0.155	0.010		

由表 6-26 可知,母亲的过分干涉、偏爱被试对同伴关系有显著的正向预测作用,父亲的情感温暖对同伴关系有显著的负向预测作用,且预测力为 12.5%,即同伴关系的 12.5% 可以用母亲的过分干涉、偏爱被试、父亲的情感温暖来解释。

回归方程:$Y=32.04+0.32\times$母亲过分干涉$+0.414\times$母亲偏爱$-0.127\times$父亲情感温暖。

(五)自尊在家庭教养方式对同伴关系影响上的中介作用

见图 6-2 至图 6-10。

图 6-2　父亲情感温暖对同伴关系:自尊完全中介作用

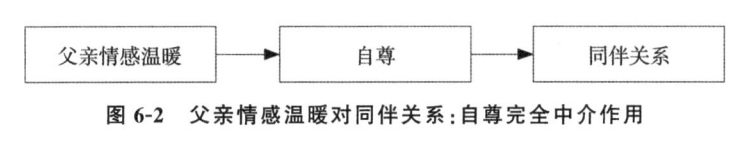

图 6-3　母亲情感温暖对同伴关系:自尊完全中介作用

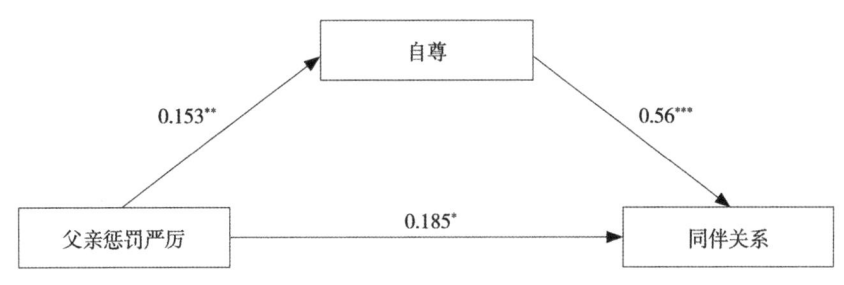

图 6-4　父亲惩罚严厉对同伴关系:自尊的中介作用

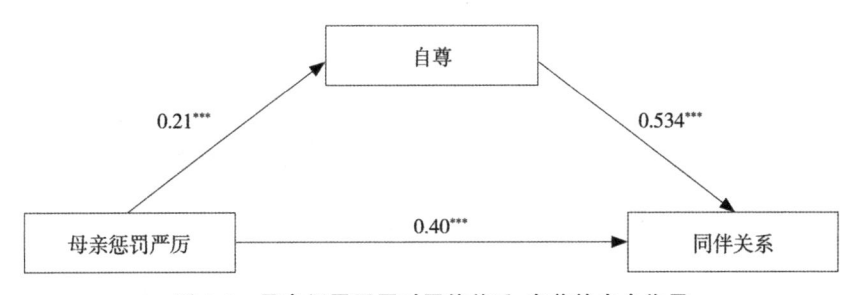

图 6-5　母亲惩罚严厉对同伴关系:自尊的中介作用

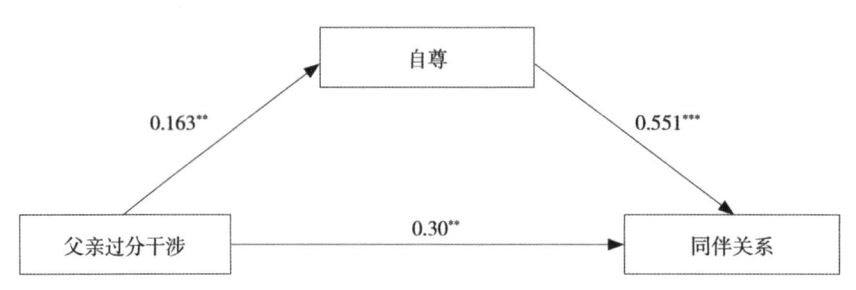

图 6-6 父亲过分干涉对同伴关系:自尊的中介作用

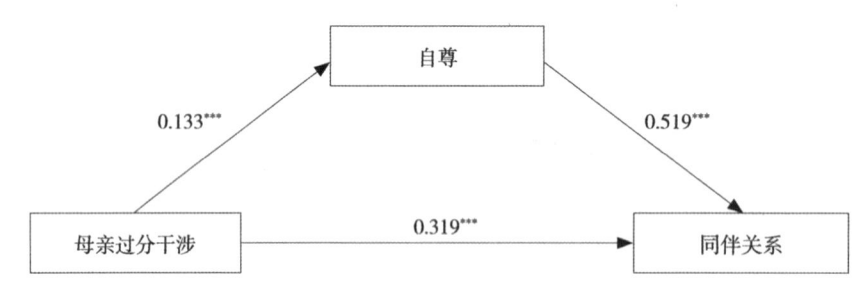

图 6-7 母亲过分干涉对同伴关系:自尊的中介作用

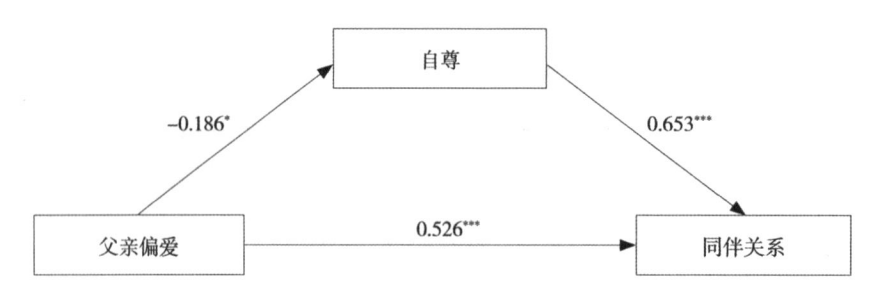

图 6-8 父亲偏爱对同伴关系:自尊的中介作用

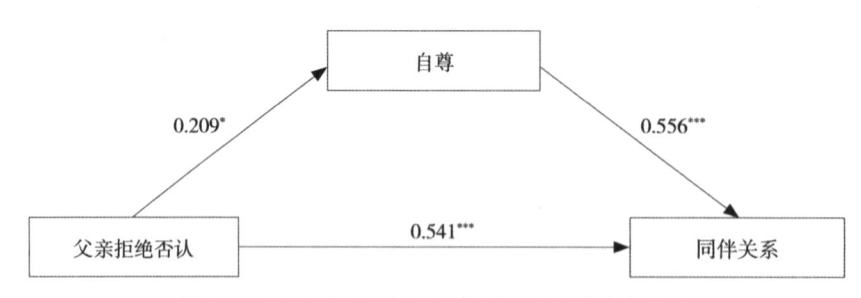

图 6-9 父亲拒绝否认对同伴关系:自尊的中介作用

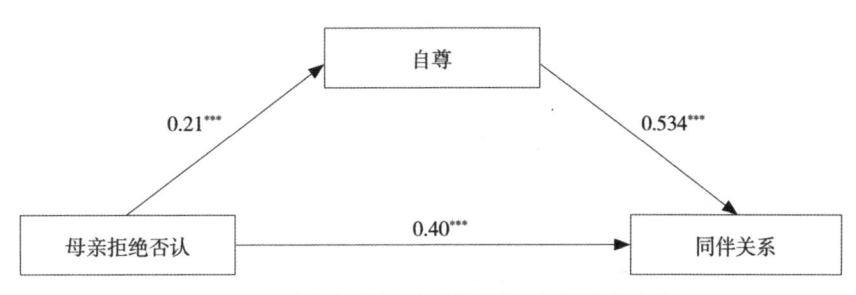

第六章 家对下一代人际关系的形塑

```
                     自尊
              ↗              ↘
        0.21***            0.534***
       ↗                          ↘
  母亲拒绝否认 ——— 0.40*** ———→ 同伴关系
```

图 6-10 母亲拒绝否认对同伴关系:自尊的中介作用

路径系数效应的分解见表 6-27。

表 6-27 路径系数效应的分解

	路径	效应	百分比%
1 父亲惩罚严厉	$X_1 \to Y$	0.15	
	$X_1 \to M \to Y$	0.09	33.33
	c	0.24	
2 母亲惩罚严厉	$X_2 \to Y$	0.21	
	$X_2 \to M \to Y$	0.11	21.44
	c	0.32	
3 父亲过分干涉	$X_3 \to Y$	0.16	
	$X_3 \to M \to Y$	0.09	23.08
	c	0.25	
4 母亲过分干涉	$X_4 \to Y$	0.13	
	$X_4 \to M \to Y$	0.07	18.04
	c	0.20	
5 父亲偏爱	$X_5 \to Y$	−0.19	
	$X_5 \to M \to Y$	−0.12	30
	c	−0.31	
6 父亲拒绝否认	$X_6 \to Y$	0.21	
	$X_6 \to M \to Y$	0.12	18.24
	c	0.33	
7 母亲拒绝否认	$X_7 \to Y$	0.21	
	$X_7 \to M \to Y$	0.11	21.86
	c	0.32	

四、讨论

(一)同伴关系在年龄、年级上不存在差异

本次问卷调查对象是 10~13 岁的儿童。小学高年级儿童随着生理年龄的变化,逐步进入青春发育期。他们在这时期脑和神经系统发育表现出均匀和平稳,学习成为主导活动,认知能力、个性特点、社会适应方面都在迅速发展,思维以抽象逻辑思维为主,各自对同伴定义相近,都认为同伴可以相互分享,同甘共苦、相同兴趣是友谊的基础。从发展心理学角度看,他们的学习能力、自我意识发展、青春期生理的变化和心理的变化等相近,所以高年级小学生的同伴关系在年龄上不存在差异。

我们从学校心理健康教育内容可知,对于五、六年级的学生,要帮助他们在学习生活中享受解决困难的快乐,调整学习状态,提高学习兴趣与自信心,正确对待自己的学习成绩,培养集体意识,在班级活动中,善于与更多的同学交往,健康开朗,合群,自立等。对于五、六年级的学生而言,社会、学校、家庭、教师对他们这一阶段的教育目标是相近的,所以在相同的教育环境气氛中高年级小学生的同伴关系在年级上不存在差异。

(二)同伴关系在性别上存在差异

高年级小学生的同伴关系在性别上存在差异:女生的同伴关系优于男生的同伴关系。可能原因:一是女孩比男孩早熟,观察事物比较细,会注意他人情绪等,善于与人沟通,喜欢互相倾诉。女生容易通过攀谈迅速与人建立人际关系,而男生倾向于走马观花式地观察,常忽略他人感受,相对幼稚不善于处理人际关系,再加上小学男生比较冲动,容易和人发生冲突,所以同伴关系不稳定。二是女生的自我评价偏高,因为小学阶段大部分女生成绩高于男生成绩,女生又比较安静、听话。社会、家庭、学校对小学高年级女生的评价高于对男生的评价,女生的自我接纳程度就高,所以自评自己的同伴关系会往好的趋势选择选项。

(三)家庭教养方式、自尊与同伴关系的关系

1. 家庭教养方式与同伴关系的关系

对于同伴关系与家庭教养方式的关系,由前述可知,同伴接受与父亲、母亲的情感温暖具有显著负相关,与父亲、母亲的惩罚严厉以及父亲、母亲的拒绝否认呈显著正相关。父母对五、六年级的小学生采取"惩罚""否认""偏爱"等教养方式,会不同程度地阻碍高年级小学生同伴关系的发展,降低他们与同伴交往的能力。相反,如果父母对五、六年级的小学生采取"情感温暖"的教养方式,就会促进他们良好同伴关系的发展,提高他们与同伴交往的能力。

采取"情感温暖"的教养方式就会促进高年级小学生良好同伴关系的发展。国内许

多学者的研究表明,父母在教养孩子时表现情感温暖和理解较多时,孩子很少会产生焦虑和抑郁的心理情绪,孩子能够更多地感受到父母的亲情。这对孩子独立性格的形成、自信心的建立、主观能动性的培养是十分有利的。子女以父母为榜样,模仿父母情感温暖这一特征,并将这一特征迁移到与同伴相处的过程中,可以让他们融洽地与人和谐相处,能够学会关心理解他人。这样的孩子就能够更快地和同伴建立良好的关系。

采取惩罚严厉、拒绝否认等消极的教养方式会阻碍孩子同伴关系的发展。父母是儿童的第一任教师,是孩子模仿的第一对象。如果父母采取惩罚严厉、拒绝否认等消极教养方式,子女会在与同伴相处的过程中,有意或无意地模仿父母拒绝、否认、惩罚、严厉等不良的行为方式和态度,会导致同伴关系的建立和维持出现问题;而且消极的教养方式容易使儿童形成敏感多疑的性格,产生郁郁寡欢、固执焦虑甚至是敌对的情绪,让孩子很难相信他人,以粗暴的态度对人,甚至会出现逆反的心理。比如父母对子女经常采用惩罚严厉的教养方式,容易使子女产生自卑、胆怯、畏惧等心理;父母对子女的过分干涉和保护,常常将子女与同伴隔离开,剥夺子女与同伴相处的机会,也很容易使孩子缺乏自信心,缺少主见,表现盲从,往往不能经得起挫折的考验,因为这样的儿童在心里总是有我是被保护的人、别人必须让着我的想法,所以他们很难在同伴交往中有正确的交往态度,往往没有良好的同伴关系。父母对子女的偏爱会使孩子太过任性,在与人交往中不会让步,不会为他人着想,难以正确处理同伴关系,导致同伴关系不好。本研究的结果和国内许多学者的研究结果是很相似的。

既然家庭教养方式对儿童同伴关系的发展有着重要影响,那么家长就应该了解儿童的一些心理特点,掌握一些正确教育孩子的知识和方法。对家长在以下几方面进行指导和训练,将有助于儿童同伴关系的培养:第一,情感温暖的教养方式。关心和爱护孩子,多给他们一些微笑,多对他们的所作所为感兴趣,对他们的任何努力和成功都给予赞扬和鼓励。尊重他们的各种需要,尊重他们的兴趣和爱好。尊重孩子的观点,容忍孩子有与父母不同的见解,让孩子学会独立、自主。第二,让孩子感到快乐。给他们提供游戏的时间、场所和玩具,对他们的爱好和友谊给予鼓励和支持。当孩子遇到不顺心的事时,应该尽量鼓励他们,使他们得到一些安慰。第三,不要过分干涉、偏爱孩子。给孩子留些自由,允许他们经常自己做选择和决定。鼓励他们表达自己的思想和感情,遇事多跟他们商量,多听取他们的意见。不要偏爱孩子,孩子有错就要管教不能放任、偏袒,否则孩子与同伴相处时也喜欢干涉自己的同伴,或者较自我,遇事不愿意退让,觉得每个人都应该对他好,而不懂好是相互的。

2. 家庭教养方式与自尊的关系

除了父亲的过度保护和母亲的偏爱被试因子与自尊无相关,其他家庭教养方式因子与自尊的相关都达到了显著程度。父母亲情感温暖、父亲偏爱被试与自尊呈显著负相关,其他教养方式与自尊的相关均是负值。父母可以通过教养方式将自身的价值观、兴趣及信念等传递给子女,因而家庭教养方式与子女的自尊有相当大的关联。国内很多研究者证实家庭教养方式对儿童自尊发展有显著影响,父母采用惩罚、否认、拒绝等消极情感的教养方式会阻碍儿童的发展。父亲偏爱的教养方式和父母亲情感温暖一样可以提高高年级小学生的自尊水平,这和之前有关研究不同,可能原因:一是现在高年级小学生大部分是独生子女,在填偏爱有关题目时是和自己的表兄妹之类对比。二是现在很多父亲在外工作,很少教育孩子,对孩子偏爱对孩子影响不大,而且父亲对孩子的宠爱可以让孩子对自身肯定、自信。

3. 自尊与同伴关系的关系

同伴关系与自尊存在显著相关,两者成正比。这可能是高自尊的学生自我肯定程度相对较高,自身拥有安全感和责任感,能自信地与同伴一起玩耍,互相协商,可以体验到友谊,得到同伴的认可、赞扬。他们比较安静、随和,能成功发起和维持交往,能友好地解决冲突,有较多的亲社会行为,较少破坏和攻击行为,所以高自尊的人容易吸引他人与他交朋友,同伴较多,同伴关系良好。而自尊水平不高的学生可能性格内向,不爱与人交往,容易受同伴言语举止影响,以攻击他人获得自我安慰,对同伴群体的任何批评都表现出敌意,导致与同伴关系不融洽,容易发生冲突。

(四)自尊在家庭教养方式对同伴关系影响上的中介作用

研究发现,错误的家庭教养方式会导致高年级小学生同伴关系不良。要改变这种状况,最直接的就是从改变错误的家庭教养方式入手。当小学老师发现学生同伴关系不良时,可以想办法去说服学生的父母改变错误的教养方式。

自尊在家庭教养方式对高年级小学生同伴关系影响上的中介作用,使小学老师找到了另一种改善高年级小学生同伴关系的方法。错误的家庭教养方式会降低高年级小学生的自尊,低自尊会导致高年级小学生同伴关系不良。小学老师在没有办法说服同伴关系不良学生的父母改变错误教养方式的情况下,可以通过自己能够有所作为的其他方法来提升高年级小学生的自尊,从而抵消错误家庭教养方式对自尊的降低,进而把他们的同伴关系维持在较好状况,从而减少高年级小学生同伴关系不良问题的产生。

五、结论

同伴关系在性别上存在显著差异:女生的同伴关系优于男生的同伴关系。

家庭教养方式与同伴关系存在显著相关:家庭教养方式越是情感温暖,同伴关系越好。父母教养越是惩罚严厉,过分干涉、保护,拒绝、否认,父亲偏爱,越会阻碍孩子同伴关系的发展;自尊与同伴关系存在显著相关,学生的自尊水平越高,同伴关系越好。

母亲的过分干涉、偏爱被试对同伴关系有显著的正向预测作用,父亲的情感温暖对同伴关系有显著的负向预测作用,预测力为12.5%。

自尊在家庭教养方式对同伴关系的影响上起中介作用。

第三节 家对下一代亲密关系的形塑

一、引言

(一)概念界定

1. 亲密关系的界定

在心理学研究上,亲密关系的概念有广义和狭义之分。社会心理学家倾向于将亲密关系定义为与那些对我们生活有重要意义的人建立的亲密友好的关系,包括朋友、亲人、恋人等。这是广义的亲密关系概念,强调的是双方的依赖程度。但是研究婚恋和咨询的心理学家则更倾向于将亲密关系定义为"伴侣关系,仅包括恋人关系和夫妻关系"。在我们此次研究中,主要研究的是狭义的亲密关系。

2. 家庭教养方式的界定

家庭教养方式在很早以前就被心理学家和教育学家所提出,但是对它的研究还在摸索阶段,对家庭教养方式的定义心理学上也没有统一的概念界定。在国内外的研究中,各个学者研究方向的侧重点不相同,对于家庭教养方式的概念界定也不尽相同,但是总的来说家庭教养方式是一个整体的综合概念,它至少包括三个方面:一是父母对孩子的教育理念;二是父母对孩子教养的行为方式;三是父母在教育孩子过程中所表现出来的非言语行为。

3. 自尊的界定

自尊是心理健康的核心,自尊与心理健康测量指标的各方面有密切关系。但是对于自尊这一概念的界定,心理学的研究者们仍众说纷纭,并未给出确切的概念。我们根据前人的研究,对于自尊的概念采用林崇德(1995)的定义:"自我意识中具有自我评价意义的成分,是与自尊需要相联系的、对自我的态度体验,也是心理健康的重要指标之一。"

(二)已有研究及问题的提出

随着社会的发展,人们更加关注身心的全面发展,对于大学生人们也从关注其学习成绩及成果过渡到关注其身心全面发展,而影响大学生身心全面发展的一个重要因素就是人际关系,良好的人际关系会提高大学生的自我价值感,反之则会增大大学生的挫败感。在人际关系发展的过程中最为重要的是亲密关系的建立,建立亲密关系的需求是人生存的基本需求之一,亲密关系对人的重要性不言而喻。在马斯洛需要层次理论中爱与归属的需要是人类的基本需要,亲密关系的建立很大程度上保证了人们能够实现爱与归属的需要。在大学生活中,大学生的亲密关系主要表现在情侣关系、同伴关系和师生关系等方面,亲密关系对于处于成年早期的大学生来说可以满足其来自外界的欣赏和肯定,尤其是来自异性的欣赏和肯定。由此可见,亲密关系是影响大学生身心全面发展的重要因素之一,因此许多研究探索了影响亲密关系的因素,包括成人依恋、自尊、家庭教养方式、亲密感以及承诺等。

长久以来,人们对亲密关系的了解和领会还不十分全面,但是近些年来,人们对亲密关系的研究取得了丰硕的成果,理论研究越来越丰富,切入角度和分析越来越细化,研究方法越来越丰富。亲密关系的研究主要表现在一些西方的经典研究上,比如自尊与亲密关系的质量、依恋类型与亲密关系的质量、动机与亲密关系的质量等。在国外,关于亲密关系的研究已经进入细化阶段,而我国的研究虽然也在不断发展,但还远远没有达到国外研究的水平。在亲密关系的研究中,对于影响亲密关系建立的因素有很多,如外表、年龄、性别、依恋类型和风格等。

家庭教养方式是否影响亲密关系的建立呢?是直接影响还是通过其他因素影响呢?大量的研究可以证明家庭教养方式对自尊的发展有很大的影响,自尊对亲密关系也有影响,那么这三者之间有什么样的关系呢?自尊在家庭教养方式和亲密关系中起着什么样的作用呢?

(三)研究意义

本研究探讨了大学生亲密关系的影响因素,研究了家庭教养方式和自尊对大学生亲密关系建立的影响,补充了关于亲密关系研究的成果,给大学生心理健康教育提供了相应的理论支持。大学生在大学时期渴求建立亲密关系,尤其是异性之间的伴侣关系,而本研究正是立足于此,给大学生亲密关系的研究提供了数据支持,也给学校进行心理健康教育提供了方向。

(四)研究假设

(1)亲密关系在人口学变量上存在差异。
(2)家庭教养方式与亲密关系显著相关。
(3)家庭教养方式对亲密关系有预测作用。
(4)自尊在家庭教养方式对亲密关系的影响上起中介作用。

二、研究方法

(一)研究对象

本研究从福建、浙江、江苏等地抽取本科生共400人,只对其中正在经历或者曾经经历恋爱关系的被试进行数据分析,因此最后剩余样本289份。其中男生有105人,女生有184人,平均年龄为20.47岁,独生子女为95人,非独生子女为194人。

(二)研究工具

(1)家庭教养方式评估量表中文版(EMBU)。

(2)自尊量表。本研究选用的自尊量表是陈秀娟等(2009)使用过的 SES 量表,共 10 题,采用 4 点计分法。该量表由 5 个正向计分和 5 个反向计分条目组成,得分越高自尊水平越高。该量表的信度检验结果显示,量表的内部一致性系数为 0.805,说明该量表具有良好的信度,适用于研究。

(3)亲密关系量表。本研究选用的亲密关系量表为李同归等(2006)编制的 ECR-R 量表中文版,该量表由 36 个条目组成,采用 7 点评分法。该量表测量亲密关系的依恋回避和依恋焦虑两个维度,两个维度都由 18 个条目组成。该量表的信度检验依恋回避 α 系数为 0.82,依恋焦虑 α 系数为 0.77,表明该量表的内部一致性较好,具有良好的信度,适用于本研究。

(三)研究程序

集体施测:施测时采用匿名自我报告式对在校大学生进行集体施测,每次施测由研究者本人出任主试,主试进行自我介绍并向被试介绍本研究的目的、答题要求以及方法,强调回答的保密性。测试 15 分钟内完成,由主试统一收回保存。

三、结果

(一)亲密关系的差异比较

1. 亲密关系的依恋回避和依恋焦虑两个因子在性别上的差异比较

为探讨亲密关系的依恋回避在性别上的差异,我们进行了独立样本 t 检验,结果见表 6-28。

表 6-28　亲密关系的依恋回避在性别上的差异

	男	女	t	Sig.(双侧)
依恋回避	56.76±13.61	59.60±14.86	−1.600	0.111

由表 6-28 可见,亲密关系的依恋回避在性别上不存在显著差异。

为探讨亲密关系的依恋焦虑在性别上的差异,我们进行了独立样本 t 检验,结果见表 6-29。

表 6-29　亲密关系的依恋焦虑在性别上的差异

	男	女	t	Sig.(双侧)
依恋焦虑	68.55±13.29	65.45±16.98	1.599	0.111

由表6-29可见,亲密关系的依恋焦虑在性别上不存在显著差异。

2. 亲密关系的依恋回避和依恋焦虑两个因子在是否独生子女上的差异比较

为探讨亲密关系的依恋回避在是否独生子女上的差异,我们进行了独立样本t检验,结果见表6-30。

表6-30　亲密关系的依恋回避在是否独生子女上的差异

	是	否	t	Sig.(双侧)
依恋回避	56.81±13.41	59.44±14.91	−1.440	0.151

由表6-30可见,亲密关系的依恋回避在是否独生子女上不存在显著差异。

为探讨亲密关系的依恋焦虑在是否独生子女上的差异,我们进行了独立样本t检验,结果见表6-31。

表6-31　亲密关系的依恋焦虑在是否独生子女上的差异

	是	否	t	Sig.(双侧)
依恋焦虑	68.98±15.47	65.42±15.88	1.790	0.075

由表6-31可见,亲密关系的依恋焦虑在是否独生子女上不存在显著差异。

3. 亲密关系的依恋回避和依恋焦虑两个因子在地区上的差异比较

为探讨亲密关系的依恋回避在地区上的差异,我们进行了独立样本t检验,结果见表6-32。

表6-32　亲密关系的依恋回避在地区上的差异

	农村	城镇	t	Sig.(双侧)
依恋回避	59.78±14.97	56.81±13.58	1.714	0.088

由表6-32可见,亲密关系的依恋回避在地区上不存在显著差异。

为探讨亲密关系的依恋焦虑在地区上的差异,我们进行了独立样本t检验,结果见表6-33。

表6-33　亲密关系的依恋焦虑在地区上的差异

	农村	城镇	t	Sig.(双侧)
依恋焦虑	66.56±16.32	66.56±15.60	−0.001	0.999

由表6-33可见,亲密关系的依恋焦虑在地区上不存在显著差异。

4. 亲密关系的依恋回避和依恋焦虑两个因子在年级上的差异比较

为探讨亲密关系中的依恋回避在年级上的差异,我们进行了单因素方差分析,结果见表6-34。

表 6-34 亲密关系的依恋回避在年级上的差异

	大一	大二	大三	大四	F	Sig.(双侧)
依恋回避	56.56±15.69	60.52±14.07	58.63±13.34	58.76±17.56	0.638	0.591

由表 6-34 可见,亲密关系的依恋回避在年级上不存在显著差异。

为探讨亲密关系中的依恋焦虑在年级上的差异,我们进行了单因素方差分析,结果见表6-35。

表 6-35 亲密关系的依恋焦虑在年级上的差异

	大一	大二	大三	大四	F	Sig.(双侧)
依恋焦虑	65.61±18.59	67.98±14.25	65.99±15.62	67.33±15.03	0.308	0.820

由表 6-35 可见,亲密关系的依恋焦虑在年级上不存在显著差异。

5. 亲密关系的依恋回避和依恋焦虑两个因子在年龄上的差异比较

为探讨亲密关系中的依恋回避在年龄上的差异,我们进行了单因素方差分析,结果见表6-36。

表 6-36 亲密关系的依恋回避在年龄上的差异

	19	20	21	22	F	Sig.(双侧)
依恋回避	55.71±15.53	57.61±13.65	59.60±14.80	59.19±13.61	0.770	0.512

由表 6-36 可见,亲密关系的依恋回避在年龄上不存在显著差异。

为探讨亲密关系中的依恋焦虑在年龄上的差异,我们进行了单因素方差分析,结果见表 6-37。

表 6-37 亲密关系的依恋焦虑在年龄上的差异

	19	20	21	22	F	Sig.(双侧)
依恋焦虑	67.27±17.70	64.81±16.64	66.43±14.18	67.22±16.23	0.328	0.805

由表 6-37 可见,亲密关系的依恋焦虑在年龄上不存在显著差异。

6. 亲密关系的依恋回避和依恋焦虑两个因子在与父母生活时间上的差异比较

为探讨亲密关系中的依恋回避在与父母生活时间上的差异,我们进行了单因素方差分析,结果见表 6-38。

表 6-38 亲密关系的依恋回避在与父母生活时间上的差异

	18	19	20	21	22	F	Sig.(双侧)
依恋回避	55.92±13.97	55.08±15.18	58.51±13.45	60.89±14.56	57.48±13.48	1.292	0.274

由表 6-38 可见,亲密关系的依恋回避与父母生活时间上不存在显著差异。

为探讨亲密关系中的依恋焦虑在与父母生活时间上的差异,我们进行了单因素方差分析,结果见表 6-39。

表 6-39 亲密关系的依恋焦虑在与父母生活时间上的差异

	18	19	20	21	22	F	Sig.(双侧)
依恋焦虑	67.16±16.28	66.78±16.38	65.13±16.12	65.93±12.73	67.04±14.30	0.170	0.954

由表 6-39 可见,亲密关系的依恋焦虑与父母生活时间上不存在显著差异。

7. 亲密关系的依恋回避和依恋焦虑两个因子在父亲文化程度上的差异比较

为探讨亲密关系中的依恋回避在父亲文化程度上的差异,我们进行了单因素方差分析,结果见表 6-40。

表 6-40 亲密关系的依恋回避在父亲文化程度上的差异

	大学	中专	初中	小学	F	Sig.(双侧)
依恋回避	55.30±13.27	58.51±14.91	58.59±15.12	61.39±13.44	1.610	0.187

由表 6-40 可见,亲密关系的依恋回避在父亲文化程度上不存在显著差异。

为探讨亲密关系中的依恋焦虑在父亲文化程度上的差异,我们进行了单因素方差分析,结果见表 6-41。

表 6-41 亲密关系的依恋焦虑在父亲文化程度上的差异

	大学	中专	初中	小学	F	Sig.(双侧)
依恋焦虑	67.35±18.54	65.90±14.91	65.69±15.04	68.27±15.90	0.421	0.738

由表 6-41 可见,亲密关系的依恋焦虑在父亲文化程度上不存在显著差异。

8. 亲密关系的依恋回避和依恋焦虑两个因子在父亲职业上的差异比较

为探讨亲密关系中的依恋回避在父亲职业上的差异,我们进行了单因素方差分析,结果见表 6-42。

表 6-42 亲密关系的依恋回避在父亲职业上的差异

	工人	农民	知识分子	干部	其他	F	Sig.(双侧)
依恋回避	58.44±15.08	59.51±14.97	58.94±13.67	53.90±13.54	58.00±10.95	0.652	0.626

由表 6-42 可见,亲密关系的依恋回避在父亲职业上不存在显著差异。

为探讨亲密关系中的依恋焦虑在父亲职业上的差异,我们进行了单因素方差分析,结果见表 6-43。

表 6-43　亲密关系的依恋焦虑在父亲职业上的差异

	工人	农民	知识分子	干部	其他	F	Sig.(双侧)
依恋焦虑	67.49±16.52	66.25±14.48	68.03±21.76	60.35±10.84	67.41±10.73	0.958	0.431

由表 6-43 可见,亲密关系的依恋焦虑在父亲职业上不存在显著差异。

9. 亲密关系的依恋回避和依恋焦虑两个因子在母亲文化程度上的差异比较

为探讨亲密关系中的依恋回避在母亲文化程度上的差异,我们进行了单因素方差分析,结果见表 6-44。

表 6-44　亲密关系的依恋回避在母亲文化程度上的差异

	大学	中专	初中	小学	F	Sig.(双侧)
依恋回避	56.51±13.20	55.26±17.17	59.31±13.77	60.35±13.79	1.794	0.148

由表 6-44 可见,亲密关系的依恋回避在母亲文化程度上不存在显著差异。

为探讨亲密关系中的依恋焦虑在母亲文化程度上的差异,我们进行了单因素方差分析,结果见表 6-45。

表 6-45　亲密关系的依恋焦虑在母亲文化程度上的差异

	大学	中专	初中	小学	F	Sig.(双侧)
依恋焦虑	65.25±17.41	68.42±14.59	65.39±16.06	67.04±15.75	0.530	0.662

由表 6-45 可见,亲密关系的依恋焦虑在母亲文化程度上不存在显著差异。

10. 亲密关系的依恋回避和依恋焦虑两个因子在母亲职业上的差异比较

为探讨亲密关系中的依恋回避在母亲职业上的差异,我们进行了单因素方差分析,结果见表 6-46。

表 6-46　亲密关系的依恋回避在母亲职业上的差异

	工人	农民	知识分子	干部	其他	F	Sig.(双侧)
依恋回避	57.65±13.98	59.06±14.97	59.24±14.09	56.87±14.29	59.41±16.12	0.211	0.932

由表 6-46 可见,亲密关系的依恋回避在母亲职业上不存在显著差异。

为探讨亲密关系中的依恋焦虑在母亲职业上的差异,我们进行了单因素方差分析,结果见表 6-47。

表 6-47　亲密关系的依恋焦虑在母亲职业上的差异

	工人	农民	知识分子	干部	其他	F	Sig.(双侧)
依恋焦虑	68.82±16.05	65.96±15.46	67.64±19.38	65.87±10.47	65.87±10.47	1.814	0.126

由表 6-47 可见,亲密关系的依恋焦虑在母亲职业上不存在显著差异。

(二)家庭教养方式、自尊和亲密关系的相关研究

1. 家庭教养方式和亲密关系的相关性

由表 6-48 可见,父亲惩罚严厉、母亲惩罚严厉、父亲拒绝否认、母亲拒绝否认与亲密关系的 2 个因子存在显著正相关;父亲情感温暖、母亲情感温暖与亲密关系的 2 个因子存在显著负相关。

表 6-48　家庭教养方式各因子与亲密关系的相关性

	父亲情感温暖	父亲惩罚严厉	父亲拒绝否认	母亲情感温暖	母亲惩罚严厉	母亲拒绝否认
依恋回避	−0.252**	0.204**	0.218**	−0.232**	0.241**	0.235**
依恋焦虑	−0.132*	0.190**	0.211**	−0.125*	0.173**	0.277**

注:* $P<0.05$,** $P<0.01$。

2. 家庭教养方式和自尊的相关性

由表 6-49 可见,父亲情感温暖、母亲情感温暖与自尊存在显著正相关;父亲惩罚严厉、母亲惩罚严厉、父亲拒绝否认、母亲拒绝否认与自尊存在显著负相关。

表 6-49　家庭教养方式各因子与自尊的相关性

	父亲情感温暖	父亲惩罚严厉	父亲拒绝否认	母亲情感温暖	母亲惩罚严厉	母亲拒绝否认
自尊水平	0.226**	−0.163**	−0.178**	0.249**	−0.180**	−0.228**

注:** $P<0.01$。

3. 自尊和亲密关系的相关性

由表 6-50 可见,亲密关系的依恋回避和依恋焦虑与自尊存在显著负相关。

表 6-50　自尊与亲密关系的相关性

	依恋回避	依恋焦虑
自尊	−0.311**	−0.226**

注:** $P<0.01$。

(三)家庭教养方式对亲密关系的预测

1. 家庭教养方式对依恋回避的预测

鉴于父亲惩罚严厉、母亲惩罚严厉、父亲拒绝否认、母亲拒绝否认、父亲情感温暖、母亲情感温暖与依恋回避存在显著相关,为进一步探讨这 6 个家庭教养方式对依恋回避是否具有预测作用,我们进行了逐步回归分析,结果见表 6-51。

表 6-51　家庭教养方式 6 因子对依恋回避的回归分析

预测变量	因变量	F	R^2	调整 R^2	标准系数 β	t
父亲情感温暖	依恋回避	13.129***	0.088	0.081	−0.186	−3.061**
母亲惩罚严厉					0.181	2.981*

注:* $P<0.05$,** $P<0.01$,*** $P<0.001$。

由表 6-51 可见,父亲情感温暖、母亲惩罚严厉对依恋回避具有预测作用,可以解释依恋回避变异的 8.1%。

回归方程:依恋回避=65.713−0.282×父亲情感温暖因子+0.561×母亲惩罚严厉因子。

2. 家庭教养方式对依恋焦虑的预测

鉴于父亲惩罚严厉、母亲惩罚严厉、父亲拒绝否认、母亲拒绝否认、父亲情感温暖、母亲情感温暖与依恋焦虑存在显著相关,为进一步探讨这 6 个家庭教养方式对依恋焦虑是否具有预测作用,我们进行了逐步回归分析,结果见表 6-52。

表 6-52　家庭教养方式 6 因子对依恋焦虑的回归分析

预测变量	因变量	F	R^2	调整 R^2	标准系数 β	t
母亲拒绝否认	依恋焦虑	24.096*	0.080	0.076	0.282	4.909*

注:* $P<0.05$。

由表 6-52 可见,母亲拒绝否认对依恋焦虑具有预测作用,可以解释依恋焦虑变异的 7.6%。

回归方程:依恋焦虑=53.142+1.051×母亲拒绝否认因子。

(四)自尊在家庭教养方式对亲密关系影响上的中介作用

采用以下方法进行分析:

第一步:把家庭教养方式、自尊水平、亲密关系 3 个变量分别中心化后得到家庭教养方式 0、自尊 0、亲密关系 0;

第二步:以家庭教养方式 0 为自变量,亲密关系 0 为因变量做回归,得到 c;

第三步:以家庭教养方式 0 为自变量,自尊 0 为因变量做回归,得到 a;

第四步:以家庭教养方式 0 和自尊 0 为自变量,亲密关系 0 为因变量做回归,得到 b 和 c'。

第一种情况:若回归系数 a 对应的 T 值的 $P<0.05$,回归系数 b 对应的 t 值的 $P<0.05$,回归系数 c 对应的 T 值的 $P<0.05$,回归系数 c' 对应的 T 值的 $P<0.05$,则自尊水平在家庭教养方式对亲密关系的影响中起部分中介作用。这部分中介作用的中介效应的大小用 $c-c'$ 的值来表示,直接效应与总效应之比是 c'/c,中介效应与总效应之比是 $(c-c')/c$。

第二种情况:若回归系数 a 对应的 T 值的 $P<0.05$,回归系数 b 对应的 t 值的 $P<0.05$,回归系数 c 对应的 T 值的 $P<0.05$,回归系数 c' 对应的 t 值的 $P>0.05$,则自尊水平在家庭教养方式对亲密关系的影响中起完全中介作用,中介效应的大小用 c 的值来表示,家庭教养方式对亲密关系没有直接影响。

第三种情况:若回归系数 c 对应的 t 值的 $P>0.05$,则家庭教养方式对亲密关系没有影响,也就谈不上自尊水平是否起中介作用了。

第四种情况:若回归系数 a 和回归系数 b 对应的 t 值的 P 值并不都 <0.05,自尊水平不起中介作用。

1. 自尊在父亲情感温暖对依恋回避影响上的中介作用

由表 6-53 可见,分析结果符合第一种情况,表明自尊在父亲情感温暖对大学生依恋回避的影响上起部分中介作用。

表 6-53　自尊在父亲情感温暖对依恋回避影响上的中介作用

	标准系数 β	t	P
c	−0.252	−4.310	0.000
a	−0.226	−3.911	0.000
b	0.268	4.617	0.000
c'	−0.187	−3.218	0.001

路径分析见图 6-11。

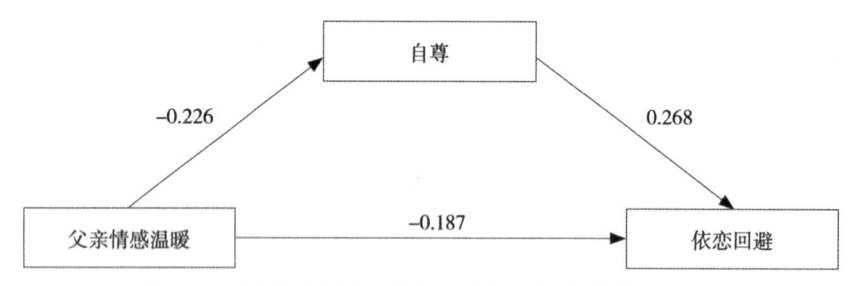

图 6-11　父亲情感温暖对依恋回避的影响:自尊的中介作用

2. 自尊在父亲惩罚严厉对依恋回避影响上的中介作用

由表 6-54 可见,分析结果符合第一种情况,表明自尊在父亲惩罚严厉对大学生依恋回避的影响上起部分中介作用。

表 6-54　自尊在父亲惩罚严厉对依恋回避影响上的中介作用

	标准系数 β	t	P
c	0.204	3.488	0.001
a	0.163	2.814	0.005
b	0.288	5.072	0.000
c'	0.157	2.764	0.006

路径分析见图 6-12。

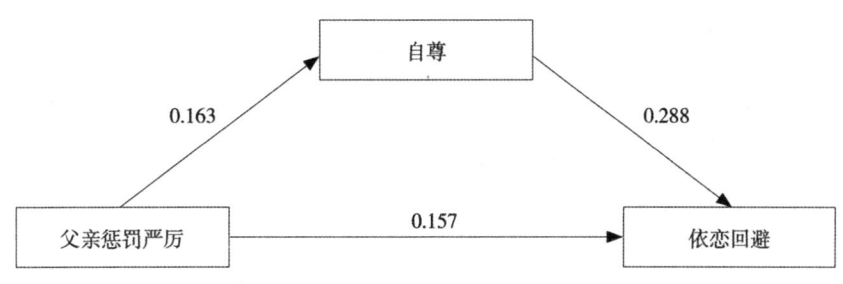

图 6-12　父亲惩罚严厉对依恋回避的影响：自尊的中介作用

3. 自尊在父亲拒绝否认对依恋回避影响上的中介作用

由表 6-55 可见，分析结果符合第一种情况，表明自尊在父亲拒绝否认对大学生依恋回避的影响上起部分中介作用。

表 6-55　自尊在父亲拒绝否认对依恋回避影响上的中介作用

	标准系数 β	t	P
c	0.218	3.748	0.000
a	0.178	3.082	0.002
b	0.279	4.903	0.000
c'	0.165	2.904	0.004

路径分析见图 6-13。

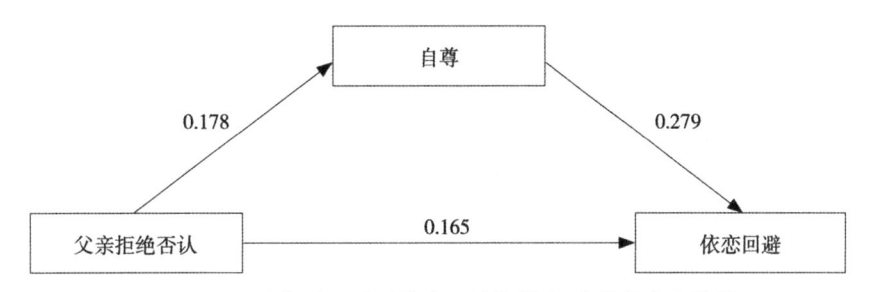

图 6-13　父亲拒绝否认对依恋回避的影响：自尊的中介作用

4. 自尊在父亲情感温暖对依恋焦虑影响上的中介作用

由表 6-56 可见，分析结果符合第二种情况，表明自尊在父亲情感温暖对大学生依恋焦虑的影响上起完全中介作用。

表 6-56　自尊在父亲情感温暖对依恋焦虑影响上的中介作用

	标准系数 β	t	P
c	−0.132	−2.234	0.026
a	−0.226	−3.911	0.000
b	0.204	3.429	0.001
c'	−0.088	−1.486	0.138

路径分析见图 6-14。

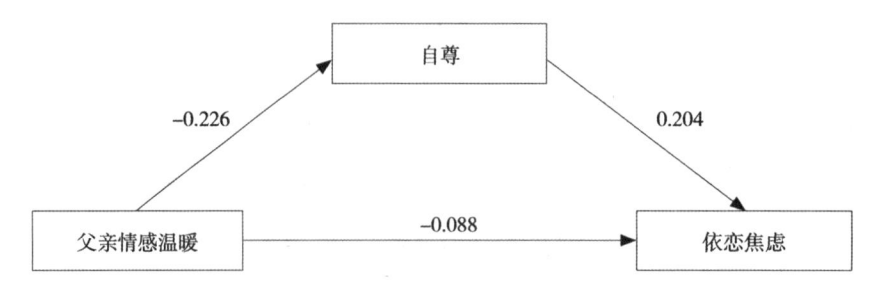

图 6-14 父亲情感温暖对依恋焦虑的影响：自尊的中介作用

5. 自尊在父亲惩罚严厉对依恋焦虑影响上的中介作用

由表 6-57 可见，分析结果符合第一种情况，表明自尊在父亲惩罚严厉对大学生依恋焦虑的影响上起部分中介作用。

表 6-57 自尊在父亲惩罚严厉对大学生影响上的中介作用

	标准系数 β	t	P
c	0.190	3.263	0.001
a	0.163	2.814	0.005
b	0.203	3.520	0.001
c'	0.160	2.770	0.006

路径分析见图 6-15。

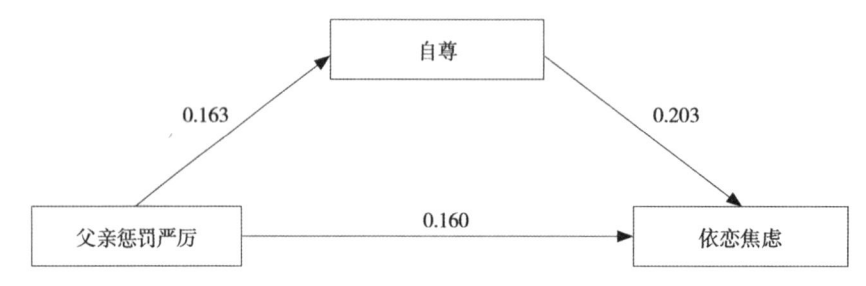

图 6-15 父亲惩罚严厉对依恋焦虑的影响：自尊的中介作用

6. 自尊在父亲拒绝否认对依恋焦虑影响上的中介作用

由表 6-58 可见，分析结果符合第一种情况，表明自尊在父亲拒绝否认对大学生依恋焦虑的影响上起部分中介作用。

表 6-58 自尊在父亲拒绝否认对依恋焦虑影响上的中介作用

	标准系数 β	t	P
c	0.211	3.649	0.000
a	0.178	3.082	0.002
b	0.197	3.437	0.001
c'	0.180	3.135	0.002

路径分析见图 6-16。

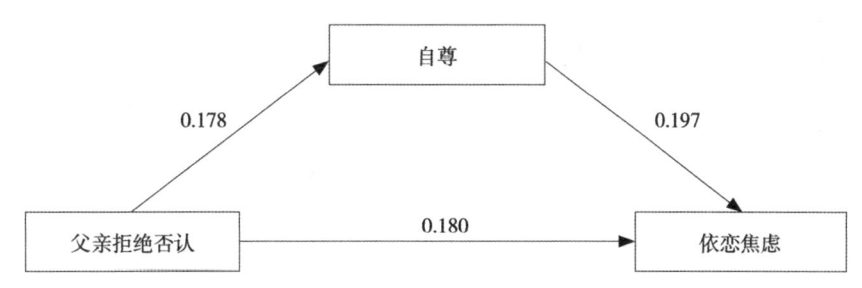

图 6-16　父亲拒绝否认对依恋焦虑的影响：自尊的中介作用

7. 自尊在母亲情感温暖对依恋回避影响上的中介作用

由表 6-59 可见，分析结果符合第一种情况，表明自尊在母亲情感温暖对大学生依恋回避的影响上起部分中介作用。

表 6-59　自尊在母亲情感温暖对依恋回避影响上的中介作用

	标准系数 β	t	P
c	−0.232	−3.968	0.000
a	−0.249	−4.353	0.000
b	0.270	4.612	0.000
c'	−0.160	−2.736	0.007

路径分析见图 6-17。

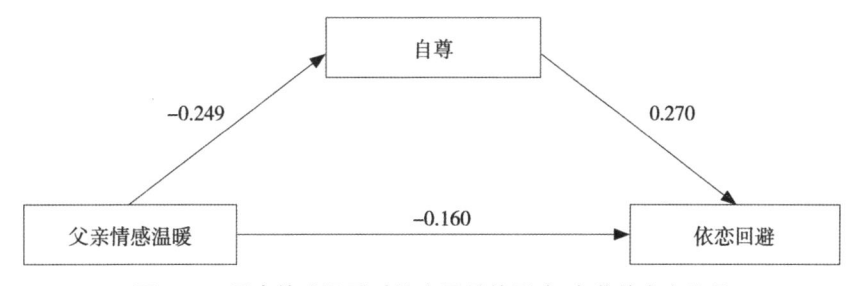

图 6-17　母亲情感温暖对依恋回避的影响：自尊的中介作用

8. 自尊在母亲惩罚严厉对依恋回避影响上的中介作用

由表 6-60 可见，分析结果符合第一种情况，表明自尊在母亲惩罚严厉对大学生依恋回避的影响上起部分中介作用。

表 6-60　自尊在母亲惩罚严厉对依恋回避影响上的中介作用

	标准系数 β	t	P
c	0.241	4.161	0.000
a	0.180	3.123	0.002
b	0.280	4.940	0.000
c'	0.191	3.381	0.001

路径分析见图 6-18。

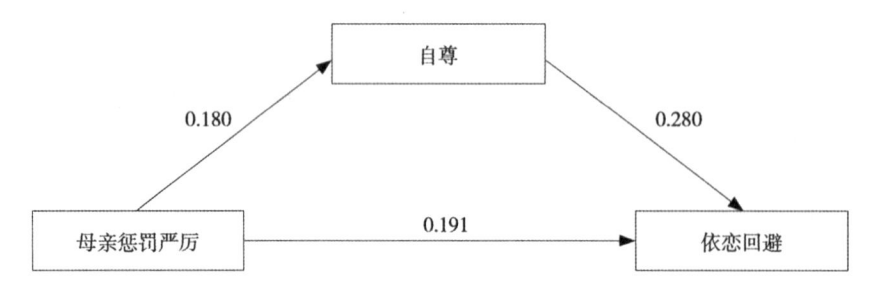

图 6-18　母亲惩罚严厉对依恋回避的影响:自尊的中介作用

9. 自尊在母亲拒绝否认对依恋回避影响上的中介作用

由表 6-61 可见,分析结果符合第一种情况,表明自尊在母亲拒绝否认对大学生依恋回避的影响上起部分中介作用。

表 6-61　自尊在母亲拒绝否认对依恋回避影响上的中介作用

	标准系数 β	t	P
c	0.235	4.038	0.000
a	0.228	3.990	0.000
b	0.268	4.632	0.000
c'	0.173	2.987	0.003

路径分析见图 6-19。

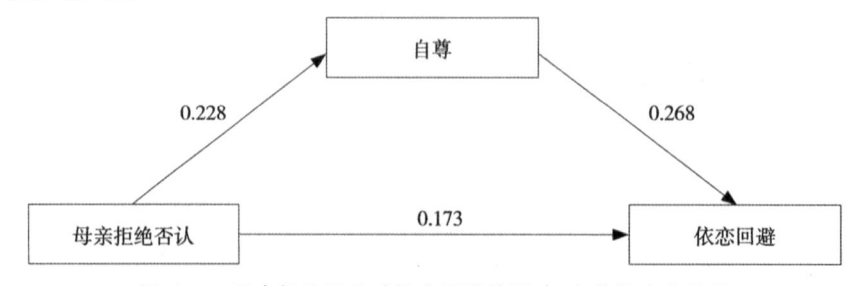

图 6-19　母亲拒绝否认对依恋回避的影响:自尊的中介作用

10. 自尊在母亲情感温暖对依恋焦虑影响上的中介作用

由表 6-62 可见,分析结果符合第二种情况,表明自尊在母亲情感温暖对大学生依恋焦虑的影响上起完全中介作用。

表 6-62 自尊在母亲情感温暖对依恋焦虑影响上的中介作用

	标准系数 β	t	P
c	-0.125	-2.112	0.036
a	-0.249	-4.353	0.000
b	0.205	3.423	0.001
c'	-0.075	-1.260	0.209

路径分析见图 6-20。

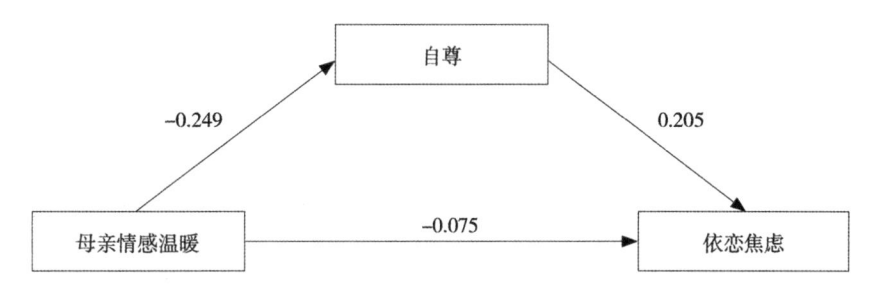

图 6-20 母亲情感温暖对依恋焦虑的影响:自尊的中介作用

11. 自尊在母亲惩罚严厉对依恋焦虑影响上的中介作用

由表 6-63 可见,分析结果符合第一种情况,表明自尊在母亲惩罚严厉对大学生依恋焦虑的影响上起部分中介作用。

表 6-63 自尊在母亲惩罚严厉对依恋焦虑影响上的中介作用

	标准系数 β	t	P
c	0.173	2.958	0.003
a	0.180	3.123	0.002
b	0.203	3.504	0.001
c'	0.138	2.384	0.018

路径分析见图 6-21。

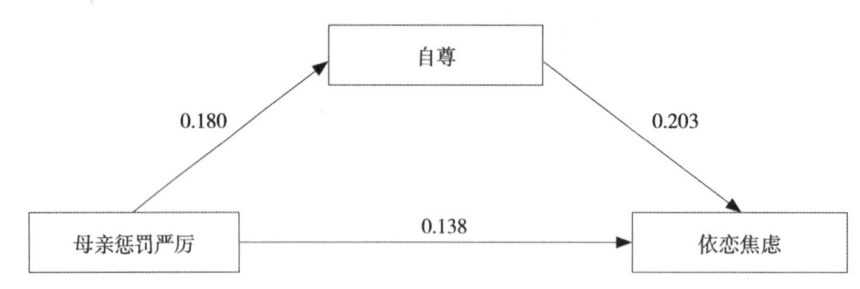

图 6-21　母亲惩罚严厉对依恋焦虑的影响:自尊的中介作用

12. 自尊在母亲拒绝否认对依恋焦虑影响上的中介作用

由表 6-64 可见,分析结果符合第一种情况,表明自尊在母亲拒绝否认对大学生依恋焦虑的影响上起部分中介作用。

表 6-64　自尊在母亲拒绝否认对依恋焦虑影响上的中介作用

	标准系数 β	t	P
c	0.277	4.856	0.000
a	0.228	3.990	0.000
b	0.174	3.016	0.003
c'	0.239	4.159	0.000

路径分析见图 6-22。

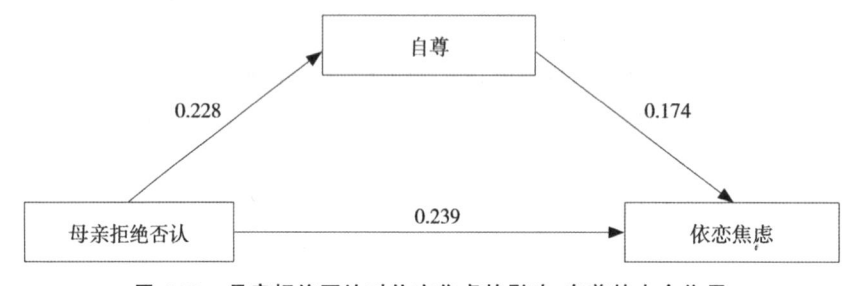

图 6-22　母亲拒绝否认对依恋焦虑的影响:自尊的中介作用

四、讨论

(一)亲密关系在性别上不存在显著差异

数据统计结果显示,亲密关系的两个因子依恋回避和依恋焦虑在性别上不存在显著差异,说明大学生亲密关系在性别上没有明显的差别,这与李同归(2006)的研究结果不同,但是与孙小博(2010)的研究结果——依恋焦虑与依恋回避在性别上不存在显著差异是一样的。亲密关系在性别上不存在显著差异的一种原因可能是随着独生子女政策的实行,大多数家庭只有一个孩子,所以在家庭教育过程中给孩子明显的差别对待或者说给孩子传播女不如男、男尊女卑等观念的做法在慢慢减少,并且父母会给予孩子更多的关心、爱和理解,因此亲密关系的两个因子在性别上不存在显著差异;而另一种原因就是随着社会经济文化的发展,人们接触的文化从较为单一的文化到丰富多元的文化,尤其是在东南沿海地带,人们接触到更多国际上的东西,如女权的兴起、社会性别理论的发展等。社会性别理论作为女权运动的指导理念,将矛头直指长期存在的男尊女卑的性别误区,要求人们用发展的眼光去看待社会性别,并且将女性视为发展的主体,反对孤立地研究女性和女性问题等。而当代大学生在成长过程中接触到的大多是这些理念,大部分的大学生不存在性别上的认知误区,因此大学生的亲密关系在性别上不存在显著差异。

(二)父亲情感温暖与依恋焦虑存在显著负相关

数据分析结果显示,家庭教养方式中的父亲情感温暖与亲密关系的依恋焦虑存在显著负相关。这表明家庭教养的父亲情感温暖对大学生亲密关系的依恋焦虑有着重要影响,在家庭教养过程中父亲情感温暖给予越多,亲密关系的依恋焦虑越低。依恋焦虑较低的大学生的亲密关系质量较好,在恋爱过程中会合理表达自己的情绪,在长期的恋爱过程中能够接受一定程度的分离,不会表现出因为害怕被恋人抛弃而愤怒;在亲密关系中能够乐观地看待双方的关系,而不是以一种消极的、悲观的情绪去看待双方的关系;在亲密关系中能够相信和依赖对方,不会产生不合理的无根据的怀疑而导致亲密关系破裂;并且低依恋焦虑的大学生在亲密关系中会更有自信,能够正视自己,能够正确认识自己的优缺点,不会产生强烈的自卑感,也不会因为这些而影响身心的健康发展。

因此,在家庭教育过程中,家长尤其是父亲应该让孩子更多地感受到情感温暖,这有利于他们身心的健康发展,有利于他们在今后的学习生活中能够更好地建立良好的人际关系,尤其是亲密关系,满足他们的基本需求,有利于社会的健康发展。

(三)母亲情感温暖与自尊存在显著正相关

数据分析结果显示,母亲情感温暖与自尊之间存在显著正相关。从这一结果可以看出母亲情感温暖对于自尊的高低有着重要影响,母亲给予孩子的情感温暖越多,孩子会产生更多的积极的正向的情绪,会更有自信,其自尊水平也就越高;反之,如果母亲给予孩子的情感温暖越少,孩子则会产生更多的不良情绪,会产生自卑感,其自尊水平则会越低。高自尊的孩子在成长过程中会表现出和他人相对的仁慈,有着美好的品质,对自己有着积极的认识和评价。在人际交往中拥有高自尊的人往往会更受欢迎,能够建立良好的人际关系,不会产生诸如抑郁、自卑等不良情绪。在生活中这些拥有高自尊水平的人会用自我服务的方式去解释生活,使用防卫机制否认消极的反馈,学会向下比较,并在自己某一方面的能力受到怀疑时及时转到自己擅长的活动中去。而低自尊水平的孩子则相反,他们在成长过程中会多疑敏感,不能与人建立良好的社会人际关系,会影响到其身心健康的全面发展,不利于其以后在社会上生活,严重一点则会由低自尊发展为抑郁,影响到生命健康。

因此,在家庭教育中,应该给予孩子更多情感温暖,让他们感受到家庭给予他们的正向的积极的评价,或者在家庭教育中给孩子创造机会让他们能够有一些成功的经验,这些方式能够让一个人拥有高自尊,有利于他们以后在社会上的发展。

(四)自尊在家庭教养方式对亲密关系的影响上起中介作用

从上面的图表可以看出,在大学生亲密关系的形成过程中,父亲情感温暖、父亲惩罚严厉、父亲拒绝否认以及母亲情感温暖、母亲惩罚严厉、母亲拒绝否认会直接对亲密关系的建立产生影响,也可以通过自尊水平的中介作用进一步影响亲密关系的建立。在亲密关系的建立过程中有两种人,一种人认为对方的情感可信可以产生依赖,能够满足其对于亲密关系的需求;而另一种人则认为对方不可信,并且在感情中拒绝产生依赖建立舒适的亲密关系。在人成长的过程中,人们的情感态度、亲密关系以及人际关系的建立与早期父母的家庭教养方式有关系,在早期家庭生活中如果父母给予的教养方式为温暖理解,那么孩子在以后的生活中容易获得高水平自尊,能够建立良好的亲密关系。反之,如果父母在早期家庭教育中给予的教养方式是严厉的、拒绝的,那么孩子在以后的生活中不容易获得高水平自尊,也不容易建立良好的亲密关系。在亲密关系建立起来以后,人们往往期待这种关系能够长久地维持,但是要长久地维持这种关系,双方都需要付出极大的努力。想要维持双方的亲密关系就必须维持双方在关系上的平等;在对对方行为的归因上,把良好的行为归因为内在,把不好的行为归因到情境中去;在双方的沟通上,不仅要对良好的情绪进行沟通,也要对不良情绪进行沟通;在亲密关系嫉妒中,一方面它是浪漫爱情健康的标志,另一方面它也会引发消极的情绪和行为,因此要保持双方的平衡。想要做到这些就必须拥有高自尊,只有自尊水平高的人才会有良好的品质、积极的自我认知和对他人的仁慈,才能更好地维持亲密关系。反之,如果自尊水平过低,即使这个人与人建立了亲密关系,这种亲密关系也会很快破裂。

因此,想要维持亲密关系就必须有较高水平的自尊。在家庭教育过程中,父母应该对孩子给予温暖的、肯定的态度,这样有助于孩子形成较高水平的自尊,从而给孩子的亲密关系带来较好的影响。

五、结论

亲密关系在性别、是否独生子女、地区、年级、年龄、与父母生活时间、父母文化程度、父母职业上均不存在显著差异。

家庭教养方式与亲密关系存在显著相关。

家庭教养方式对亲密关系具有预测作用。

自尊在家庭教养方式对亲密关系的影响上起中介作用。

第七章

家对下一代学习的形塑

第一节 家对下一代家庭互动作业需求的形塑

一、问题提出

(一)概念界定

1. 家庭功能

"家庭功能"概念于20世纪70年代被首次提出。目前有关家庭功能的理论主要有两种取向。一种是结果取向的家庭功能理论,另一种是过程取向的家庭功能理论,这两种取向都只关注了家庭功能的一个侧面,无法评价其全貌。

本研究采用 Epstein(1983)的观点,参考其参与提出的 McMaster 家庭功能模式理论,从问题解决能力、沟通、家庭角色分工、情感反应能力、情感卷入程度、行为控制6个维度综合评价家庭功能的好坏,认为家庭功能是指家庭成员在完成家庭任务各个环节的过程中所发挥的作用情况。

2. 家庭互动作业需求

资料显示,目前关于"家庭互动作业"和"家庭互动作业需求"的相关界定以及研究较少,可以说没有统一的概念界定。与它们相似的有"家庭作业"和"家庭作业态度"。国内外学者对家庭作业的定义大致分成两种:第一种是教师在教学活动结束之后根据教学内容布置给学生由其独立完成的一种巩固学科知识内容的作业;第二种则是活动性作业,源自学生生活实际,培养学生创造力、合作精神。本研究中的"家庭互动作业"的定义比较接近上述第二种定义,并可认为包含在第二种定义的家庭作业之中。

为达到想要的特定方向的研究效果,本研究决定将"家庭互动作业"定义为"学校或其他提出家庭互动要求的机构或组织布置的、需有父亲/母亲/父母参与的家庭作业,无太大脑力(如智力、知识、技能)和体力要求的简单互动"。如与父亲/母亲交流自己的童年趣事并写成简单的小报告、与父母动手进行某项制作、与父亲/母亲/父母共同完成教学 App 上的某项父子/母子/亲子互动等,并将"家庭互动作业需求"定义为对上述"家庭互动作业"的渴望、渴求、需要(内心真诚想要)程度,在研究时向被试强调该定义以便被试更准确地理解该特定含义。

(二)相关研究

1. 家庭教养方式与家庭功能的相关研究

McFarlane 等(1995)研究发现父母抚养方式是家庭功能的主要影响因素。Shek(1997)研究发现,积极的亲子关系和良好的家庭功能相关,亲子冲突和整体的家庭功能相关,亲子沟通能预测父母和中学生感知到的整体家庭功能。

此外,家庭教养方式和家庭功能也常被单独当成中介作用进行研究,也有一些研究将两者同时作为中介进行探讨。关于两者之间直接的研究,研究对象除普通中学生外,也有研究将对象设定为流动中学生、网络成瘾者等。

2. 家庭教养方式与家庭互动作业需求的相关研究

关于本研究中所定义的家庭互动作业需求的研究较少,与该主题相似的家庭作业态度的研究较多。研究发现家庭教养方式与初中生家庭作业态度存在显著相关,专制型和民主型家庭教养方式可以显著预测初中生的家庭作业态度。Tam 等(2011)认为,民主型家庭教养方式能够促进子女积极地完成家庭作业内容。Gonida 等(2014)认为,专制型父母对子女作业的过多参与会导致子女对家庭作业任务产生更多抵触情绪。学者邵丹妮则认为父母教养观念功利性太强等会加重子女的心理压力,使子女对家庭作业产生消极情绪。教养方式与家庭作业态度的这些结论给本研究带来了一些启发和参考。

3. 家庭功能与家庭互动作业需求的相关研究

关于家庭功能与家庭互动作业的研究,我们并没有发现相关文献。目前能找到的有关家庭互动作业的研究,大多是思想品德等学科的家庭互动作业实践分析,与本研究对家庭互动作业及其需求的界定相同的研究暂未发现。与本研究中家庭互动作业需求概念相近的"家庭作业态度",也极少与家庭功能一起被研究。

(三)研究目的

目前,关于家庭作业的概念大多强调孩子的学科作业,较少强调父母与孩子之间的互动交流,与之相关的研究也大多倾向于一种对课堂进行延伸的、要求孩子在课后独立完成的作业形式,真正强调"家庭互动"的作业形式的研究较少。

家庭教养方式和家庭功能都是家庭环境中对子女身心发展产生影响的重要因素。参考目前已有的关于"家庭作业态度"的研究,猜测本研究理解的家庭互动作业也会对子女的身心发展产生影响,其需求程度和实践情况极有可能与一个家庭的环境相关,或许它和家庭环境中的家庭功能以及家庭教养方式都存在关系。

有研究发现,父母抚养方式是家庭功能的主要影响因素;也有研究指出,民主型教养方式对子女呈现出更多积极教育意义,溺爱型、忽视型教养方式不利于子女积极情感或学业发展。而关于专制型,并没有过多的说明。综上所述,本研究拟探讨家庭功能在家庭教养方式对初一学生家庭互动作业需求的影响中的中介作用。

(四)研究假设

(1)家庭教养方式、家庭功能和家庭互动作业需求三者之间存在显著相关。
(2)家庭教养方式能预测家庭互动作业需求。
(3)家庭功能在家庭教养方式对家庭互动作业需求的影响上起中介作用。

二、研究方法

(一)研究对象

从福建省厦门市某中学随机抽取初一年级的学生,共发放问卷330份,回收后删除无效问卷,最终得到有效问卷304份,有效率为92.1%。其中男生167名(54.9%),女生137名(45.1%)。

(二)研究工具

(1)家庭教养方式量表(PSQ)。
(2)家庭一般功能量表。家庭一般功能量表由袁浩等(2019)修订,是在家庭功能评定量表(FAD)的"总的功能"分量表基础上进行改良得到的新的家庭一般功能量表,共9题。该量表的每个项目都有4个答案供选择,其中"完全不同意"评分为1分,"不同意"为2分,"同意"为3分,"非常同意"为4分。对不健康的项目(第1、3、4、6、8题),其评分为5-实际得分,这样,对所有项目来说,1分代表不健康,4分代表健康。量表各项目得分的平均分即为该量表的得分,评分范围为1～4分,分数越高代表家庭功能越好、越健康。如果该量表的项目有40%未被回答,则该量表无效。在本研究中,该量表的Cronbach's α系数为0.853。
(3)家庭互动作业需求题目。自编题。以自编题目"你的家庭互动作业渴望、需求程度?"对被试进行调查,下设"完全不需要"、"不需要"、"说不清"、"需要"和"非常需要"5个选项,分别对应1～5分。将"家庭互动作业"定义为"学校或其他提出家庭互动要求的机构或组织布置的、需有父亲/母亲/父母参与的家庭作业,无太大脑力(如智力、知识、技能)和体力要求的简单互动",比如"与父亲/母亲交流自己的童年趣事并写成简单的小报告、与父母动手进行某项制作、与父亲/母亲/父母共同完成教学App上的某项父子/母子/亲子互动等",并将这个定义和举例在实际施测的问卷中注明,且主试在施测过程中对该题进行进一步解释和强调。

(三)共同方法偏差检验

采用Harman单因子检测共同方法偏差问题,探索性因子分析发现有7个特征根大于1的主成分,且第一个公因子的方差解释百分比为29.814%,小于临界值40%,因此,可认为该研究不存在严重的共同方法偏差。

(四)数据处理

采用 SPSS 19.0 对数据进行录入、共同方法偏差检验和相关分析、回归分析、中介效应检验等。

三、结果与分析

(一)家庭教养方式、家庭功能及家庭互动作业需求之间的相关性

采用 Pearson 积差相关,对家庭教养方式、家庭功能及家庭互动作业需求进行相关分析,结果见表 7-1:家庭教养方式的信任鼓励和情感温暖与家庭功能、家庭互动作业需求均呈显著正相关;专制和忽视与家庭功能、家庭互动作业需求均呈显著负相关;溺爱与家庭功能呈显著负相关,与家庭互动作业需求不存在相关关系;家庭功能与家庭互动作业需求呈显著正相关。

表 7-1　家庭教养方式、家庭功能与家庭互动作业需求的相关分析

变量	家庭功能	家庭互动作业需求
信任鼓励	0.600***	0.181**
情感温暖	0.613***	0.290***
专制	−0.569***	−0.117*
忽视	−0.518***	−0.234***
溺爱	−0.360***	0.002
家庭互动作业需求	0.205***	

注:* $P<0.05$,** $P<0.01$,*** $P<0.001$。

(二)家庭教养方式对家庭互动作业需求的预测

分别以家庭教养方式的信任鼓励、情感温暖、专制、忽视和溺爱为自变量,家庭互动作业需求为因变量进行线性回归分析,得到以下结果(表 7-2):

表 7-2　家庭教养方式对家庭互动作业需求的预测

	调整 R^2	F	β
信任鼓励	0.030	10.249**	0.258**
情感温暖	0.081	27.805***	0.400**

续表

	调整 R^2	F	β
专制	0.010	4.182*	−0.165*
忽视	0.051	17.425***	−0.351*
溺爱	−0.003	0.002	0.004

注：* $P<0.05$，** $P<0.01$，*** $P<0.001$。

根据表 7-2 结果，家庭教养方式的溺爱对家庭互动作业需求的回归分析中调整 R^2 为负值，说明该模型不成立，家庭教养方式的溺爱对家庭互动作业需求不存在预测作用。此外，家庭教养方式的信任鼓励和情感温暖对家庭互动作业需求的回归系数 β 为正值，对应 t 值的显著性 P 值均小于 0.01，即家庭教养方式的信任鼓励和情感温暖对家庭互动作业需求具有显著的正向预测作用。家庭教养方式的专制和忽视对家庭互动作业需求的回归系数 β 为负值，对应 t 值的显著性 P 值均小于 0.05，即家庭教养方式的专制和忽视对家庭互动作业需求具有显著的负向预测作用。

(三)家庭功能在家庭教养方式对家庭互动作业需求影响上的中介作用

1. 家庭功能在信任鼓励对家庭互动作业需求影响上的中介作用

为探讨家庭教养方式的信任鼓励、家庭功能与家庭互动作业需求的关系，以家庭教养方式的信任鼓励、家庭功能为自变量，家庭互动作业需求为因变量建立中介模型。

从相关分析结果(表 7-1)可以看出，本研究中的这 3 个变量间均存在显著性相关，满足中介效应检验的前提。根据中介效应检验方法与程序对这 3 个变量按如下步骤进行处理。第一步：把信任鼓励(X)、家庭功能(M)、家庭互动作业需求(Y)这 3 个变量分别中心化后得到中心化 X、中心化 M、中心化 Y。第二步：以中心化 X 为自变量，中心化 Y 为因变量做回归，得到 c。第三步：以中心化 X 为自变量，中心化 M 为因变量做回归，得到 a。第四步：以中心化 X 和中心化 M 为自变量，中心化 Y 为因变量做回归，得到 b 和 c'。家庭功能在信任鼓励对初一学生家庭互动作业需求影响上的中介作用分析见表 7-3。

表 7-3 家庭功能在信任鼓励对家庭互动作业需求影响上的中介作用分析

	自变量	因变量	对应值	β	t	P
第一步	信任鼓励	家庭互动作业需求	c	0.258	3.201	0.002
第二步	信任鼓励	家庭功能	a	0.425	13.024	0.000
第三步	信任鼓励	家庭互动作业需求	c'	0.129	1.293	0.197
	家庭功能		b	0.302	2.141	0.033

根据表 7-3 结果，回归系数 c 为 0.258，对应的 t 值的 $P<0.01$，即家庭教养方式的信任鼓励对家庭互动作业需求有显著的正向预测作用；回归系数 a 为 0.425，对应的 t 值的

$P<0.001$,说明家庭教养方式的信任鼓励对家庭功能也有显著的正向预测作用;将信任鼓励和家庭功能同时作为自变量纳入方程后得到回归系数 c' 为 0.129,对应的 t 值的 $P>0.05$,回归系数 b 为 0.302,对应的 t 值的 $P<0.05$。综上所述,家庭功能在信任鼓励对家庭互动作业需求的影响上起完全中介作用,X 对 Y 没有直接影响。根据以上结果得到相应的中介模型路径图,见图 7-1。

$^*P<0.05,^{**}P<0.01,^{***}P<0.001$

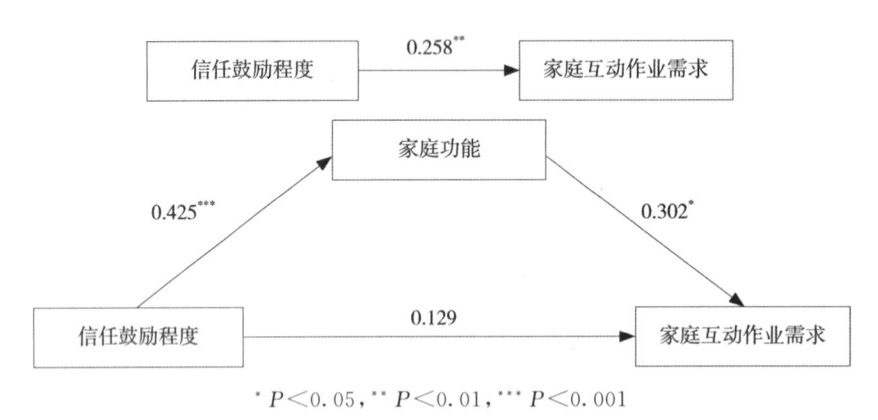

图 7-1 家庭功能在信任鼓励对家庭互动作业需求影响上的中介作用路径图

2. 家庭功能在专制对家庭互动作业需求影响上的中介作用

为探讨家庭教养方式的专制、家庭功能与家庭互动作业需求的关系,以家庭教养方式的专制、家庭功能为自变量,家庭互动作业需求为因变量建立中介模型。

从相关分析结果(表 7-1)可以看出,本研究中的这 3 个变量间均存在显著性相关,满足中介效应检验的前提。根据中介效应检验方法与程序对这 3 个变量按如下步骤进行处理。第一步:把专制(X)、家庭功能(M)、家庭互动作业需求(Y)这 3 个变量分别中心化后得到中心化 X、中心化 M、中心化 Y。第二步:以中心化 X 为自变量,中心化 Y 为因变量做回归,得到 c。第三步:以中心化 X 为自变量,中心化 M 为因变量做回归,得到 a。第四步:以中心化 X 和中心化 M 为自变量,中心化 Y 为因变量做回归,得到 b 和 c'。家庭功能在专制对家庭互动作业需求影响上的中介作用分析见表 7-4。

表 7-4 家庭功能在专制对家庭互动作业需求影响上的中介作用分析

	自变量	因变量	对应值	β	t	P
第一步	专制	家庭互动作业需求	c	−0.165	−2.045	0.042
第二步	专制	家庭功能	a	−0.400	−12.009	0.000
第三步	专制	家庭互动作业需求	c'	−0.001	−0.006	0.995
	家庭功能		b	0.411	2.987	0.003

根据表 7-4 结果,回归系数 c 为 −0.165,对应的 t 值的 $P<0.05$,即家庭教养方式的专制对家庭互动作业需求有显著的负向预测作用;回归系数 a 为 −0.400,对应的 t 值的 $P<0.001$,说明家庭教养方式的专制对家庭功能也有显著的负向预测作用;将专制和家

庭功能同时作为自变量纳入方程后得到回归系数 c' 为 -0.001,对应的 t 值的 $P>0.05$;回归系数 b 为 0.411,对应的 t 值的 $P<0.01$。综上所述,家庭功能在专制对家庭互动作业需求的影响上起完全中介作用,X 对 Y 没有直接影响。根据以上结果得到相应的中介模型路径图,见图 7-2。

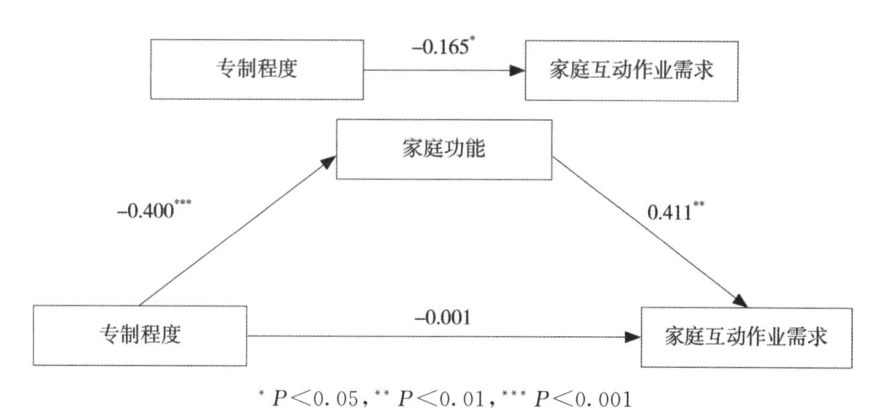

$^*P<0.05,^{**}P<0.01,^{***}P<0.001$

图 7-2　家庭功能在专制对家庭互动作业需求影响上的中介作用路径图

3. 家庭功能在情感温暖对家庭互动作业需求影响上的中介作用

从相关分析结果(表 7-1)可以看出,本研究中的这三个变量间均存在显著性相关,满足中介效应检验的前提。根据中介效应检验方法与程序对这 3 个变量按如下步骤进行处理。第一步:把情感温暖(X)、家庭功能(M)、家庭互动作业需求(Y)这 3 个变量分别中心化后得到中心化 X、中心化 M、中心化 Y。第二步:以中心化 X 为自变量,中心化 Y 为因变量做回归,得到 c。第三步:以中心化 X 为自变量,中心化 M 为因变量做回归,得到 a。第四步:以中心化 X 和中心化 M 为自变量,中心化 Y 为因变量做回归,得到 b 和 c'。

结果发现,回归系数 a 为 0.421,对应的 t 值的 $P<0.001$;回归系数 b 为 0.087,对应的 t 值的 $P>0.05$,不显著;回归系数 c 为 0.400,对应的 t 值的 $P<0.001$;回归系数 c' 为 0.363,对应的 t 值的 $P<0.001$。由于回归系数 a 和回归系数 b 对应的 t 值的 P 值并不都 <0.05,所以家庭功能在情感温暖对家庭互动作业需求的影响上不起中介作用。

4. 家庭功能在忽视对家庭互动作业需求影响上的中介作用

从相关分析结果(表 7-1)可以看出,本研究中的这 3 个变量间均存在显著性相关,满足中介效应检验的前提。根据中介效应检验方法与程序对这 3 个变量按如下步骤进行处理。第一步:把忽视(X)、家庭功能(M)、家庭互动作业需求(Y)这三个变量分别中心化后得到中心化 X、中心化 M、中心化 Y。第二步:以中心化 X 为自变量,中心化 Y 为因变量做回归,得到 c。第三步:以中心化 X 为自变量,中心化 M 为因变量做回归,得到 a。第四步:以中心化 X 和中心化 M 为自变量,中心化 Y 为因变量做回归,得到 b 和 c'。

结果发现,回归系数 a 为 -0.388,对应的 t 值的 $P<0.001$;回归系数 b 为 0.231,对应的 t 值的 $P>0.05$,不显著;回归系数 c 为 -0.351,对应的 t 值的 $P<0.001$;回归系数 c' 为 -0.261,对应的 t 值的 $P<0.01$。由于回归系数 a 和回归系数 b 对应的 t 值的 P 值

并不都<0.05,所以家庭功能在忽视对家庭互动作业需求的影响上不起中介作用。

5. 家庭功能在溺爱对家庭互动作业需求影响上的中介作用

从相关分析结果(表7-1)可以看出,家庭教养方式的溺爱与家庭功能呈显著负相关,家庭功能与家庭互动作业需求呈显著正相关,但溺爱与家庭互动作业需求之间不存在显著的相关关系,不满足中介效应检验的前提。且以溺爱为自变量、家庭互动作业需求为因变量做回归得到的回归系数 c 为 0.004,对应的 t 值的 P 值为 0.969,$P>0.05$,说明家庭功能在溺爱对家庭互动作业需求的影响上不起中介作用。

四、讨论

(一)家庭教养方式、家庭功能、家庭互动作业需求之间的相关和预测作用

研究结果表明,家庭教养方式的信任鼓励(或情感温暖或专制或忽视)、家庭功能、家庭互动作业需求三者之间两两显著相关;家庭教养方式的溺爱和家庭功能之间存在显著相关,但和家庭互动作业需求之间不存在相关。家庭教养方式的信任鼓励和情感温暖能正向地预测家庭功能和家庭互动作业需求;专制和忽视则负向地预测家庭功能和家庭互动作业需求;家庭教养方式的溺爱能负向地预测家庭功能,但不能预测家庭互动作业需求。

家庭教养方式是家庭功能的主要影响因素。积极的亲子关系和良好的家庭功能相关,如本研究中的信任鼓励型和情感温暖型教养方式,这两者促成的积极亲子关系与良好的家庭功能相关,且家庭教养方式越信任鼓励或者越情感温暖,其家庭呈现出来的整体的家庭功能可能越好。反之,消极的亲子关系则与不好的家庭功能相关,如专制型和忽视型教养方式促成的消极亲子关系与不好的家庭功能相关。且本研究结果表明,家庭教养方式越专制、越忽视,这个家庭呈现出来的整体的家庭功能就可能越不好。溺爱型教养方式在形式上同时存在促成积极和消极亲子关系的内容,但本质上来说,对孩子过度溺爱,极有可能使得整个家庭的运行产生各种问题,溺爱与家庭功能相关,这种溺爱同样会对家庭呈现出来的整体功能产生影响,父母对孩子越溺爱,家庭呈现出来的家庭功能可能越不好。

家庭中孩子感受到的家庭功能的良好与否也与家庭互动的进行及家庭中孩子的家庭互动作业需求程度相关,而父母对孩子进行的教养方式同样也与孩子的家庭互动观念及需求相关。积极教养方式如信任鼓励和情感温暖往往与孩子的家庭互动作业观念和需求相关,且父母对孩子越信任鼓励或者越情感温暖,孩子往往越愿意进行家庭互动作业;消极教养方式如专制和忽视也与孩子的家庭互动作业观念和需求相关,父母对孩子越专制或者越忽视,孩子越可能不愿意进行家庭互动作业。但溺爱型家庭教养方式则对孩子的互动作业需求不存在相关关系和预测作用,溺爱型教养方式在表现形式上不完全积极也不完全消极,它既给孩子带来了"保护和爱"等积极的内容,也给孩子带来了"放纵和娇惯"等消极的内容,这种教养方式对孩子的家庭互动作业需求并不存在固定的预测

方向,溺爱型教养方式培养出来的孩子可能会因为孩子自身对父母的依赖而更喜欢家庭互动作业,也有可能会因为父母对孩子的依赖而使孩子产生拒绝或抗拒,因而不喜欢家庭作业,溺爱型教养方式与孩子的家庭互动作业需求并不存在显著的相关关系。

(二)家庭功能在信任鼓励对家庭互动作业需求的影响上起完全中介作用

通过逐步回归分析发现,家庭教养方式的信任鼓励、家庭功能、家庭互动作业需求相关显著,且家庭功能在信任鼓励对家庭互动作业需求的影响上起完全中介作用。

信任鼓励作为一种积极的家庭教养方式,可以给孩子的成长带来一些积极的影响,也可以给整个家庭的功能带来积极的推动力。以往研究表明,亲子关系和冲突与家庭功能相关,亲子沟通能预测家庭成员感知到的整体的家庭功能。也有研究表明,民主型家庭教养方式可以显著地预测初中生的家庭作业态度,也能积极地促进子女完成家庭作业内容。本研究结果表明,对家庭作业的这个结论也同样适用于对家庭互动作业需求的预测,教养方式的信任鼓励对家庭互动作业需求有着正向的预测作用,但本研究也表明,这种正向的预测作用并不是直接的,信任鼓励对家庭互动作业需求并没有直接影响,而是通过家庭功能这个中介来实现这种正向的预测。

首先,家庭教养方式的信任鼓励能影响家庭功能,一个家庭中孩子所接受的教养越信任鼓励,孩子与父母的关系就越正向积极,这个家庭各个方面综合起来的家庭功能越优秀。对此,本研究中存在着一个不足之处,即对家庭功能水平的评估只考察了家庭中孩子的看法,没有将此与家庭中父母感受到的家庭功能进行综合评估,只是简单地以孩子感受到的家庭功能水平来粗略代表一个家庭的家庭功能水平。其次,家庭的家庭功能越好,孩子能感受到的家庭氛围就越温馨和安全,其与父母进行日常互动交流的想法就会越丰富,对一些简单的、较少涉及脑力和体力的日常互动活动较少出现抗拒情况。

家庭功能在家庭教养方式的信任鼓励和家庭互动作业需求中扮演着中介"桥梁"的角色,信任鼓励通过影响家庭功能来影响孩子的家庭互动作业的需求程度,教养方式越信任鼓励,家庭功能越好,孩子对家庭互动作业的需求程度越高。因此,在父母对孩子的日常教养中,可以通过对孩子进行更多的信任鼓励来营造好的家庭氛围,使得家庭功能往好的方向发展,进而提高孩子的家庭互动作业需求程度,促进家庭里孩子和父母的积极沟通和交流互动,这种积极的需求和实际的互动也有利于家庭情感的升温。此外,研究结果中的完全中介作用也表明家庭教养方式的信任鼓励并不直接影响家庭互动作业需求,其他积极的、可以促进家庭功能往好的方向发展的教养方式也同样可以被父母采纳,但凡是有利于优秀家庭功能发展的,都可以在一定程度上提高孩子的家庭互动作业需求,使得家庭中父母与孩子的交流互动更加顺利,关系更加密切。

(三)家庭功能在专制对家庭互动作业需求的影响上起完全中介作用

我们通过逐步回归分析发现,家庭教养方式的专制、家庭功能、家庭互动作业需求显著相关,且家庭功能在专制对家庭互动作业需求的影响上起完全中介作用。

专制作为一种消极的家庭教养方式,会给孩子的成长带来消极的影响,同样也不利于良好家庭功能的构建。这种消极的专制教养方式,会使家庭产生一些亲子冲突,这种冲突能预测父母和孩子感知到的整体的家庭功能,不利于良好的家庭功能的维护。此外,专制型家庭中长期呈现父母对孩子进行控制的氛围,较差的家庭功能同样呈现在父母对孩子学校活动的控制之中。父母对孩子的控制欲使得他们更积极地参与孩子的学校活动和各项作业中,包括家庭作业,并在这种积极参与中掌握主动权。有研究表明,专制型父母对子女作业的过多参与和父母教养观念功利性太强导致的子女心理压力加重都会导致子女对家庭作业产生更多的抵触和消极情绪。本研究结果表明,对家庭作业的这两个结论也同样适用于对家庭互动作业需求的预测,教养方式的专制对家庭互动作业需求有着反向的预测作用,但本研究也表明,这种反向的预测作用并不是直接的,专制对家庭互动作业需求并没有直接影响,而是通过家庭功能这个中介来实现这种反向的预测。

首先,家庭教养方式的专制能影响家庭功能,父母的教养观念越功利,其对孩子心理上和行动上的控制就会越强,孩子在这种家庭氛围中感受到的心理压力就越大,抵触情绪较多,因此,孩子感受到的家庭功能就越不好。对于父母来说,在其对子女进行控制时,孩子的抵触情绪和抵触行为会使他们感觉到孩子的不配合,家庭的权威地位遭到挑战,沟通不顺利,无法与孩子在某一个问题上达成共识,无法对孩子进行控制,家庭功能的问题解决、沟通、家庭角色分工、行为控制等方面均不太理想,家庭功能同样也不好。本研究不足的一点是,在对家庭功能进行评估时缺少了家庭中父母的看法。其次,家庭的家庭功能越不好,孩子感受到的家庭氛围就越不温馨,父母权威,缺乏温情,加上父母对孩子的控制欲、家庭氛围中父母教养观念的功利性,孩子感受到的心理压力越重,日常生活中承受的实际压力也比较重。这种压力带来的紧迫感会使孩子想要逃离这种压抑,当家庭功能各方面的情况对孩子来说存在协商改变的可能时,孩子可能会选择与父母进行协商,包括交流和互动等。随着父母的权威和专制表现得愈发明显,家庭功能进一步差强人意,或者是孩子感受到的父母对其教养观念功利性愈发变强,导致家庭功能变差,孩子会逐渐失去协商的信心,与父母进行沟通交流互动的想法和欲望会相应减少,本研究中所定义的家庭互动作业需求也会减少。当学校或其他机构为孩子提供与家庭进行简单互动的媒介,如布置家庭互动作业时,孩子极有可能产生抗拒心理。这种媒介对于他们来说并不是一种促进家庭情感的方式或途径,而是一种心理负担或是行为负担。

家庭功能在专制对家庭互动作业需求的影响上起完全中介作用。家庭教养方式的专制通过影响家庭功能来影响孩子的家庭互动作业的需求程度,教养方式越专制,家庭功能越不好,孩子对家庭互动作业的需求程度越低。因此,在父母对孩子的日常教养中,父母应减少对孩子的控制程度,教养方式不过于专制,以此改善家庭功能,改善父母与孩子的关系,促进家庭里孩子和父母的积极沟通和交流互动。此外,本研究结果的完全中介作用也表明,除了专制型教养方式以外,其他不利于家庭功能发展的教养方式同样也不利于孩子家庭互动作业需求程度的提高,即不利于培养孩子与父母进行交流互动的观念。从另一个角度讲,当家庭中父母习惯或想要以专制的形式对孩子进行教养时,也并不一定会造成孩子对家庭互动作业需求程度较低、不愿意与父母进行互动的情况,只要是不妨碍良好家庭功能构建的,比如适度或少量的专制,也可能在产生良好家庭功能的情况下不对孩子的家庭互动作业需求造成消极影响,产生优秀或良好家庭功能的专制也同样可以促进孩子产生与父母互动的需求与念头。但专制型教养方式往往与不好的家庭功能相联系,因此,当专制型家庭想要家庭功能和孩子的家庭互动作业需求呈现积极的一面时,专制的程度要把握好,不宜过度。

五、结论

家庭教养方式(除溺爱外)、家庭功能和家庭互动作业需求三者之间存在显著的相关关系,其中家庭教养方式的信任鼓励程度和情感温暖程度与家庭功能、家庭互动作业需求均呈显著正相关;专制程度和忽视程度与家庭功能、家庭互动作业需求均呈显著负相关;溺爱程度与家庭功能呈显著负相关,与家庭互动作业需求不存在显著的相关关系;家庭功能与家庭互动作业需求呈显著正相关。

家庭教养方式的信任鼓励和情感温暖能正向预测家庭互动作业需求,专制和忽视则负向预测家庭互动作业需求。

家庭功能在信任鼓励对家庭互动作业需求的影响上起完全中介作用;家庭功能在专制对家庭互动作业需求的影响上起完全中介作用。

第二节 家对下一代学业拖延的形塑

一、问题提出

"少年易老学难成,一寸光阴不可轻。"这句古诗家喻户晓,可是真正能做到的又有多少呢?就实际生活来说,学业拖延已经成了大多数学生的常态。喜欢临时抱佛脚,喜欢作业到了不得已上交的时候才去火急火燎地完成,喜欢像挤牙膏一样,别人催一点,才去做一点……这些现象在很多当代中学生的身上普遍存在,而对于当代中学生而言,学业拖延的行为不仅不利于他们在考试中取得好的成绩,同时也不利于其学业目标的达成。拖延不仅会使人产生不好的情绪体验,也会对人的生理健康水平产生不良的影响。例如,长期有拖延行为的人,更容易患免疫系统疾病。学业拖延还会造成学习成绩的明显下降。

学生由于没有明确的学习目标,不会合理地规划自己的学习时间,导致他们在学习时没有紧张感,缺少学习的动力。他们喜欢按照自己的心情来决定自己的学习状况,心情低落时学习效率就会显著降低,心情变好的时候就会乐意去多学习一点。学习时不够坚持不懈,执行力不足,喜欢把事情推迟到第二天,能磨蹭就磨蹭,能晚一点就晚一点,非常容易受到外来环境的影响。而如果对学业拖延情况置之不理,不仅会对其学业水平的提高产生很大的影响,也有可能会对其身体健康产生相应的影响,所以,充分明白中学生学业拖延的原因,遵守学习规律,积极地引导学生,帮助他们克服学业拖延行为就成了一个需要认真加以研究的问题。

(一)概念的界定

1. 学业拖延

拖延(procrastination)的原意为"推迟到明天",这个词起源于拉丁文 pro-crastinare,在国内有些学者将其翻译成懒惰,也有些学者将其解释为拖沓或者是拖拉。Solomon 等(1984)第一次提出"学业拖延"这一概念,将拖延定义为:个体对任务不适应而产生的延迟行为,并因此感到心理上的不舒服的感觉。目前,大部分学者认为学业拖延是学生在学习过程中所表现出来的拖延行为,即老师布置完学习任务后,学生就要去完成学习任务,却没有在应该完成的时间内完成任务,或者是学生虽然完成了学习任务,但因为没有按规定的时间完成而产生的不好的情绪状态。本研究中,我们将学业拖延操作定义为:在学习过程中,学生制定的学习计划与执行学习行为之间的差距。

2. 家庭教养方式

家庭教育在每个人一生的发展过程中都是至关重要的,父母双方在家庭中的观念和行为都对孩子思想和行为的形成产生很大的影响。在一个家庭的氛围中,孩子一般每天都和父母生活在一起,每天都会耳濡目染,家长的一举一动、言行举止,都对孩子以后步入社会的行为、态度以及为人处世的观念产生深刻的影响。一直以来,很多学者对家庭教养方式做了一定的探索,并对家庭教养方式做出了一定的解释说明。我国学者王重鸣(2002)则认为家庭教养方式是父母在教育子女的过程中通常使用的方法和形式,是一种相对稳定的行为风格。所有的父母都有自己独有的教育方式和教育方法,有自己所信守的一套教育观念,所以在家庭中,父母往往会按照自己的方式和方法来教育自己的孩子,形成一种相对稳定的教育风格。

而这里,我们认为家庭教养方式是指父母或是其他监护人在对子女进行抚养和教育的日常活动中所表现出来的一种对待孩子的相对稳定的行为模式和行为倾向,是父母向子女传达态度、表达情感气氛的集合体。父母通过一定的教养方式传授给子女道德品质、社会观念以及思想,通过这个过程,子女会逐渐形成自己的生活方式和社会化内容。家庭教养方式展现出父母在教育孩子方面所持有的观念,也说明了父母应该以怎样的态度来对待自己的子女。家庭教养方式直接体现在父母和子女日常的交流生活中,而且会长久地呈现出一种稳定的状态,不易发生改变,只要父母双方的观念保持在一条水平线上,采用双方均认可的教育方式对孩子进行管束,一般而言,子女在自己的行为水平和社会交往上面也会呈现一种恒久状况。所以,习惯是很难改变的,在家庭生活中,父母的教养方式对孩子的影响是极其重要的。

3. 意志品质

意志品质在我们的现实生活中有着十分重要的作用,它是我们在完成很多事情的时候必须掌握的一种能力,它会促使我们目标的达成,朝着原有的计划和意图前进,完成应该达成的事情。这也是我们自身的一种控制能力,控制自身很多与目标达成无关紧要的行为,所以,高意志品质有利于目标的达成,而低意志品质不利于目标的达成,并且会衍生很多不利于个体自身发展的行为。

对于意志品质的理解,国内外心理学家的看法也很不一致。西南大学教授黄希庭(1991)认为,意志是意识的能动作用,是人为了一定的目的,自觉组织自己的行为,并与克服困难相联系的心理过程。人们为了达成自己所追寻的目标,会主动控制并调整自己的行为,使自己去做与目标达成相符合的事情,而控制自己不去做与目标背道而驰的事情。李泓疾等(2003)则认为当前的意志概念范围过宽,除"执行决定阶段"真正属于意志应保留以外,其余为其他心理过程的概念,故将其定义为:人类自觉支配大脑,坚定信念,调节行为,实现预定目的的行动过程。彭聃龄(2004)认为,构成人的意志的某些比较稳定的方面,就是人的意志品质。本研究采用的是彭聃龄(2004)的观点。

(二)家庭教养方式、学业拖延与意志品质的研究现状

1. 家庭教养方式与学业拖延的相关研究

在关于家庭教养方式和学业拖延的研究中,很多学者对两者之间的关系做出深刻的探讨。其中,贾佳(2019)采用Pass量表对大学生的学业拖延情况进行了研究,结果发现,当代大学生的学业拖延情况较为严重。当代大学生普遍存在拖延行为,这与父母的教养方式、家庭氛围有着或多或少的联系。李蒙蒙(2013)提出,近1/3的中学生和大约95%的大学生经常出现拖延行为,且比例不断上升。这可以说明国内当前学业拖延状况的严重性,而且这种拖延的状况甚至影响到了各个年龄层面,不仅是中学生,小学生以及大学生的拖延症状也逐步增长。朱飞雪(2019)在关于小学生学业拖延的研究中发现,小学生也存在普遍的学业拖延状况。此前,也有研究者对家庭教养方式和学业拖延的相关关系进行过探讨,但是相对较少。马素红(2015)采用了家庭教养方式问卷、学业拖延问卷和自我效能感问卷研究了自我效能感在初中生家庭教养方式和学业拖延之间的中介作用,结果显示:学业拖延与家庭教养方式显著相关,其中情感温暖型教养方式对学业拖延整体水平有显著负向预测作用,而忽视型、专制型教养方式对学业拖延总分有正向预测作用。男生表现出更高的惩罚、严厉和拒绝(消极)的养育方式,而女生表现出更高的温暖、情感和关注(积极)的养育方式。所以,家庭教养方式与学业拖延有很大的相关性,积极的家庭教养方式和一个良好的家庭教育氛围往往有利于孩子的发展,这类学生往往在学校教育中出现学业拖延的现象很少,而且一般学业成绩相对高;而较为消极的家庭养育方式和相对差的家庭氛围,往往会使孩子形成较为严重的学业拖延现象。因此,在家庭教育中,父母的行为举止以及对待孩子的态度是非常重要的,家庭教育和学校教育形成有效的结合,往往更利于孩子的成长和发展。

2. 意志品质与学业拖延的相关研究

胡凤姣(2013)采用了学业延迟满足量表(ADOGS)、自我效能感量表(GSES)、一般拖延量表(GP)、大五人格简式量表(NEO-FFI)、意志品质量表(VQS)、自我控制量表

(SCS),探索了不同学业延迟满足能力的中学生在大五人格、意志品质和自我控制方面的差异,以及大五人格、意志品质和自我控制对学业延迟满足的预测作用。在意志品质对于学业拖延的预测方面,研究结果显示:严谨性、果断性和坚韧性对于学业延迟满足具有显著的正向预测作用,回归方程显示严谨性 $\beta=0.09$,$P<0.001$;坚韧性 $\beta=0.25$,$P<0.001$;果断性 $\beta=0.12$,$P<0.01$。由此可见,意志品质与学业拖延之间存在显著差异。

3. 家庭教养方式与意志品质的相关研究

陈琳(2011)采用 BTL-L-YZ 1.0 普通人群意志品质测试量表和家庭教养方式评价量表对农村初中生的意志品质和家庭教养方式之间的关系进行了系统的研究,结果显示家庭教养方式与意志品质显著相关。

(三)研究目的

当代中学生的拖延行为逐渐严重,不仅使学生自身的学业水平逐步降低,学习成绩日益下降,同时给学校方面造成了很大的压力,给家庭也带来了很大的困扰。学生作业一直往后拖延,父母催促会给学生造成情绪方面的不适,容易引发家庭矛盾,在学校里,老师更是有心无力,所以对当代中学生学业拖延方面的研究还是很有必要进行的。拖延是一个周而复始的事情,往往学生的拖延行为越来越严重,继而意志品质也会逐渐低下,意志品质的逐渐下降,又会反过来加深学生的学业拖延行为,形成一个恶性循环。

通过对过往研究理论的参考,以及对学业拖延的各种研究成果的对比,我们发现,目前对学业拖延的研究已经取得了不小的进展,但是,在深入比较之后,我们发现对学业拖延现状及其与其他影响因素诸如家庭教养方式、意志品质的关系的研究依然有待深入。并且在研究对象上,以往研究的被试主要以研究生和大学生为主,对中学生的研究相对较少,而随着社会的进展、时代的变迁,中学生学业拖延的现状是否发生了一定的改变呢?我们认为对中学生学业拖延的现状有待进一步研究。另外,对意志品质的中介作用的研究还没有,这也正是本研究开展的原因之一。

(四)研究假设

(1)当代中学生普遍存在学业拖延状况,且男生拖延状况较女生拖延状况严重。
(2)学业拖延、家庭教养方式、意志品质之间存在显著相关。
(3)意志品质在家庭教养方式对学业拖延的影响上起中介作用。

二、研究方法

(一)研究对象

本研究面向各地的中学生(大多来自广西、山东、福建)共发放问卷 250 份,回收 250 份,其中有效问卷 211 份,有效率为 84.4%。被试人口学变量描述统计结果见表 7-5。

表 7-5　被试整体分布状况

分类	人数	百分比/%
男	62	29.4
女	149	70.6
城镇	131	62.1
农村	80	37.9

(二)施测工具

(1)家庭教养方式量表(PSQ)。

(2)中学生学业拖延量表。本次研究采用了西南大学左艳梅(2010)编制的中学生学业拖延量表。该量表将学业拖延分为4个维度,分别是延迟总结、延迟补救、延迟执行和延迟计划,共17个条目。该量表采用李克特5点计分法,1~5分代表从"完全不符合"到"完全符合",除题1、题3为反向计分外,其余均为正向计分,分数越低,表明学业拖延程度越高。本研究中内部一致性系数是0.685。

(3)意志品质量表。本次研究所用的量表是由刘皓(2011)编制的,其总体的内部一致性系数为0.874,题目采用李克特5点计分法,1~5分代表从"完全不符合"到"完全符合",正向计分题21道,反向计分题19道;得分越高,意志品质越好。

(三)数据处理

本次研究采用SPSS 22.0软件,对所得数据进行统计和处理。通过独立样本t检验对学业拖延的人口学变量进行分析,对家庭教养方式、意志品质和学业拖延之间进行相关分析和回归分析。采用中介效应检验程序探讨家庭教养方式、意志品质和学业拖延之间的关系,并考察意志品质是否存在中介作用。

三、结果分析

(一)中学生学业拖延的总体特征

根据学业拖延问卷的计分标准,被试量表总得分在17~34分为重度拖延,35~51分为中度拖延,52~85分为轻度拖延。对各被试学业拖延得分等级进行频率分析,结果表明,轻度拖延的人数占总人数的62.6%,中度拖延的人数占总人数的33.6%,重度拖延的人数占总人数的3.8%。具体见表7-6。

表 7-6 中学生学业拖延程度等级分布

拖延程度	得分范围	人数	百分比/%
轻度拖延	52~85	132	62.6
中度拖延	35~51	71	33.6
重度拖延	17~34	8	3.8

(二)学业拖延在人口学变量上的差异

我们对中学生学业拖延情况进行了性别分析,结果表明,男生学业拖延得分($M=3.3379$,SD$=0.55850$)显著高于女生得分($M=3.1579$,SD$=0.61082$),$t=2.018$,$P<0.05$。见表7-7。

表 7-7 中学生学业拖延总体情况在性别上的差异

性别	人数	平均数	标准偏差
男	62	3.3397	0.55850
女	149	3.1579	0.61082

我们对中学生学业拖延情况各因子进行了性别分析,结果表明,男女生除了在延迟执行这一因子上有显著差异外,在延迟计划、延迟补救、延迟总结上面的差异均不显著。见表7-8。

表 7-8 中学生学业拖延各因子在性别上的差异

因子	男($M\pm$SD)	女($M\pm$SD)	t	P
延迟计划	12.38±2.70	11.84±2.92	1.30	0.20
延迟执行	3.43±0.50	3.21±0.62	2.63	0.01
延迟补救	3.71±0.80	3.52±0.70	1.59	0.12
延迟总结	3.29±0.86	3.10±0.87	1.46	0.15

我们对不同家庭所在地的中学生的学业拖延情况进行了差异检验,结果表明差异不显著。

我们对不同家庭所在地的中学生的学业拖延情况各因子进行了差异检验,结果表明,城市和农村的学生在延迟执行方面差异显著($t=2.185$,$P<0.05$),而在学业拖延其他各因子方面,差异均不显著。见表7-9。

表 7-9　学业拖延各因子在家庭所在地上的差异

因子	城镇($M\pm SD$)	农村($M\pm SD$)	t	P
延迟计划	12.22±2.73	11.65±3.04	1.37	0.12
延迟执行	3.34±0.55	3.16±0.66	2.09	0.04
延迟补救	3.60±0.75	3.52±0.84	0.69	0.49
延迟总结	3.18±0.88	3.13±0.86	0.41	0.68

(三)家庭教养方式、意志品质与学业拖延的相关性

1. 家庭教养方式与学业拖延的相关性

采用皮尔逊积差等级相关分析探讨中学生家庭教养方式与学业拖延的关系,结果发现,专制型家庭教养方式、溺爱型家庭教养方式、忽视型家庭教养方式和学业拖延之间存在显著负相关,即专制型家庭教养方式、溺爱型家庭教养方式以及忽视型家庭教养方式的分数越高,则学业拖延的分数越低,学业拖延程度越高。信任型家庭教养方式和情感温暖型家庭教养方式与学业拖延之间存在显著正相关,即信任型家庭教养方式和情感温暖型家庭教养方式的分数越高,则学业拖延的分数越高,学业拖延程度越低。见表 7-10。

表 7-10　家庭教养方式各因子与学业拖延的相关分析

	专制型	信任型	情感温暖型	溺爱型	忽视型
学业拖延	－0.265***	0.352***	0.316***	－0.213**	－0.207**

注:** 相关性在 0.01 层上显著(双侧),*** 相关性在 0.001 层上显著(双侧)。

2. 意志品质与学业拖延的相关性

采用皮尔逊积差相关分析探讨意志品质与学业拖延的关系,结果表明,学业拖延与意志品质呈现显著正相关,即意志品质越好,学业拖延程度越低。见表 7-11。

表 7-11　意志品质与学业拖延的相关分析

	意志品质
学业拖延	0.389***

注:*** 相关性在 0.001 层上显著(双侧)。

3. 家庭教养方式与意志品质的相关性

采用皮尔逊积差相关分析探讨家庭教养方式与意志品质的关系,结果表明,专制型家庭教养方式、溺爱型家庭教养方式、忽视型家庭教养方式与意志品质无显著相关,而信任型家庭教养方式、情感温暖型家庭教养方式与意志品质呈现显著正相关,所以在中介效应检验中,运用回归分析的方式,分别分析了意志品质在情感温暖型家庭教养方式和学业拖延中的中介作用,以及意志品质在信任型家庭教养方式和学业拖延之间的中介作

用。见表7-12。

表7-12　家庭教养方式各因子与意志品质的相关分析

	专制型	信任型	情感温暖型	溺爱型	忽视型
意志品质	0.087	0.204**	0.176*	0.070	0.124

注：* 相关性在0.05层上显著（双侧），** 相关性在0.01层上显著（双侧）。

(四)意志品质在家庭教养方式对学业拖延影响上的中介作用

为进一步明确家庭教养方式、意志品质与学业拖延之间的关系，我们运用回归分析的方式，进行了中介效应检验。关于中介效应检验模型的简述为：在关于自变量 X 对因变量 Y 的影响中，如果 X 通过影响变量 M 来影响 Y，那么我们就称 M 为中介变量。而 X、Y、M 三者的关系可以用以下方程来描述：

$$Y = cX + e_1 \quad (1)$$

$$M = aX + e_2 \quad (2)$$

$$Y = c'X + bM + e_3 \quad (3)$$

根据中介效应检验程序进行中介效应的检验，过程分为三步：第一步，在没有中介变量 M 介入的前提下，检验 X 对 Y 影响的直接效应，即检验自变量（X）对因变量（Y）的回归系数 c，以此来确定自变量（X）对因变量（Y）的效应是否显著。如果 c 显著，继续下面第二步，如果不显著，停止分析。第二步，检验自变量（X）对中介变量（M）的回归系数 a 是否显著。第三步，检验自变量（X）与中介变量（M）对因变量（Y）的回归系数 c' 和 b，即中介变量 M 介入后，自变量对于因变量产生影响的间接效应，也就是检验自变量和中介变量对因变量的作用是否显著。

由相关分析结果得知，家庭教养方式各因子与学业拖延之间、意志品质与学业拖延之间、情感温暖型家庭教养方式和信任型家庭教养方式与意志品质之间均呈现显著相关。分别以情感温暖型家庭教养方式和信任型家庭教养方式为自变量 X，以学业拖延为因变量 Y，以意志品质为中介变量 M，进行回归分析，结果见表7-13。

表7-13　意志品质在信任型家庭教养方式对学业拖延影响上的中介作用

显著性	因变量	预测变量	β	t	R^2	调整后的 R^2	
步骤一	学业拖延	信任型家庭教养方式	0.278	5.431	0.124	0.119	0.000
步骤二	意志品质	信任型家庭教养方式	3.216	3.011	0.042	0.037	0.003
步骤三	学业拖延	信任型家庭教养方式	0.224	4.569	0.229	0.221	0.000
		意志品质	0.017	5.320			0.000

表7-13中的数据表明，信任型家庭教养方式对于学业拖延有显著的正向预测作用，解释变异量为11.9%，$c=0.278$；信任型家庭教养方式对于意志品质具有显著的正向预测作用，解释变异量为3.7%，$a=3.216$；中介变量意志品质介入后，信任型家庭教养方式

和意志品质均能显著预测学业拖延,解释变异量为 22.1%,$b=0.017$,$c'=0.224<c$,即为部分中介,中介效应率为 19.7%,因此,信任型家庭教养方式不仅能直接影响学业拖延状况,而且还可以通过意志品质对学业拖延产生影响。

表 7-14 中的数据表明,情感温暖型家庭教养方式对学业拖延有显著的正向预测作用,解释变异量为 9.6%,$c=0.235$;情感温暖型家庭教养方式对意志品质具有显著的正向预测作用,解释变异量为 2.6%,$a=2.615$;中介变量意志品质介入后,情感温暖型家庭教养方式和意志品质均能显著预测学业拖延,解释变异量为 20.7%,$b=0.017$,$c'=0.190<c$,即为部分中介,中介效应率为 18.9%,因此,情感温暖型家庭教养方式不仅能直接影响学业拖延,还可以通过意志品质对学业拖延产生影响。

表 7-14　意志品质在情感温暖型家庭教养方式对学业拖延影响上的中介作用

显著性	因变量	预测变量	β	t	R^2	调整后的 R^2	
步骤一	学业拖延	情感温暖型家庭教养方式	0.235	4.818	0.100	0.096	0.000
步骤二	意志品质	情感温暖型家庭教养方式	2.615	2.583	0.031	0.026	0.010
步骤三	学业拖延	情感温暖型家庭教养方式	0.190	4.096	0.215	0.207	0.000
		意志品质	0.017	5.509			0.000

四、讨论

(一)学业拖延在人口学变量上的差异

1. 学业拖延在性别上的差异

关于学业拖延在性别方面的差异,本研究发现,男女生在学业拖延行为上有显著差异,男生学业拖延行为显著多于女生的拖延行为。雷家萍(2014)在关于学业拖延的研究中提出,学业拖延在性别上存在显著差异,男生远高于女生。与本研究结果相一致。关于男生显著高于女生的原因可能有两点:第一点,女生的心理年龄大于男生,且大部分观点支持女生在心理年龄方面早于男生两岁,所以女生可能较早于男生有未来的规划,在学业水平、社会进步方面有更高的追求,而男生心理年龄不够成熟,不能较早认识到学业水平对于自己以后发展的重要性,因此学业拖延现象更为严重;第二点,相较于男生而言,女生的攻击性更弱,女生在家庭和学校的学业生活中,甚至是在社会生活中都更加遵守规则和纪律,所以在学业完成方面,女生会更听家长和老师的话,学业拖延的程度也会相对较轻。但是在目前关于学业拖延行为的研究中,对于中学生是否确实存在性别差异,探讨的结果并没有达成一致。王超超更是在研究中发现,女生学业拖延程度显著高于男生拖延程度。受取样被试、取样方法等因素的影响,有部分研究认为男生和女生在学业拖延水平上并不存在显著性差异。而本研究结果则支持"学业拖延存在性别差异"这一结果。

2. 学业拖延在家庭所在地上的差异

关于学业拖延在家庭所在地方面的差异情况,本研究发现,中学生学业拖延情况在中学生是居住于城市还是农村并无显著差异。而周波(2013)的研究则表明学业拖延在家庭所在地方面存在显著差异,与本研究的结果不一致。韩英等(2018)在关于学业拖延的研究中也表明学业拖延在家庭所在地方面不存在显著差异,与本研究结论一致。目前,在关于学业拖延在家庭所在地方面是否存在显著差异,仍没有一致的结论,仍需要继续进行探讨。而本研究结果支持中学生学业拖延在家庭所在地方面不存在显著差异这一结论。原因可能如下:首先,随着经济发展水平的整体提高,城乡差异正在逐步缩小,不管是居住于农村还是居住于城镇,学生所接受的教育水平、所处的学习环境,差异都在逐步减小,所以居住地的不同,对于学生学业拖延的水平并没有过于显著的差异。其次,随着教育的普及化,全社会教育水平显著提高,由于社会文化的熏陶,父母对于孩子的教育状况都很重视,在对孩子要充分接受教育,把学习放在重要地位的观念上,绝大部分的父母是有共鸣的,所以不论是在城市还是在农村,父母教育观念都有共同点,这也是中学生学业拖延情况在家庭所在地方面差异不显著的原因之一。

(二)家庭教养方式、学业拖延与意志品质的相关性

对家庭教养方式、学业拖延与意志品质的相关性进行了分析,结果表明,三者之间两两相关。其中,在家庭教养方式与学业拖延的相关分析中,我们对家庭教养方式各维度分别与学业拖延进行了分析,结果表明:专制型家庭教养方式、溺爱型家庭教养方式、忽视型家庭教养方式和学业拖延之间存在负相关,即专制型家庭教养方式、溺爱型家庭教养方式以及忽视型家庭教养方式的分数越高,则学业拖延的分数越低,学业拖延程度越高。信任型家庭教养方式和情感温暖型家庭教养方式与学业拖延之间存在正相关,即信任型家庭教养方式和情感温暖型家庭教养方式的分数越高,则学业拖延的分数越高,学业拖延程度越低。父母在与孩子的相处过程中,只有给予孩子足够的理解、关爱和支持,才能更好地建立父母和孩子之间的亲密关系,有利于孩子愿意主动和父母进行更多的互动,从而使得父母对孩子有更多的了解。足够的关心和支持,足够的信任和情感温度,能够促进孩子学业水平的发展,使其改善学业拖延,取得更好的学习成绩。而对孩子不理不睬,放任其为所欲为,或者采取专制控制型的教育方式,不仅不能使孩子去约束自己的行为,反而会适得其反,与父母本身想达成的目标背道而驰,甚至使孩子更加烦躁、更加叛逆,学业拖延的情况更为严重。

我们在意志品质与学业拖延的相关关系研究中发现,学业拖延与意志品质呈现显著正相关,即意志品质越好,学业拖延程度越低。在家庭教养方式与意志品质的相关分析中发现,专制型家庭教养方式、溺爱型家庭教养方式、忽视型家庭教养方式与意志品质无显著相关,而信任型家庭教养方式、情感温暖型家庭教养方式与意志品质呈现显著正相关,家庭教养方式总体与意志品质显著正相关。因此,在解决学业拖延的研究中,提高学生的个人意志品质是极其重要的,其是减少学生学业拖延行为的关键所在,而在提高学生意志品质的过程中,家庭教育又起着非常重要的作用。在学业生活中,父母的支持和

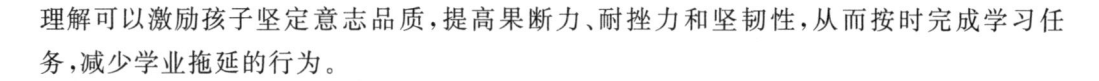

理解可以激励孩子坚定意志品质,提高果断力、耐挫力和坚韧性,从而按时完成学习任务,减少学业拖延的行为。

(三)意志品质在家庭教养方式对学业拖延的影响上起中介作用

正如前面所描述的那样,信任型家庭教养方式和情感温暖型家庭教养方式均对中学生的学业拖延有显著的预测作用,意志品质也可以在一定程度上预测学业拖延。影响学业拖延的因素具有多样性,由此可以考虑到,家庭教养方式对学业拖延的影响可能通过另一变量起作用。因此,我们有必要去考察意志品质在家庭教养方式与学业拖延之间的关系。本研究分别以信任型家庭教养方式和情感温暖型家庭教养方式为自变量进行回归分析。结果表明,意志品质在信任型家庭教养方式和学业拖延中起部分中介作用,在情感温暖型家庭教养方式和学业拖延之间起部分中介作用,即通过两个路径对学业拖延产生影响:一是信任型家庭教养方式和情感温暖型家庭教养方式均可以直接影响学业拖延,二是可以借助意志品质的通道间接影响学业拖延。这意味着,良好的家庭教养方式有利于形成好的意志品质,意志品质良好更有利于改善学生学业拖延的状况。父母在教育孩子的过程中,应该给予孩子充分的信任和情感关怀,相信孩子可以自主认真完成学习任务,在学业生活方面给予足够的关切和陪伴,不应该强迫其去完成学习任务,而应该鼓励其自主完成学业任务,适当给予表扬和关切,这样有助于孩子养成良好的、坚定的意志品质,促进学习效率和学习成绩的提高,从而有助于学业进步。所以,家长应以积极的教养方式来对待孩子。

五、结论

当代中学生的学业拖延情况并没有想象中严重。其中,轻度学业拖延学生最多,占了总人数的62.6%;而重度学业拖延学生最少,仅仅占了总人数的3.8%。

学业拖延在性别上存在显著差异,男生学业拖延行为比女生学业拖延行为更为严重。

情感温暖型家庭教养方式、信任型家庭教养方式与学业拖延程度呈显著负相关,专制型家庭教养方式、溺爱型家庭教养方式、忽视型家庭教养方式与学业拖延程度呈显著正相关;学业拖延程度和意志品质呈显著负相关;专制型家庭教养方式、溺爱型家庭教养方式、忽视型家庭教养方式与意志品质不存在显著相关,信任型家庭教养方式、情感温暖型家庭教养方式与意志品质呈显著正相关。

意志品质在信任型家庭教养方式对学业拖延的影响上起部分中介作用,意志品质在情感温暖型家庭教养方式对学业拖延的影响上起部分中介作用。

第三节 家对下一代学习投入的形塑

一、引言

一个学生会在高中时期逐渐走向身心成熟,高中时期既是学生从中学教育迈向高等教育的一个重要阶段,也是一个人人格素质培养的关键期(倪楠等,2010)。学习投入作为中学生在学业方面的一种积极的发展途径,不仅可以反映出他们学习过程中积极的精神状态,还可以从一定程度上评价他们的身心健康情况。

在新高考改革背景下,相关部门、学校、家长以及学生自身都非常注重选科,因为做好选科对于之后的大学专业选择非常重要,且让孩子选到合适自己的科目,对于他们今后的生涯规划也非常重要。那么影响孩子们选科的因素有哪些呢?从中国教育网所发布的数据可以看出,影响中学生进行选科的因素里,以自身学业水平为依据的比例最高,其次是依据大学想学的专业需求,在这个过程中以家人的意见为参考的也不少。事实上很多同学对于选科还是迷茫、被动的,因而影响他们的学习状态。由此,本研究意在探讨处于新高考制度下的中学生,他们的学习投入会有哪些影响因子,以及是否可以通过这些影响因子来提升他们的学习投入水平。学习投入作为中学生学习状态的重点观测因素(万昆等,2021),也是学生学业成就的重点影响因子(刘玲等,2021),提高他们对学业的投入水平,可以有助于他们学到更多、更深的知识,取得好的成绩。Pike等(2011)把学习投入定义为个体在进行学习时所表现出的拥有个人特色的思想、心理活动指向和在学习上的集中程度以及由此出现的情感体验等的投入状况。许多文献显示,外部环境与个体内部因素都会影响学习投入水平(武凯悦,2017;伍小枚,2019)。父母对其的教育培养过程作为学生的外部生长环境,可能会提高他的学习投入,也可能会降低他的学习投入(廖红,2015)。Fredricks等(2004)对学业自我效能感的研究表明,学业自我效能感也是学习投入的重要影响因子。姜伟等(2021)的研究表明,父亲教养方式可正或负向地预见孩子的学业自我效能感。那在父亲教养方式对学习投入的影响中,学业自我效能感又充当了什么角色呢?

本研究旨在通过调查分析学业自我效能感(academic self-efficacy)与父亲教养方式、学习投入的一般特点,探寻三者间的联系,以及学业自我效能感是否为父亲教养方式与学习投入的中介因子,希望可以以此充实中学生学习投入的实证理论和现实启示。

(一)学习投入的定义与学习投入的现状

人类社会发展至今,各研究课题所在的学术领域的研究人员越来越关注积极心理学,而对学习投入问题的探讨也越来越多(张凌波,2020)。至今已经有许多学者开始思考并验证对学习投入有影响的因子,并进行了实证研究。

方来坛等(2008)对比较早的一批研究人员所理解的学习投入概念进行了沿用,把它描述成一种乐观的心理活动水平,就是个体在学习、科研、工作上所表现出来的心理倾向与信息加工方式能够长期保持乐观稳定,且获得的情感体验没有欠缺。方来坛等(2008)的观点得到学者刘斌等(2017)的认同,他们把学习投入看作学生在学习的时候所显现的积极向上、令人称心且与学习有关的一种心理状态。

本研究里的学习投入的定义将沿用方来坛等人的理解,因为该定义经过他们的修订,相较于其他产生于西方背景的概念,更加适合于我国的社会性质以及发展状况。

(二)父亲教养方式及其与学习投入的相关研究

中学生正处于青春期,这个时候家人的情感与态度等对他们影响很大,父亲作为父母里的一方,对孩子的影响不可或缺。父亲教养方式来自家庭教养方式这一概念之中,而这一概念被各领域学者引用最多的当属Darling等(1993)在研究里对其的界定,即对父亲在抚养教育子女时说的言语、举止行动等交流过程表达与表现的整体联合,这是拥有父亲抚养教育的思维、行为以及情感态度的一类综合行为模式。这种行为模式体现了父亲与子女关系中稳定的交流本质。

马丽华(2015)对父亲教养方式的理解则为:父亲在抚育其子女长大成人的这些时间里呈现出的个人独有的特质、自身所持有的价值观,以及在教养过程中所采用行为方式的偏好与习惯。从总体上来看,父亲教养方式可以被认为是一种较为稳定的行为倾向和风格,反映在父亲教育抚养自己孩子的经过之中,体现在教育抚养的方式方法、教养的观念以及对孩子的情感表露之中,是一种对父亲所有教育抚养的活动表现和习惯归纳。本研究所采用的父亲教养方式的定义来自马丽华对其的界定。

在前人以家庭教养方式为学习投入的预测因子所做的探讨中,许多都证明二者具有紧密联系。刘在花(2015)、李金娥(2012)在研究中提出,父亲教养方式对子女在学习上的投入程度有明显影响,且不同维度的影响是不一样的,父亲严厉这一个维度产生的就是不好的影响,自主性以及支持性维度则是好的影响。这说明我们只要向孩子的父亲说明其中的利害关系,普及合适的教养方法,就可以增加学生在学业上的投入水平,为学生的教育事业添砖加瓦。唐琰(2018)在研究中提出,学习投入与父亲情感温暖、父亲行为指导明显存在正向相关。也有研究者将高中生作为研究对象,研究结论表明,消极的教养方式不利于学习投入的提升,而积极的教养方式对于学习投入的增长是明显有利的(李永占,2018)。由此可发现,当父母在教育培养子女时多采用好的、温暖的方式,对于帮助孩子在学业上多付出精力是明显有用的。学者田良臣等(2019)的研究表明,教养方式和高中孩子的学习投入两者间有着显著的关联。爸爸妈妈给予子女情感上的温暖、言语行动上的鼓励会让子女感觉到来自家里的支持,会维持他们在学习上的好的状态。而与之相对的,则是批评和惩罚会带来不好的影响。由此可见,父亲教养方式与学习投入两者间关联性很高。

(三)学业自我效能感及其与学习投入的相关研究

学业自我效能感是指学习者对自己是否可以在学习上获得成功以及进步的信心程度,是会对学习者的学习投入状态产生影响的。当学习效果不够好的学习者质疑自己能否在学习上做出成绩时,他们很大概率对学习的态度会消沉下去,进而降低在学习上的热情与投入(任亚楠,2021)。很多研究者对这两个变量之间的关系进行了实证研究。蒋舒阳等(2019)经研究发现,学业自我效能感的减少意味着学生在学习数学时的自信与掌控感在减弱,导致对学生数学兴趣培养的难度增大,因此,学生的学习投入水准很难达到有效学习的要求。范金刚等(2011)经研究发现,学生在学习上的投入状况明显受他们自身对学业能否成功的信心程度正向影响,即信心程度高的学生,也会拥有高水平的学习投入。国内的沈永江等(2014)和王思思(2013)均在研究中得出相似的观点。此外,沈永江等(2014)还对班级里的集体效能感进行了探讨,发现不管是团体还是个体,其学习投入水平均能被效能感影响。

根据上述结果,我们发现学业自我效能感和学习投入两者间有显著相关,而且学习投入明显受学业自我效能感的影响,影响方法是通过影响学习者在学习上的信心程度,然后调控学习活动形成更为关键的影响,进而对学习投入形成影响,其内在逻辑更为深刻。

(四)父亲教养方式、学习投入与学业自我效能感的相关研究

国内目前还没有结合父亲教养方式、学习投入、学业自我效能感3个变量间的联系所进行的学术探索,而以上研究对父亲教养方式、学业自我效能感两者都做了和学习投入相关的综述,以下将做父亲教养方式与学业自我效能感的关系探讨,以建立父亲教养方式、学业自我效能感以及学习投入三者间的中介模型。

美国心理研究者Baumrind(1971b)认为,父亲教养方式可以用2个维度划分,一个维度是父母教育子女时表现的情感态度(接受-拒绝),另一个是父母对子女提出的要求和控制(控制-容许);还把教养方式分为4个类型,并得出结论:权威型教养方式较为利于孩子在成长中发展学业自我效能感。如今,我国愈加注重父母的教养方式。戴斌荣(1994)提出,在权威型教养方式中长大的小孩更容易获得学习上的成就,而专断型和放任型则会对孩子学业产生负面影响,这一点与国外学者的观点一致。张田利等(2012)招募了200位硕士研究生参加研究测试,探究他们的家庭教养方式和自我效能感之间的关系,发现自我效能感和父母情感温暖维度存在显著正向相关关系,和父母惩罚严厉维度呈现显著负向相关关系($P<0.01$)。王才康等(2002)在研究中也指出,父母教养方式的不同维度里,情感温暖这种积极的维度与学业自我效能感正相关,而其中的惩罚严厉等消极维度则与学业自我效能感呈现负向相关关系。通过梳理这些文献我们发现许多学者认为父亲教养方式在教育中有很大的能量,并试图寻找到可以使用这种能量的方法;而学业自

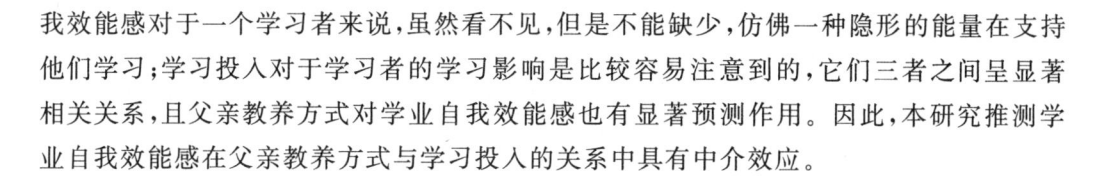

我效能感对于一个学习者来说,虽然看不见,但是不能缺少,仿佛一种隐形的能量在支持他们学习;学习投入对于学习者的学习影响是比较容易注意到的,它们三者之间呈显著相关关系,且父亲教养方式对学业自我效能感也有显著预测作用。因此,本研究推测学业自我效能感在父亲教养方式与学习投入的关系中具有中介效应。

(五)研究目的

本研究意在考察中学生群体中,父亲教养方式、学业自我效能感以及学习投入的大体情况,探究父亲教养方式、学业自我效能感和学习投入三者之间的关系,并探讨学业自我效能感在父亲教养方式对学习投入影响上的中介作用。

(六)研究意义

1. 理论意义

(1)帮助理解中学生群体中的父亲教养方式。
(2)丰富我国关于学习投入的研究成果。
(3)增加国内对学业自我效能感的实证分析。
(4)以期为中学生学习投入的提升从理论和实践上给予启示。

2. 现实意义

(1)对实际生活中提升中学生的学习投入具有教育指导意义。
(2)为引导父亲使用合理教养方式去提高中学生的学习投入提供可行方法。

二、研究方法

(一)研究假设

(1)父亲教养方式中,情感温暖与学业自我效能感、学习投入呈正相关,拒绝、过度保护与学业自我效能感、学习投入呈负相关,学业自我效能感与学习投入呈正相关。
(2)情感温暖能正向预测学习投入,拒绝、过度保护能负向预测学习投入。
(3)学业自我效能感在父亲教养方式对学习投入的影响上起中介作用。

(二)研究对象

本研究采取整体随机抽样法,选取中学生为调查对象,将430份纸质量表在福清市两所中学里以班级为单位随机发放,最后收获有效数据337份,有效率为78.37%。将这些数据做了人口统计学方面的分析,结果见表7-15所示。

表 7-15　各变量的描述统计

类别		人数	占比/%
性别	男	148	43.9
	女	189	56.1
年龄	15	67	19.9
	16	142	42.1
	17	106	31.5
	18	22	6.5
年级	高一	114	33.8
	高二	144	42.7
	高三	79	23.5

(三)研究手段

在施测前先与该学校的年级段长与老师进行沟通,对所做的研究进行解释说明,在获得学校年级段长以及老师的同意后,通过入班及授课教师代为发放的方法进行施测,向自愿参加的学生发放问卷,问卷施测的时间为 15 分钟;结束后,为每一位受试者提供一份小礼品作为感谢。

(四)研究工具

(1)家庭教养方式评估量表中文版(EMBU)。本研究只使用该量表父亲教养方式版本中的"情感温暖""拒绝""过度保护"三个维度。

(2)学习投入量表。此量表亦为中文修订版。方来坛等(2008)组织修改订正,经过修改订正后的版本通过检验,信度以及效度良好。在此次研究中,量表的 Cronbach's α 系数是 0.89,表明在本次研究中该量表的信度良好。

(3)学业自我效能感量表。此量表是由梁宇颂(2000)修改,修订后有 22 道题目,使用李克特 5 点评分,量表分数越高,其学业自我效能感的水平就越高。在此次研究中该量表的 Cronbach's α 系数为 0.83。

(五)数据处理与统计分析

将问卷收回以后,将数据录入电脑中,排除无效数据后,使用 SPSS 26.0 分析和处理数据。

三、结果与分析

(一)父亲教养方式、学习投入、学业自我效能感的描述性统计分析

对本研究中的三个变量做描述性统计分析,得到表7-16。

表 7-16 各变量和维度的描述性统计($N=337$)

项目	维度	$M\pm SD$	极小值	极大值
父亲教养方式	父亲拒绝	1.39±0.41	1.00	3.33
	父亲情感温暖	2.82±0.57	1.43	4.00
	父亲过度保护	2.05±0.51	1.00	4.00
学习投入		78.20±18.18	17.00	173.00
学业自我效能感		71.08±9.67	34.00	110.00

从分析结果来看,在父亲教养方式的不同维度里,情感温暖的 M 值最高,过度保护的 M 值第二,M 值最低的是拒绝。而在学业自我效能感上,均值是71.08,分数越高,说明学业自我效能感水平越高。这些学生在学习投入方面得分的平均分为78.20,得分越高,其学习投入水平也就越高。

(二)父亲教养方式、学习投入、学业自我效能感在人口学变量上的差异

基于本研究所收集的父亲教养方式、学习投入、学业自我效能感的有效数据,我们使用 SPSS 26.0 分别进行人口统计学方面的差异性检验,结果如下。

1. 父亲教养方式、学习投入、学业自我效能感在性别上的差异

表7-17显示,中学生学业自我效能感、学习投入在性别方面差异不显著($P>0.05$),父亲教养方式中的过度保护维度则显示差异显著($P<0.05$)。

表 7-17 在性别方面各变量的差异性检验

项目	维度	男 $M\pm SD$	女 $M\pm SD$	t	P
父亲教养方式	父亲拒绝	1.42±0.39	1.36±0.43	1.36	0.174
	父亲情感温暖	2.76±0.55	2.88±0.59	−1.94	0.053
	父亲过度保护	2.12±0.49	1.99±0.52	2.18	0.030
学习投入		76.39±16.35	79.61±19.42	−1.62	0.107
学业自我效能感		71.78±10.56	70.54±8.90	1.16	0.245

2. 父亲教养方式、学习投入、学业自我效能感在年级上的差异

从表7-18可以看出,中学生学业自我效能感、学习投入在年级方面差异不显著($P>$

0.05),而父亲教养方式中拒绝维度则显示差异显著($P<0.05$)。

表 7-18　在年级方面各变量的差异性检验

项目	维度	高一 $M\pm SD$	高二 $M\pm SD$	高三 $M\pm SD$	F	P
父亲教养方式	父亲拒绝	1.42±0.44	1.44±0.44	1.29±0.30	3.67	0.027
	父亲情感温暖	2.86±0.53	2.78±0.59	2.85±0.61	0.77	0.464
	父亲过度保护	2.04±0.50	2.10±0.54	1.95±0.44	2.33	0.099
学习投入		79.04±18.52	76.12±17.92	80.77±17.96	1.87	0.157
学业自我效能感		70.66±9.19	70.35±9.60	73.04±10.30	2.134	0.120

3. 父亲教养方式、学习投入、学业自我效能感在年龄上的差异

从表 7-19 可以看出,在年龄方面,中学生学业自我效能感、学习投入差异不显著($P>0.05$),在父亲教养方式中的拒绝维度则显示差异显著($P<0.05$)。

表 7-19　在年龄方面各变量的差异性检验

项目	维度	15$M\pm SD$	16$M\pm SD$	17$M\pm SD$	18$M\pm SD$	F	P
父亲教养方式	父亲拒绝	1.40±0.41	1.41±0.42	1.39±0.42	1.30±0.34	0.42	0.737
	父亲情感温暖	2.89±0.57	2.79±0.56	2.85±0.57	2.71±0.68	0.794	0.498
	父亲过度保护	2.07±0.47	2.07±0.54	2.03±0.50	1.92±0.47	0.547	0.651
学习投入		77.54±17.82	78.83±18.10	77.77±18.63	78.14±18.62	0.105	0.957
学业自我效能感		71.15±10.04	70.57±9.75	71.54±9.06	71.91±11.19	0.262	0.853

(三)父亲教养方式、学习投入、学业自我效能感间的相关性

我们使用 SPSS 26.0 软件对本研究中的父亲教养方式、学业自我效能感以及学习投入进行了相关性检验,结果见表 7-20。

表 7-20　各变量之间的相关性检验

项目	父亲拒绝	父亲情感温暖	父亲过度保护	学习投入	学业自我效能感
父亲拒绝	1				
父亲情感温暖	−0.367**	1			
父亲过度保护	0.606**	−0.256**	1		
学习投入	−0.208**	0.373**	−0.195**	1	
学业自我效能感	−0.91**	0.326**	−0.033**	0.576**	1

注:** 在 0.01 水平(双侧)上显著相关。

依据检验结果发现:中学生父亲教养方式、学业自我效能感和学习投入三者之间显著相关($P<0.05$)。其中,父亲教养方式中的情感温暖维度分别与学习投入、学业自我效能感显著正相关($P<0.01$)。而拒绝、过度保护和学习投入、学业自我效能感相关性虽然也较为显著,但为负相关($P<0.01$)。另外,学业自我效能感与学习投入显著正相关($P<0.01$)。

(四)预测

1. 父亲教养方式、学业自我效能感对学习投入的预测

我们运用多重回归分析,进行了父亲教养方式以及学业自我效能感对学习投入的预测(多对一)考察。第一步,把父亲教养方式的各个维度与人口学变量如性别、年级等纳入方程当中,考察父亲教养方式是否对学习投入存在影响。第二步,把学业自我效能感也放进回归方程中,探讨父亲教养方式以及学业自我效能感是否对学习投入有预测作用。分析的结果如下:

第一步结束后的结果显示,情感温暖显著预测学习投入($P<0.001$)。调整后的R^2为0.148,意味着父亲教养方式能在14.8%的程度上预测学习投入。

进行第二步后的结果显示,学业自我效能感显著预测学习投入($P<0.001$),在这一次分析中,父亲教养方式中的过度保护对学习投入的预测也显著相关($P<0.05$),调整后的R^2为0.391,意味着父亲教养方式与学业自我效能感在一起能在39.1%的程度上预测学习投入。

2. 父亲教养方式对学业自我效能感的预测

对学业自我效能感的回归分析结果显示,情感温暖维度对学业自我效能感存在显著的预测作用。调整后的R^2为0.101,意味着父亲教养方式能在10.1%的程度上预测学业自我效能感。

(五)学业自我效能感在父亲教养方式对学习投入影响上的中介作用

1. 学业自我效能感在父亲拒绝对学习投入影响上的中介作用

经检验,中介作用不存在。

2. 学业自我效能感在父亲情感温暖对学习投入影响上的中介作用

第一步:将情感温暖放入自变量选框,学习投入放入因变量选框,做回归分析,结果显示,情感温暖显著影响学习投入,其标准化回归系数为0.351。

第二步:将情感温暖放入自变量选框,学业自我效能感放入因变量选框,做回归分析,结果显示,情感温暖显著影响学业自我效能感,回归系数为0.341。

第三步:将情感温暖、学业自我效能感放入自变量选框,学习投入放入因变量选框,做回归分析后发现,当我们把学业自我效能感这个变量纳入方程以后,情感温暖对学习投入的预测作用仍显著,但标准化回归系数由0.351降到0.176,这说明学业自我效能感在情感温暖与学习投入两者之间存在部分中介作用。中介效应为总效应百分比的49.9%。

3. 学业自我效能感在父亲过度保护对学习投入影响上的中介作用

经检验,中介作用不存在。

四、讨论

(一)父亲教养方式、学习投入、学业自我效能感在人口学变量上的差异

1. 父亲教养方式在人口学变量上的差异

我们常听到的"富养女,穷养儿"体现了我国历来普遍认同要采取不同的教养方式对男孩与女孩进行教育,本研究的结论也对这个观点有所验证,做性别上的差异检验发现,中学生父亲教养方式里的消极教养方式差异显著,且在拒绝与过度保护两个维度上,男孩子的得分高于女孩子的得分,这说明父亲的教育在孩子眼中是有明显差异的,感觉自己的父亲对自己是严厉、拒绝、否定等消极教养方式的男孩子多于女孩子。在王志梅(2005)和吴晓丹(2016)的调查中也有相似结果,他们提到父母在教育培养女儿的过程中较多会采取积极的教养方式,而对象是儿子时,更多时候会使用消极的教育培养方法,如控制、批评和惩罚等。一方面,受传统的教育理念影响,大部分家长都会觉得,在未来的生活中,男性要肩负起更多的家庭、社会责任,因而要承受更多的挫折和打击。而女儿更多得到的是父母的关爱与温暖,教会她们珍惜自己。另一方面,男生与女生相比,男生更顽皮、好动,对于规则更有破坏性,因而更容易引发家长消极的回应,而女孩在性格方面容易获得家长的喜爱。但是,时代在进步,这种因为性别而产生的差别教育模式应当被纠正,因为无论男孩还是女孩,都是独特、唯一的,教育应该关注到他们每个人的不同,并对此进行因势利导,而不是关注他们的性别差异。而情感温暖上的分数女孩子要高于男孩子,无显著差异。这与朱晓文(2019)得出的结果一致。父母虽然会较多对男孩子采取严格的教养方式,但是对他们的爱更多时候还是会体现出来,男孩子也会体会到父母给予的情感温暖,所以这个得分差异不显著。

在年级层面,中学生的父亲教养方式里拒绝维度存在显著差异。数据显示,从高一到高二呈现略微上升的走势,高二到高三呈现明显下降的走势。出现这样结果的原因可能是刚刚升入高中,父母对中学生的管理会更严格,到高三以后,学生自己有了更大的压力,这时候父母会更多给予理解支持,让孩子更多感受到家里对他们的包容,不要对家中有什么顾虑,可以将全部心思放在学业上。

2. 学习投入在人口学变量上的差异

本研究结果显示,在性别方面,学习投入差异不显著,这说明在中学生群体中,不同的性别对学习投入的影响不明显。当然,这仅仅是针对本次研究结果而言,在前人的研究里,在人口统计学变量方面做差异检验,学习投入存在显著差异,其中女孩子水平低于男孩子水平(崔文琴,2012),也就是说在她的探讨中,性别是对学习投入有影响的因子之一。文超等(2010)研究发现,在性别方面,学习投入也呈现出显著的差异。与本研究结果不同,可能是由于抽样方式与过程存在差异以及处于不同的地域。高丹丹(2017)研究发现,在性别方面,学习投入无显著差异。由此可知,性别是否会影响学习投入是一个值得研究的问题。

就年龄而言,本研究中学习投入在这方面差异不显著,说明本次研究里年龄也不属于考虑的因子。但国外学者的研究里显示,学习投入和年龄呈现正向相关关系,随着年龄的增长,其学习投入也会增加(Manzano 等,2002)。但是国内学者的研究显示,初中生的学习投入水平比高中生的学习投入水平要高(李丹阳,2016;王瑞冰,2011;乔晓熔等,2010)。由此可知,学习投入在不同人口学变量中的差异是否显著也许受被试影响。

本研究结果显示,在年级方面学习投入无显著差异,说明在本次研究中年级对学习投入的影响不明显,可能是因为我们选择的样本处于两个管理严格的学校,这两个学校的生源都很优秀,且在每个年级都有足够的学习任务让他们必须投入学习中去,所以年级的变化对学习投入的影响就不显著。

3. 学业自我效能感在人口学变量上的差异

本研究结果显示,在性别方面学业自我效能感无显著差异,但是男孩子的均值大于女孩子的均值,也就意味着高中的男孩子对于自己在学习上的信心是高于女孩子的。这个结论与王艳侠等(2013)的研究结果相同。这可能是因为在中学生升入高中以后,男孩子正处于一个高速发展阶段,此时他们的内心敏感,同时好胜的性格支持他们在学习时刻苦钻研并取得不错的成绩,从而增强了他们的自信,学业自我效能感也因此受正向影响。Huang 等(2013)的研究也得出了这个结果,男同学的许多科目上面的学业自我效能感得分大于女同学的得分。是周芳(2019)的研究发现,男孩子在遇到学业上的坎坷时心态会好于女孩子,但是也提出了女孩子在日常学习时会更自律,所以对于中学生来说性别对于学业上的信心没有统计意义。

本研究结果也显示,年纪与学业自我效能感无显著差异。这个研究结果与已有的一些研究结论有所不同,如有的研究中提到,随着年级增高,学生对于自己在学习上取得成功的信心在降低。出现这种情况,原因可能是年级越高,需要完成的学习任务就越多,外部以及自身的压力也逐渐增大(任曦,2021),在这个过程中面临失败的可能性也就越大,受到的打击也就越多,这时他们的学业自我效能感也就会随之降低。而本研究结果显示不显著,可能是因为所选取的学校所接受的生源进入比较好的学府对他们本身已经是一种肯定,再拥有优秀的老师以及自身的努力,成绩可以保持,学业效能感的变化也就不大,所以在年级上就呈现出不显著的结果。

就年龄而言,本研究中学业自我效能感在这方面的差异也不显著,因为他们进入高中后面临的更多是家庭、学习给予的压力与影响,年龄反而不会成为影响他们自信的借口。

(二)父亲教养方式、学业自我效能感、学习投入三者关系

1. 父亲教养方式与学习投入显著相关

这与过去的研究结论相符(李永占,2018),本研究的假设可以由此验证。情感温暖维度与学习投入显著相关,并能对其有正向影响。这就意味着,假设一个父亲能多关心

自己的孩子,给予他们更多的温暖,那么他孩子的学习会更加充满活力。此外,学习投入与父亲教养方式中的拒绝与过度保护两个维度显著负相关,并且被它们显著负向预测。这证实,当子女遭遇困境时,若父亲采用直接回绝或者强制介入的消极处理方式,会导致孩子失去对学习的主动性,其学习水平也会随之降低。父母的积极教养方式让父母与孩子之间关系更加紧密,和睦的家庭氛围及良好的家庭交流为孩子的身体与精神发展提供足够的环境资源,能够让他们在投入学习时保持一个良好的状态。而父母的消极教养方式,则会导致孩子对父母的信任与依赖破裂,从而导致家庭关系逐渐冷漠、疏离。因此,父亲作为家庭教养中的重要角色,如果能发挥其应有的作用,能对教育产生最积极的影响。所以,在家庭教育中,父亲教养属于一个关键因素,若能使它的功能得到充分发挥,不论是对社会、学校还是家庭教育都是有益的。

2. 父亲教养方式与学业自我效能感显著相关

这与过去的研究结论相符(张田利等,2012)。情感温暖与其显著相关,且对其是正向影响。拒绝、过度保护也相关,却存在负向影响。处于中学时期的学生,他们在学业上的压力是很大的,但是学校要面对的孩子基数过于庞大,没有办法关注到每个学生的学习、心理健康状况,这时候作为孩子的重要他人之一——父亲更需要去关心、帮助孩子,让孩子建立对学习的信心,然后更好地投入学习中去。父亲应该多给予孩子关心、温暖,让他们知道家庭对他们的包容、支持,以此去增加他们在学业上的信心。尽量不要直接拒绝他们的请求,但是也不要过度保护、干涉他们的学习,这样才会让他们成为一个更独立、自信、勇敢的个体。

3. 学习投入与学业自我效能感显著相关

前人的许多研究可为佐证,如范金刚等(2011)提出,这二者为显著正相关关系,学生的学业自我效能感高,他们对学习的投入程度也就比较高。王思思(2013)和沈永江等(2014)都得出了相似的结果。上述研究均显示,假设中学生的学业自我效能感比较高,他们的学习投入水平也会较高。李维(2021)亦有提及,学业自我效能感较高的同学对自己去解决学习上的困难是有信心的,从而也会获得较好的学习效果,因此他们将采用更加高效的学习方法,去克服那些在学习时出现的困难;与此同时,还会花费加倍的时间与努力来完成自己的学业任务。基于这一点,他们对于实现自己的目标,会在学习的态度上更积极,而一旦学生对于自身学习自信且积极,也就更容易沉浸到学习中去。所以我们可以把以上结论作为启示,在实践中去帮助孩子们提高他们学习上的自信,进而增加他们在学习上的投入。

(三)学业自我效能感在父亲教养方式对学习投入的影响上起中介作用

中介作用检验结果显示,学业自我效能感在父亲教养方式对学习投入的影响上起中介作用。具体地说,是学业自我效能感在父亲情感温暖对学习投入的影响上起部分中介作用。也就是说,父亲教养方式可以直接对学生在学业上的投入情况产生影响,同时也会通过影响学生对自己能取得学习上成功的信心来影响其对学习的投入情况。当父亲给予中学生的教养方式为情感温暖等积极方式的时候,父亲与子女之间的交往更加健康,对孩子的身心发展也更为有利,从而使他们的学习投入得到增加,最后让他们愿意积极投入学习当中。比如,当面临新高考政策改革下学生的选科问题,或是在学习状态不佳、成绩下滑等问题时,孩子得到父母理解、支持,情感上给予他们温暖与呵护,和他们共同面对,一起分析,给予他们追求成功的信心与直面挫折的勇气,会使他们在接下来的学习中拥有一种更加成熟、更加沉稳的心态。

五、结论

父亲情感温暖、父亲过度保护在性别上存在显著差异;学业自我效能感、学习投入在性别上不存在显著差异。

父亲拒绝在年级上存在显著差异,得分先增后降;学业自我效能感、学习投入在年级上不存在显著差异。

父亲教养方式、学业自我效能感、学习投入在年龄上不存在显著差异。

父亲教养方式、学业自我效能感、学习投入两两相关。

父亲情感温暖能预测学习投入与学业自我效能感;父亲过度保护能预测学习投入;学业自我效能感能预测学习投入。

学业自我效能感在父亲情感温暖对学习投入的影响上起部分中介作用。

参考文献

[1]安伯欣,2004.家庭教养方式、亲子沟通与中学生社会适应的关系研究[D/OL].西安:陕西师范大学[2004-09-16].https://kns.cnki.net/kcms2/article/abstract? v=jeDOxXNM7l40Rxadz-D01a_iN_5ExB2a-u14fV4qzO8gTVCtHVMXn40MFhYVm2VkR-Mhxx4f5comrVgDge-8imjTyHgc3Fq7n78cwlTZc3MNOmue8fhGsMpCF4M0OM4QreyeZiWj2vl-dGl-L8N88Q==&uniplatform=NZKPT&language=CHS.

[2]蔡迎春,张向葵,2006.四种训练方式对不同认知风格大学生人际信任改善的影响研究[J].宁波大学学报(教育科学报),28(4):37-41.

[3]曹姬娜,2010.大学生心理控制源与自我反省的相关研究[D/OL].重庆:重庆大学[2011-03-16].https://kns.cnki.net/kcms2/article/abstract? v=jeDOxXNM7l6MDk29-rFATnFtOaVrj6Ltk-AeB95mHw2vj5amAytNrz7Yz5xLCgDo2T8Cj6oNJgHyzCmT1BuSMZy_Ii1JGx5mdwMGZ5-BL-4IbR-L9Suzb6PxSizGAyFRvPf5OMXVEr_O0Vy1aej79A==&uniplatform=NZKPT&language=CHS.

[4]陈陈,2002.家庭教养方式研究进程透视[J].南京师范大学学报(社会科学版),5(6),95-103,109.

[5]陈晨,胡乃鉴,严进,等,2010.优秀射击射箭运动员状态特质焦虑与家庭教养方式的相关研究[J].中华行为医学与脑科学杂志,(6),554-555.

[6]陈琳,2011.农村初中生意志品质与家庭教养方式的关系研究[D/OL].成都:四川师范大学[2012-04-16].https://kns.cnki.net/kcms2/article/abstract? v=jeDOxXNM7l4zzKCB5QbwNppeoOSHG1fu78fGDY4iGoygHDlys-RPe3NqUolSqHuu705QJBYPgnigeICbYh--NEg96zXiiR5wDTGMMJ5_P0QMB0gn6z GCE_qo4Y6sUQLMtdhXflAYeyrucJjgLcwc3g==&uniplatform=NZKPT&language=CHS.

[7]陈思思,郭欣雨,姜峰,2016.硕士生的自我接纳与特质焦虑:特质应对方式的中介作用[J].中国健康心理学杂志,(10),1571-1573.

[8]陈秀娟,葛明贵,2009.253名大学生自尊与家庭教养方式关系的研究[J].中国校医,23(1):16-17.

[9]陈雪,2008.初中生人际信任和家庭教养方式[J].枣庄学院学报,25(6):29.

[10]程利国,高翔,2003.影响小学生同伴接纳因素的研究[J].心理发展与教育,(2):22-23.

[11]池丽萍,2013.亲子沟通与儿童学业成就[M].北京:北京师范大学出版集团:12-16.

[12]崔文琴,2012.当代大学生学习投入的现状及对策研究[J].高教探索,(6):67-71.

[13]戴斌荣,1994.家庭环境中主观变量对学业成败的影响[J].教育理论与实践,(4):44.

[14]邓丽芳,徐慊,郑日昌,2006.师范大学生气质类型、家庭教养方式与孤独感的关系研究[J].心理发展与教育,(3):24.

[15]范金刚,门金泽,2011.高中生自我效能感在班级心理气氛与学习投入间的中介效应[J].中国健康心理学杂志,19(2):206-208.

[16]方来坛,时勘,张凤华,2008.中文版学习投入量表的信效度研究[J].中国临床心理学杂志,(6):618-620.

[17]方柳、杨海燕、周丽、等,2009.初中生自尊与心理控制源、应对方式的相关研究[J].中国健康心理学杂志,17(10):1258-1259.

[18]方晓义,徐洁,孙莉,2004a.家庭功能:理论、影响因素及其与青少年社会适应的关系[J].心理科学进展,12(4):544-553.

[19]方晓义,林丹华,孙莉,等,2004b.亲子沟通类型与青少年社会适应的关系[J].心理发展与教育,20(1):18-22.

[20]冯绍珍,吴敏,2015.大学生家庭教养方式、成人依恋与恋爱幸福感的关系研究[J].吉林省教育学院学报,3(31):34-36.

[21]高冲,2021.高中生认知风格、归因方式与心理应激水平的关系研究[D/OL].扬州:扬州大学[2021-08-16].https://kns.cnki.net/kcms2/article/abstract?v＝jeDOxXNM7l6UBkaLU1yWcIQdNOUsksIK8CH533BBazR9ZLi3z24BXW_RF5gLDshnczwlgozbltbbuwMyAPUDfxBi1ZXsjXOuXFX6MmjEhT9Nxe6BT80nIFnTi_BSuS0-_-ZdUUOVhGAllTGfHCsNfA＝＝&uniplatform＝NZKPT&language＝CHS(DOI:10.27441/d.cnki.gyzdu.2021.001345).

[22]高丹丹,2017.初中生学习投入的差异分析[D/OL].上海:华东师范大学:44-46[2017-12-16].https://kns.cnki.net/kcms2/article/abstract?v＝jeDOxXNM7l6T71N5y6mn1jI_o-cxwBNjZ55DN8ZrCEO-Iwd_KKi1KL-ZFUU4laq6DyUFdDijhk0ivRZZduZD5wtPGga6cAUGplhI5Zfcb8SjHcVkqNNJJmz10cQ2t__nv3iUaxGi6OXjfsUU8LGS1g＝＝&uniplatform＝NZKPT&language＝CHS.

[23]龚艺华,2005.父母教养方式问卷的初步编制[D/OL].重庆:西南师范大学:51-53[2005-10-12].https://kns.cnki.net/kcms2/article/abstract?v＝jeDOxXNM7l5_r2xhW9ulz708_qUFzdYUsO6evTlKDBlXGEt3mfEtLhV7Kt__w0AUUSP64dilr7Mg8rOku90ZnzDmZQAwONZH0ufql5joUOnljxaTIUaMbeY3cPZAfIvptTUiNzwpk0vQDoI98TGBIg＝＝&uniplatform＝NZKPT&language＝CHS.

[24]顾明远,1991.教育大辞典[M].上海:上海教育出版社:668.

[25]关颖,刘春芬,1994.父母教育方式与儿童社会性发展[J].心理发展与教育,(4):47-51.

[26]郭伟光,2016.师生关系、家庭教养方式对初中生家庭作业态度的影响研究[D/OL].太原:山西师范大学[2017-03-16].https://kns.cnki.net/kcms2/article/abstract?v＝jeDOxXNM7l5NqJUJ0s_h7Pcb9jIvRR7VsioIAbxSTJ9AnU0tVjxTJ2Gm0O6DKaqYjBtwhcC_0R4FLy37RDjmHUyBf2h5Bx7RH_kSx0S7w90-TtkwdrUT3r7rHDg2XXX9KYFsZBQ1OFHqMQI0WwPR1g＝＝&uniplatform＝NZKPT&language＝CHS.

[27]韩洁,2011.人民武装学院学生情绪智力、父母教养方式与主观幸福感的关系研究[D/OL].石家庄:河北师范大学[2012-05-16].https://kns.cnki.net/kcms2/article/abstract?v＝jeDOxXNM7l6Eg_qk4pwTO2phx0mVCS47uvDUmLP9T2puhXdpWcdBV8W3yzJzqXgFbLvUr8h5-aLAXkwPtjrq5tB6eep1p02FDUZNoiUw3QWuWyNKdpzBgAUjPBl40wqpgLpGJlS8fkROhfFnntBZcg＝＝&uniplatform＝NZKPT&language＝CHS.

[28]韩英,刘美丹,2018.初中生学业拖延与人格特质的相关研究[J].教育观察,7(4):15-17.

[29]何俊华,马东平,2017.家庭教育学[M].北京:清华大学出版社.

[30]何毅钦,2011.大学生孤独感现状及团体心理辅导干预研究[D/OL].南昌:南昌大学[2012-05-16].https://kns.cnki.net/kcms2/article/abstract?v＝jeDOxXNM7l6fDdQhBpc84xbracahj2Ryvfx6M4M94ORarohyTuEOh_jkoCD_ddkph_u4bbE_WlBlDtENt8Y1XsZzpJR_IP6jGKInHcuiiqOBJF93

SQ5T56DPzrsOijb-bb6hq768KWL9jtYOvQ0_mA==&uniplatform=NZKPT&language=CHS.

[31]胡凤姣,2013.中学生学业延迟满足与人格因素相关研究[D/OL].长沙:中南大学[2014-05-16].https://kns.cnki.net/kcms2/article/abstract?v=jeDOxXNM7l4S1ryvMeEHG25UCM2s-zCOmX7a_RVBNzDnVkYMwMnUHqhlDA9zAdczBs2otlSWoP8jC9SCXWunwxnIIFBJnqyEI11Z4rjxKqQAn4V4T7fEUVxJ1tBiXS-4wyxB7oYK9TdQl6LPkec5xg==&uniplatform=NZKPT&language=CHS.

[32]胡洁,姬天舒,冯凤莲,2002.父母教养方式与大学生总体幸福感的相关研究[J].健康心理学杂志,(1):16-17.

[33]黄希庭,1991.心理学导论[M].北京:人民教育出版社:549.

[34]黄希庭,余华,郑涌,2000.中学生应对方式的初步研究[J].心理科学,23(1):11-15.

[35]黄希庭,2004.大学生心理健康教育[M].上海:华东师范大学出版社:127.

[36]贾会丽,2014.高中生依恋、自我同情与人际信任的关系研究[D/OL].开封:河南大学[2015-03-16].https://kns.cnki.net/kcms2/article/abstract?v=jeDOxXNM7l7utAbS5wr3xdB1BN9bSZE2X0vdlX6bCQX3rh_y4LpZEKfoCqpbdfS9IaKQ97k5VbLZjv3BEG1-JeyHIEdVm5XM2gQq3d_88mDD3bSoiZ8VixAIQNJ-0T-GcbiapyjqdRGnKDIb5Ad8yQ==&uniplatform=NZKPT&language=CHS.

[37]贾佳,2019.大学生未来时间洞察力与学业拖延的关系:学业延迟满足的中介效应[D/OL].太原:山西财经大学[2019-12-16].https://kns.cnki.net/kcms2/article/abstract?v=jeDOxXNM7l6w7ZYC6EebCbUMybp3ES2GFm1cSXHnsuZ2jB4mZslSa4UmXvxH1qU2ZsDOvhPISiqR1dr8nS-Obs1skfsuAa3BHUUf4z1YGXgfWQjuQrJ9MwRwRE6a6x8qAcG6Vr5WwTrSYEfpzOfqjA==&uniplatform=NZKPT&language=CHS.

[38]贾蕊,2010.高中生父母养育方式与人际信任的相关研究[J].黑龙江教育学院学报,29(6):89-91.

[39]贾玲,2011.外来务工子女同伴冲突应对方式与孤独感相关研究——以小学高年级为例[D/OL].石家庄:河北师范大学[2013-04-16].https://kns.cnki.net/kcms2/article/abstract?v=jeDOxXNM7l5m1qkbZqe23f54C3RyICkifkJ1kVw9E7gjZmTf66W8dEWi-5G9CvZmCFUwUVuvYK-tVOBmwEDivXg8I7m5JSe9TJnGbsSpxqkaxxlpjK1zj9airtEwDeOs_jt-_W_Jua_kz3CW15_X8w==&uniplatform=NZKPT&language=CHS.

[40]蒋奖,鲁峥嵘,蒋苾菁,2010.简式家庭教养方式问卷中文版的初步修订[J].心理发展与教育,26(1):94-99.

[41]蒋舒阳,刘儒德,甄瑞,等,2019.高中生数学能力实体观对数学学习投入的影响:学业自我效能感和消极学业情绪的中介作用[J].心理发展与教育,35(1):48-56.

[42]姜伟,贾小林,2021.父母教养方式与中学生学业自我效能的关系:自尊和学业自我概念的中介作用[J].基础教育参考,(3):69-73.

[43]雷家萍,2014.中学生学业拖延与时间管理倾向相关研究[D/OL].扬州:扬州大学[2014-12-16].https://kns.cnki.net/kcms2/article/abstract?v=jeDOxXNM7l4-YSF6J AlQSn3SKEefQ-TGJlG0J0rbD3NK4UxZl4SAB8zti9VJuq7mqJxiEO8Foic21zuAKECRH0lSa1AxIcqw76hHLZu8Mmvfc4CNzrcH7wtT5msHyODt3pe55WvnxBWjVQ5MwIATxA==&uniplatform=NZKPT&language=CHS.

[44]李春华,2009.大学生自尊、认知风格与人际冲突应对方式的关系研究[D/OL].哈尔滨:哈尔滨师范大学[2011-11-16].https://kns.cnki.net/kcms2/article/abstract?v=jeDOxXNM7l4P6H4_1APVqpd5_RLbLOuTS22qe-QujtcdW8aCnjLLPpuzM9Li0eWC6TDnKQXgcgAQUi-0zKHAcWM39GIZHLlhsVtAej-xIMgCvmH2pLhIGWIEHsOBPut3yaEm4dujO7Zl63iUTQTiOg==&uniplatform=NZKPT&language=CHS.

[45]李丹阳,2016.初中生心理资本、学业情绪与学习投入之间的关系[D/OL].石家庄:河北师范大学[2016-07-16].https://kns.cnki.net/kcms2/article/abstract?v=jeDOxXNM7l5UhKWSWya9MN2MjuvEhTyTpYawMbapRYMdET6jQ-Ps1_D8yRVnHzR8IBim5zcKROnWcLXFkMZsXWfpqSYJLLHu6ViYSPDzh7ph1CJM8q4p0on97c8FECKZkjsMYbUukF3wZd6wUKpQeA==&uniplatform=NZKPT&language=CHS.

[46]李德,2018.中国家庭教养方式与青少年发展[M].北京:社会科学文献出版社:52-55.

[47]李冬霞,林小荣,林春暖,2007.大学生主观幸福感与家庭教养方式的相关研究[J].中国健康心理杂志,15(8):735-737.

[48]李泓疾,钟萍,2003.意志概念辨析[J].湛江师范学院学报,24(1):110-113.

[49]李金城,2012.初中父母教养方式与学习投入、学习倦怠的关系[D/OL].济南:山东师范大学[2012-07-16].https://kns.cnki.net/kcms2/article/abstract?v=jeDOxXNM7l7M-dbByYPClrnt_h08AvDLkbvEQxYHl3YkUDA25Hw05CcdlpCxsTI8xdot14FrHCn0fz7pHDPR2BVU-fmooyZptv1dDd--CISSz1OGaSXCkWpPjZePdYjnCtuGNd1HohbWfFR4cSjftw==&uniplatform=NZKPT&language=CHS.

[50]李龙辉,2006.父母教养方式与高中生人际信任及自尊的相关研究[D/OL].长沙:湖南师范大学[2006-08-16].https://kns.cnki.net/kcms2/article/abstract?v=jeDOxXNM7l56Ow1GYtyQ9hyBL_XPLfNTpywt9M161gk2AFSqTMAoJWm-5nWFMfP1Iksm67uIrFGSz715staoNI8f_mAewIv_yBguzN-wqcic3owDZR1hLr7e6twcX-iDwTgmFKajkhJNAPldOXNSFKA==&uniplatform=NZKPT&language=CHS.

[51]李蒙蒙,2013.学业拖延的研究综述[J].吉林省教育学院学报(下旬),29(3):101-102.

[52]李荣风,徐夫真,纪林芹,2013.家庭功能评定量表的初步修订[J].中国健康心理学杂志,21(7):996-1000.

[53]李善英,2006.大学新生焦虑与父母教养方式、自尊的关系研究[D/OL].福州:福建师范大学[2006-12-16].https://kns.cnki.net/kcms2/article/abstract?v=jeDOxXNM7l4g5nsZTOxVfUXUnAO76UPj0QFvlDKCuVttqjTPBcz6d5ukogMzGiG_779wjfZ1D_6eFsHjQRGGTn3yf7d2qnDSnxi QVXuGeC-tYiIjS7fzcKoG7F6oHD_YgdOwu0FbnU8vw4U-WW4o4OQ==&uniplatform=NZKPT&language=CHS.

[54]李寿欣,李波,2004.父母教养方式对学生认知方式发展的影响[J].健康心理学杂志,(12):156-157.

[55]李同归,加藤和生,2006.成人依恋的测量:亲密关系经历量表(ECR)中文版[J].心理学报,(3):399.

[56]李维,2021.谁的支持对促进初中生学习投入更有效:基于学业自我效能感的中介效应及交叉效度分析[J].教育研究与实验,(6):84-90.

[57]李彦牛,王艳芝,孟海英,2007.河北师范大学学生自我接纳状况及其相关因素分析[J].中国学校卫生,(6):517-519.

[58]李彦章,许东民,2001.父母教养方式问卷的编制及试用[J].第三军医大学学报,23(12):1494-1495.

[59]李彦章,2001.父母教养方式影响因素的研究[J].中国健康心理学杂志,(2):106-108.

[60]李永占,2018.父母教养方式对高中生学习投入的影响机制研究[J].中国临床心理学杂志,26(5):97-101.

[61]李佑发,2007.意志品质的质性分析、模型建构与测评[D/OL].北京:北京体育大学[2009-09-16]. https://kns. cnki. net/kcms2/article/abstract?v = jeDOxXNM7l4ll9jMSlXvJesNc-VQIeebwvhE95RyE1Ag3A9f1bVRFdFspla1yzKNPStjNig3yNdjBG0Pc4dWjX8aAL78NZNQ-7vF0GiGNtE6C7t8i _ 3MuPBzoP419_V8sEW5aAhnmKqDOchksDTDZg==&uniplatform=NZKPT&language=CHS.

[62]李朝霞,2004.大学生的社交焦虑及其与自我和谐的关系研究[D/OL].上海:华东师范大学[2005-03-16]. https://kns. cnki. net/kcms2/article/abstract?v=jeDOxXNM7l7d6kZ9yCT-lxiZYm2XX_dnHD6ChAc39T0oWKrtklqBOeEjFbwzBrD-4fsg9wFxSG9pYq6H9L1jK14uzTiRN8m6wV3RjMDzT1QaeApjOcgbJZWNF6To4kYvbzwfixxaweGuLHPJ-M_v3g==&uniplatform=NZKPT&language=CHS.

[63]梁凤华,叶鉴伟,胡俊华,2009.大学生亲密关系与自尊研究[J].上饶师范学院学报,29(5):14-15.

[64]梁利,蔡召义,仇中海,2004.情商[M].北京:煤炭工业出版社:5-7.

[65]梁宇颂,2000.大学生成就目标、归因方式与学业自我效能感的研究[D/OL].武汉:华中师范大学[2002-01-01]. https://kns. cnki. net/kcms2/article/abstract?v = jeDOxXNM7l44iRQUHOClhbULDlnx9ogojBktgpQlkOYVMQPKmJ7KWjl93ds5_720LCt06PSknIDh75_eYTg_kaTvzkCO3ut9 RH-FAo1bxuAp2_ vLCBzniBviPwt6aJXniy9yqosiAneWebRMKH20-fA==&uniplatform = NZKPT&language=CHS.

[66]廖红,2015.父母教养方式对中学生学业倦怠的影响[J].内江师范学院学报,30(12):61-65.

[67]林崇德,1995.发展心理学[M].北京:人民教育出版社:69-71.

[68]林静,2011.民族地区中学生家庭教养方式对情绪智力发展影响的研究[D/OL].西宁:青海师范大学[2012-05-16]. https://kns. cnki. net/kcms2/article/abstract?v = jeDOxXNM7l6Mpo2j9B0C0mKEDDcJand9fNbtbJqN1Ml5378oXWrwYIY9wf5eeMsVm5w9yiTDzlbW7TFwdDvKZljEXfuZnX1NkqGF-12nVcpxnZzsvg3npPAoa8N8zLlFv1t_2mBUkDsfd-ZuFqpiwQ==&uniplatform=NZKPT&language=CHS.

[69]林磊,1995.幼儿家长教育方式的类型及其行为特点[J].心理发展与教育,11(4):43-47.

[70]林雄标,胡纪泽,2003.社交恐怖症患者的认知特征及相关因素[J].中国心理卫生杂志,17(6):423-425.

[71]刘斌,张文兰,刘君玲,2017.教师支持对在线学习者学习投入的影响研究[J].电化教育研究,38(11):63-68.

[72]刘芳,李松,2007.大学生社交焦虑与自我接纳的关系研究[J].中国健康心理学杂志,(9):784-785.

[73]刘皓,2011.初中生意志品质问卷的编制[D/OL].北京:首都体育学院[2012-03-16]. https://kns. cnki. net/kcms2/article/abstract?v = jeDOxXNM7l6EzHo9-7L6fznmi8WLjV1OJ72CqkiEdA4u3p6fZuLtQpbxZQR5bDPyDJiwDpDBlf0jcfK7IGlJnB-JCV9ZzCSBQWPXPujqeEJS9RAto7dSQOrV8nGxhdkIjKokO3V3W5JupC615327kg==&uniplatform=NZKPT&language=CHS.

[74]刘洁,2014.亲密关系的建立与维持的影响因素[D/OL].吉林:吉林大学[2014-09-16]. https://kns. cnki. net/kcms2/article/abstract?v = jeDOxXNM7l7X4ywJaBQHkOBJIaWoAQs2sHP-CnDYkjySmOnow27kM2os4up5iA2WTnU1t04XZLDSTtZPaHL0hJDip-9f2nEaFaC3cQI2bQyj8gmElhSR6KP-nyQvGzQVxNQY9bxYppXa2rnVvl38OQ==&uniplatform=NZKPT&language=CHS.

[75]刘君晓,2008.中学生认知方式、父母教养方式与考试焦虑关系的研究[D/OL].济南:山东师范大学[2008-07-16]. https://kns. cnki. net/kcms2/article/abstract?v = jeDOxXNM7l7QmiG6yQc-zPtc3GPkDCF_KNZWrBwnKkP6A2sGrD3g_HvnTyC2iRjPQN9JGAZG5ZVcIWUfgFxcLdRpUpYpc48-b1l0Y7K8Yw_jjliVmLv037Z9npagpZZNitBoMOn0WegScX0ggX6GeA==&uniplatform = NZKPT&la

nguage＝CHS.

［76］刘丽,姚梅玲,2006.儿童应对方式的研究进展［J］.中国妇幼保健,21(18):2954-2955.

［77］刘玲,汪琼,2021.混合教学模式下学生学习投入的特点及影响因素研究［J］.现代教育技术,(11):80-86.

［78］刘强,2011.大学生气质类型、家庭教养方式与亲子沟通关系的研究［D/OL］.曲阜:曲阜师范大学［2011-11-16］.https：//kns.cnki.net/kcms2/article/abstract?v＝jeDOxXNM7l5fGzBTpyxuM039nO1CiEG-O-63nw2NoEGjpt_qa6WH-WLGdDo-AVvLEGXiVQJ7ctknaD-cc-v7xWFFFRYn8ZdEtIFtyVIK5dnOdoGs7ixPiDDwj8Tg6aCYoNEDZRz-YfMzTFVT7-hWAw＝＝&uniplatform＝NZKPT&language＝CHS.

［79］刘莹,2009.父母教养方式、亲子沟通与中学生的失败恐惧的关系［D/OL］.济南:济南大学［2010-06-16］.https：//kns.cnki.net/kcms2/article/abstract?v＝jeDOxXNM7l6eQNmihFxnKo2sB3Gnj5uKbrBAWJMq6pExlxuhmf2hg4CW_kSwyP2U8tPi5R93AfBXQNlKRTdXkmJ8BJZnPP7jdaVNoodsV5-JN69FQUDEmMV0EIBlt2WAw_Nz41J1fc4Aw9hd4_8PQ＝＝&uniplatform＝NZKPT&language＝CHS.

［80］刘玉娟,2008.小学生特质型情绪智力的发展研究［J］.中国特殊教育,(8):33-35.

［81］刘在花,2015.父母教育期望对中学生学习投入影响机制的研究［J］.中国特殊教育,(9):85-91.

［82］彭纯子,邓盘月,马惠霞,2004.大中学生社交焦虑特征初探［J］.中国健康心理学杂志,12(4):241-243.

［83］彭聃龄,2004.普通心理学(修订版)［M］.3版.北京:北京师范大学出版社:172.

［84］彭莉,范兴华,2007.大学生自尊与父母教养方式的关系［J］.中国临床心理学杂志,15(1):58-60.

［85］马丽华,2015.初中生父亲教养方式、自我和谐与学业倦怠的关系研究［D/OL］.武汉:华中师范大学［2016-06-16］.https：//kns.cnki.net/kcms2/article/abstract?v＝jeDOxXNM7l64fmy8ljSJRXr_BF-CvnUvOQCWcxNFN2FI44NPZbQdnZbjMRgLKtSJ5H9BrE5wzUiclR2zk8yNSLjuF3KzgdSBQm-RvEQ0-fTSv6NNvcWNje8bsHVsJcNCxf3AYo1AHN9dxMeUhwLLucw＝＝&uniplatform＝NZKPT&language＝CHS.

［86］马宁宁,2011.家庭教养方式对高年段小学生同伴关系的影响［D/OL］.吉林:东北师范大学［2012-05-16］https：//kns.cnki.net/kcms2/article/abstract?v＝jeDOxXNM7l4kLqn8rLsJcgAwYCP6cCtcWPh5ruimy06jksvKZAlRcYlaMLGfB6MVzHmOArBfKhfEZtDQkwq4R8QCyKT3NCfdHiCT1gxHsaOTdovW_9eBH_FBEfvlPrhgcm9R13EJVlA3poHiWMm_CQ＝＝&uniplatform＝NZKPT&language＝CHS.

［87］马素红,王娟,2015.教养方式与社交焦虑的关系:自我接纳的中介作用［J］.中国健康心理学杂志,23(6):899-901.

［88］毛丽莉,2013.专升本学生缺陷感及时间管理倾向的相关研究［D/OL］.开封:河南大学［2014-02-16］.https：//kns.cnki.net/kcms2/article/abstract?v＝jeDOxXNM7l555yKOR8wUb5-B6sWJjb5QuUkCFrKjVWzBJ0fnqOCfRbwcemnFnx-3VI_gmr9mAMHglL-jz9w_ocf8BWqv0HSEDZipWIVYUvTW6o8wEVFuQkj8k9Qb37ODYw5SitrP6NcYiMVLt05GB1A＝＝&uniplatform＝NZKPT&language＝CHS.

［89］孟晋,2002.533名大学生孤独感状况调查［J］.健康心理学杂志,10(2):113-116.

［90］倪楠,卢亚军,2010.高中各阶段学生心理的特点及教育［J］.宁夏教育科研,(4):47-48.

［91］齐海静,蔡颖,2013.亲密关系综述［J］.社会心理科学,28(9):26-28.

[92]钱铭怡,肖广兰,1998.青少年心理健康水平、自我效能、自尊与父母养育方式的相关研究[J].心理科学,(6):553-555.

[93]乔晓熔,赵俊峰,2010.中学生数学学习投入状况的调查研究[J].中国电力教育,(35):17-19.

[94]邱莎莎,2010.成人依恋、亲密关系动机与大学生亲密关系质量的相关研究[D/OL].西安:陕西师范大学[2011-02-16].https://kns.cnki.net/kcms2/article/abstract?v=jeDOxXNM7l6 QOG-pQ5isOD_C7Ds8YlrOq4uMyei6t50eg_GSkLL2YPD7UbQll1f_aUaXBj1lYUfW5ZVSeRWuW_dk5mAG-ugPyMPstk9rPXUhEUNRGhYoX8nXAEgtumK_NX3Dv4wLmmjE40KgRMzAbjA==&uniplatform=NZKPT&language=CHS.

[95]全东明,刘珍妮,李刚,2001.海洛因滥用者心理控制源初探[J].中国药物滥用防治杂志,(4):37-38.

[96]任磊,2014.父亲和母亲教养方式影响网络成瘾发生机制的比较研究[D/OL].武汉:华中师范大学[2014-08-16].https://kns.cnki.net/kcms2/article/abstract?v=jeDOxXNM7l4LE2KGhF3-VH e-8Ug42Vm1mh26Cric05jSTPIEgf91fnmwUAGL_ HUb_ n9Aut_ Aja4Y_ V4NoBZIYb6H6ie4xot 9ClA2 pFsB-4iQcCDXLTTgua9UKHarOqRCM851_ u-STGnIZXmcAhKPjQQ==&uniplatform=NZKPT&language=CHS.

[97]任曦,2021.高中生归因方式对心理健康的影响:学业自我效能感的中介作用[D/OL].长沙:湖南师范大学[2022-06-16].https://kns.cnki.net/kcms2/article/abstract?v=jeDOxXNM7l6cY3Sezw EnBgtR1tltls7rfwOE4HAMtKtPVJ6eNfN_H2Lf_ HfP0bZRFHoUaPDzrXExV3kx2d0VDMq0v4ifohcHc LGxZzTFJ58L57VLDwh8TotiRgLS6CJzoID067g-OIWuEHYAwExfqg==&uniplatform=NZKPT&language=CHS.

[98]任亚楠,2021.初中生的教师期望知觉、学业自我效能感与学习投入的相关研究[D/OL].南京:江南大学[2022-03-16].https://kns.cnki.net/kcms2/article/abstract?v=jeDOxXNM7l7Ywo8vAOTeEL2 DewKF43DylNwMkXUJhsbSYRM50KFuQHlG3ySnh999OrvsSp9yVbmlOVL1Rg4YydFh7vBoUg-Gwv kmV_DXyauwYSZFk0gTdpaoW-RwpFZR_ oI361lmFfvxbgJEmDLYoQ==&uniplatform=NZKPT&language=CHS(DOI:10.27169/d.cnki.gwqgu.2021.001745).

[99]萨提亚,2006.新家庭如何塑造人[M].易春丽,叶冬梅,译.北京:世界图书出版公司北京公司.

[100]邵丹妮,2014.家长对家庭作业管理的伦理关怀智慧研究[D/OL].宁波:宁波大学[2015-02-16].https://kns.cnki.net/kcms2/article/abstract?v=jeDOxXNM7l4c9xvfC1PBoKq2mP9YOtvn_ZatoB-cD3jyVwu3gGhmojVhEpMGB_2GUnt0h_TkwGY2FR_XWhU2aRNMJgwbUX_ozv9hdng3JM0 WcUjne-hN4yUi2iCOlhn1CxpVU2ld6Jrwy2k5eFkuPjCQ==&uniplatform=NZKPT&language=CHS.

[101]沈雪芬,董灿华,2004.高师院校大学生缺陷感的调查分析[J].社会心理科学,(4):68-71.

[102]沈永江,姜冬梅,石雷山,2014.初中生自我效能对学习投入影响的多层分析研究[J].中国临床心理学杂志,22(2):334-336.

[103]宋时全,2005.转型期我国社会信任的表现及其重塑途径[J].北京工业大学学报(社会科学版),(3):70-74.

[104]苏娟,2007.高职生心理健康与父母教养方式、应对方式、情绪智力的关系研究[D/OL].扬州:扬州大学[2007-05-16].https://kns.cnki.net/kcms2/article/abstract?v=jeDOxXNM7l48Vj_hozCa-oKjT-FS8UcEmHYuWh2dCQLwswV9e0v4uw9ITU2z1dP9RztFIfqGnqsDYzlz09UQtN3YGy7dTh4yY3S CSyWZz9D_lufYCjA_Y6Rt9GlXySJB6HBRlkh80rLSSjnEHEf5C0g==&uniplatform=NZKPT&language=CHS.

[105]孙小博,2010.亲密关系成长性、依恋风格以及人格特质与婚姻质量的关系研究[D/OL].郑州:郑州大学[2016-01-16].https://kns.cnki.net/kcms2/article/abstract?v＝jeDOxXNM7l44PLDd9gdCeltP3UnGsUeR7aP-9HcKpexDwqPa0Hk69RxTBNe9eCgRjbYSuLc7OU0wcCl2hFD9kQrwPoWElhxWEU39SsiXGX5B_ToyHFIXwdj8mMcNDM3AIg8pYuYADYBQ1VqlPNXjQ＝＝&uniplatform＝NZKPT&language＝CHS.

[106]唐琰,2018.中学生父母教养方式与学习投入的关系:自尊的中介作用[D/OL].西安:西华师范大学[2018-12-16].https://kns.cnki.net/kcms2/article/abstract?v＝jeDOxXNM7l7p5M6MbGqh5BV5SWr0srgVdmrRK8Yv-q9-vQbUoxbeHF9nFHwMhRLL6DQDZZkk_TnQGRM8qjnhlAxwvhuyeupj_VImVmU0fTC4QuJF5BTIMbcmKXrnz6n6hAtqGytyJEPtpDH5eKUY1Q＝＝&uniplatform＝NZKPT&language＝CHS.

[107]田可新,唐茂芹,吴昊,等,2005.大学生人际信任与心理健康的相关研究[J].中国行为医学科学,(7):657-659.

[108]田良臣,袁青,2019.高中生父母教养方式、坚韧人格与学习投入的关系:基于甘肃省三所高中的实证研究[J].教育科学研究,(6):33-40.

[109]万晶晶,周宗奎,2002.国外儿童同伴关系研究进展[J].心理发展与教育,(3):91.

[110]万昆,饶宸瑞,徐如梦,2021.国际教育领域学习投入度研究的焦点与转向[J].现代教育技术,(4):36-43.

[111]万灵,2007.中学生社交焦虑现状、应对方式的特点及二者的关系研究[D/OL].武汉:华中师范大学[2008-04-16].https://kns.cnki.net/kcms2/article/abstract?v＝jeDOxXNM7l7h-_4Y4f24pzNhORlNcmxHRo5812bnwGgrQnwv_s9xX7dN0o28WNoiCt_ADdhH8s-RzhzPOdI37du_SHbLy84eqk00IJAlfLgwY8FhcHQxA86WOvfNZ0C3ps1_2azid58VqTRzm3g6KA＝＝&uniplatform＝NZKPT&language＝CHS.

[112]王才康,何智雯,2002.父母养育方式和中学生自我效能感、情绪智力的关系研究[J].中国心理卫生杂志,16(11):781-782,785.

[113]王超超,2010.初中生自我效能感、学业情绪与学业拖延的关系研究[D/OL].石家庄:河北师范大学[2010-11-16].https://kns.cnki.net/kcms2/article/abstract?v＝jeDOxXNM7l5zv7l-5AhAwGwGuYPlyTUeOe8eqZaAFnLQKkhhy3zjIo1hBEsPCGyx6ahiP7QwzNWFNYjWozlXwIRgLcQaATJHr_MH2-GcDBks4hPis6eTW6d5ou-wwS1MkaGKaQFyl628jeMRCNNbBw＝＝&uniplatform＝NZKPT&language＝CHS.

[114]王重鸣,2002.心理学研究方法[M].北京:人民教育出版社:89-93.

[115]王钢,刘衍玲,张大均,2006.重庆市高中生心理控制源与父母教养方式的相关研究[J].中国学校卫生,27(12):1064-1065.

[116]王志梅,2005.初中生父母教养方式影响因素的研究[J].教育理论与实践,(18):43-45.

[117]王家华,2020.高三学生的父亲教养方式、自我接纳、考试焦虑与社交焦虑的关系及干预研究[D/OL].石家庄:河北师范大学[2021-06-16].https://kns.cnki.net/kcms2/article/abstract?v＝jeDOxXNM7l7MERWc9n_vZamC_WaIx9DaIv0ZJi3MiJrp9bsr3Q9MzzebWe8mzM8ivCNY98LyDdRzCG msqEynAHKa1E7YwEa027aPl-CfGEttQNADJZcS9EKglIIJpWr73X943M0pa8YuOq785ydFzA＝＝&un iplatform＝NZKPT&language＝CHS(DOI:10.27110/d.cnki.ghsfu.2020.001563).

[118]王江,2016.高中生焦虑情绪调节:自我怜悯、接纳、认知重评与表达抑制的比较研究[D/OL].南昌:江西师范大学[2017-02-16].https://kns.cnki.net/kcms2/article/abstract?v＝jeDOxXNM7

l7EsUyxtwPkaXTBYJPM1sDVb6gwgPGXa4tOyu7wVJeIETNU0FYHFPHqlRMhf-nRzrFYHqoQN4EAo0_EswsNdTba5ruTEBBmrUOHFm6f2aIDjgMSLmiunfxNfsmKZCBBHwFS1yMb0jfxzw==&uniplatform=NZKPT&language=CHS.

[119]王丽,傅金芝,2005.国内父母教养方式与儿童发展研究[J].心理科学进展,13(3):298-304.

[120]王丽芳,阎克乐,王志波,2005.高三学生父母养育方式与人际信任自尊的相关研究[J].中国行为医学科学,14(6):558-560.

[121]王力,柳恒超,杜卫,2007.情绪调节困难量表在中国人群中的初步测试[J].中国健康心理学杂志,15(4):336-340.

[122]王苗苗,相青,刘庆,等,2016.高二学生家庭教养方式与考试焦虑的关系[J].中国健康心理学杂志,(8):1265-1268.

[123]王娜,2006.智力落后儿童的适应行为及其与父母教养方式、同伴关系的相关研究[D/OL].北京:首都师范大学[2006-11-16].https://kns.cnki.net/kcms2/article/abstract?v=jeDOxXNM7l4kUAVxVFDNVOb7aDnoEi0fpW3SBuS_-pzHYi3WyI2QYowWWAWJhf7Bpw3o04NWxmTOFL8kFWgbRTZZ-zdnwU28jpWu-Py7LLwXMhAHbtECb-MxbqxiOxSrfNhlPbxY1PIPILEiGrb-Bw==&uniplatform=NZKPT&language=CHS.

[124]王瑞冰,2011.初中生学业社会比较与其学习投入的相关研究[D/OL].开封:河南大学[2011-07-16].https://kns.cnki.net/kcms2/article/abstract?v=jeDOxXNM7l7vX3Vq5cch6emlnNMf9FJyuag2MzAb9vDNJarw-mijX6rd4GEmoU7q1w9XZ26P2g2oFQCd3KTdBlIuzyHgQF32uUYo0itj6ndiyFx2O_W392JXlx-cmba3etlqWJ79fLPaEb1r98-hUw==&uniplatform=NZKPT&language=CHS.

[125]王树青,张文新,张玲玲,2007.大学生自我同一性与同一风格、亲子沟通的关系[J].心理发展与教育,(1):59-65.

[126]王思思,2013.中学生学习投入的初步研究[D/OL].重庆:重庆师范大学[2013-11-16].https://kns.cnki.net/kcms2/article/abstract?v=jeDOxXNM7l6Vthdmgr7Ype_Hm7nRCoAGtwKQf7rfuViYJgDD3LNELtvvcIATS68fQPSgtH76u5ptcjbFnQFZw6Wmxu1aVPXLdHFKVtnY2Ny0YdWuJjGeaHdQDNJb_00wKt_f_QyCM8en4w-eMTrFxQ==&uniplatform=NZKPT&language=CHS.

[127]王文娟,朱琳,许华山,2008.医学新生家庭教养方式与交往焦虑的调查与分析[J].实用全科医学,6(5):511-512.

[128]汪向东,1999.心理卫生评定量表手册(增订版)[M].北京:中国心理卫生杂志社:161-166.

[129]王欣,苏晓巍,王岩,等,2000.父母教养方式与子女焦虑水平的相关研究[J].中国心理卫生杂志,(5):344-345.

[130]王艳侠,曹宇腾,唐先丽,2013.高中生学业自我效能感与学业成绩的相关研究[J].渭南师范学院学报,(1):141-144.

[131]王志梅,2003.初中生父母教养方式的调查研究[J].河北师范大学学报(教育科学版),(6):87-93.

[132]王子豪,吴真,李洁,2019.高职学生自我接纳及其与父母教养方式的关系[J].武汉职业技术学院学报,(4):57-60.

[133]魏晓娟,2003.欺负卷入儿童的自我概念及人际冲突解决策略研究[D/OL].重庆:西南师范大学[2003-06-16].https://kns.cnki.net/kcms2/article/abstract?v=jeDOxXNM7l5AoNaEwvSt7yTx5iju50K4WbvTFzVgvjb_oY5h4KiLmFhWYKdGyeuIgxCwCoRVnhlD_rJ1RrFAjKEHw7ECWPgc3Bn9SOsPxcn9-BwY47b9qRClO8Eiutq7uIxyCBf6hBd9wjbmfl-6OQ==&uniplatform=NZKPT&language=CHS.

[134]韦耀阳,2010.师范大学生孤独感与家庭教养方式的关系研究[J].长春工业大学学报,31(4):134-136.

[135]魏运华,1999.父母教养方式对少年儿童自尊发展影响的研究[J].心理发展与教育,(3):7-11.

[136]文超,张卫,李董平,等,2010.初中生感恩与学业成就的关系:学习投入的中介作用[J].心理发展与教育,26(6):598-605.

[137]温忠麟,侯杰泰,张雷,2005.调节效应与中介效应的比较和应用[J].心理学报,37(2):268-274.

[138]武凯悦,2017.中职生学业自我效能感与学习投入关系及干预[D/OL].石家庄:河北师范大学[2017-09-16].https://kns.cnki.net/kcms2/article/abstract?v=jeDOxXNM7l6Z0aqFf28kcVuZ0pnGtLLNWSBFhr2YZaS-vdR8P3diFmDdiMVv43WOZ7OT_XeAjt84WhNSSzjwvpz_HkbQ7u5bcYCn36LQ_dYqxJ0b1ge_Ci9ZUJMfBUqx1NEVshcNBiGtnweavkSbvg==&uniplatform=NZKPT&language=CHS.

[139]吴晓丹,2016.高中生父母教养方式、自我效能感和希望的关系研究[D/OL].太原:山西大学[2017-05-16].https://kns.cnki.net/kcms2/article/abstract?v=jeDOxXNM7l46wnwXvcXiXrp-n6rjTLOorIBz3KrY28JFObQ-nTj-VOsg7SEheJDsuSpJ_dUpIteig9adh_N1pQ2nomLhQoIrAbIkY02jLtxlG1UD6bRBRWIahHjB024zJ7LClhyY0ybE_EYyQVNyeQ==&uniplatform=NZKPT&language=CHS.

[140]伍小枚,2019.流动初中生学习投入与父母教育期望、父母教养方式的相关研究[D/OL].长沙:湖南师范大学[2019-11-16].https://kns.cnki.net/kcms2/article/abstract?v=jeDOxXNM7l6P9zvK9YCXkouj2OJeeYrVw4vxmhGCP2QGa9kTwnEWhma60LFZb01b5T2TvTbJf32g9rSKLbY4SA_1M22M7B4537RMyO9-H25UDa4goO9jbL4spFCT4jM1Xn1c3gK1mvz3AJqfhOgY2w==&uniplatform=NZKPT&language=CHS.

[141]吴奇程,袁元,2002.家庭教育学[M].广州:广东高等教育出版社:22-24.

[142]吴岳,2011.中学生家庭作业态度及其与作业时间和学业成绩的关系研究[D/OL].重庆:西南大学[2011-09-16].https://kns.cnki.net/kcms2/article/abstract?v=jeDOxXNM7l5wix-xOWgPC-mGG9ir_5QCBauVap1gu2xTR9JoBmn7x2_SoVTdU0fLMOSgk-ovmVG7tUnVJeZpO4QVGORnQ0oFe6gCYGBmFL0Tk3Tqy0LKvXMrIpaG9G0mensFxFqVFnMfSjrK2Nnpfhg==&uniplatform=NZKPT&language=CHS.

[143]肖莉,陈仲庚,1989.大学生心理控制源结构及IPC量表的初步分析[J].应用心理学,4(2):22-27.

[144]徐慧,张建新,张梅玲,2008.家庭教养方式对儿童社会化发展影响的研究综述[J].心理科学,31(4):940-942.

[145]许慧燕,2010.大学生人际关系、孤独感和抑郁的关系及团体干预的效果研究[D/OL].广州:中山大学[2010-07-19].https://kns.cnki.net/kcms2/article/abstract?v=jeDOxXNM7l6e_6sOggIdd97Fcf21l24WuqdDOKWT-XIAjWl4Ya_LjsSrzjAX6ffOWPUAOOo9KhamJOXfn1hCeNiNJBhB-r5x6RdqyXK1jJthfxZR2xPEUu1hmSLdIwtlf45HNv2QK-I21SJJgdV3yQ==&uniplatform=NZKPT&language=CHS.

[146]许继红,2006.自尊研究综述[J].晋中学院学报,23(4):82-83.

[147]许丽伟,2006.大学生父母教养方式、价值取向与心理健康关系的研究[D/OL].吉林:东北师范大学[2006-10-16].https://kns.cnki.net/kcms2/article/abstract?v=jeDOxXNM7l4l-PSdWfO7HrdE-

215

euhK2F0oAPyAnPYR4VByGa＿bi7Hl05cfTk34eIRUwke92rAOVzbq8E1Xosj4h8TeOEMR-＿41tWaV5Ab8ixtR4NcaCDwD55F5J-iljvyIz3NG2a6Fi5a4AhvncYU3Uw＝＝＆uniplatform＝NZKPT＆language＝CHS．

[148]许松涛,熊俊宇,陈露,2019.宜人性人格特征与大学生学业拖延[J].统计与管理,(9):52-56.

[149]许远理,2008.情绪智力三维结构理论[M].北京:中国社会科学出版社:100.

[150]闫莉娜,2011.大学生人格、缺陷感与社会适应的关系研究[D/OL].石家庄:河北师范大学[2011-09-16].https://kns.cnki.net/kcms2/article/abstract?v＝jeDOxXNM7l6okKLAUJ4qgoFQKZWf77yunEpIhxavTYrGrsj1lYN3J0dv5WbY9M47LK5aRhickJQyKpErjFQxeqOKLBc4i-sxiMhBkQ8NX＿Br-GaPWkO6oGL7nCxTpQlaCFIJTY_2SCk7NqZMOGaERSEw＝＝＆uniplatform＝NZKPT＆language＝CHS．

[151]阎燕燕,胡会丽,庄雪艳,2012.大学生心理控制源与家庭教养方式的关系研究[J].中国健康心理学杂志,20(10):1588-1590.

[152]杨春,侯东辉,2009.子女特质焦虑与家庭教养方式关系[J].心理科学,(5):1274-1275.

[153]杨光艳,陈青萍,2006.同伴关系的功能及其对学业成绩的影响[J].衡水学院学报,(3):61-64.

[154]杨丽珠,张丽华,2003.论自尊的心理意义[J].心理学探新,23(4):10-12.

[155]杨梅,2011.小学生情绪智力、父母教养方式与生活适应的关系研究[D/OL].上海:上海师范大学[2011-12-16].https://kns.cnki.net/kcms2/article/abstract?v＝jeDOxXNM7l51U7ZIR8yp5zyW IR-baU2tCxqXRn7I9ywCRJODL5Pck2s-xGqfMd6wNCSLofj1SfUAclnNLjn6So72ir1Fde＿ItGrdLp7a7z-Urpbb27AcHPGW9FKpOiOyhqkhsdoklTgBcgv7AE-kjAA＝＝＆uniplatform＝NZKPT＆language＝CHS.

[156]殷蕾,2019.高中生家庭功能、人际信任与心理幸福感的关系研究[D/OL].扬州:扬州大学[2020-01-16].https://kns.cnki.net/kcms2/article/abstract?v＝jeDOxXNM7l6CiQDB7ly2-03mGw2SuJZ9YHswa3bmfrU2AK4iVR8ZKYobLL4＿aIs6kNjvuLzmd-dQ7hhVyyxvVpMIN1qv3EqtpJc GjmORnl-GvthXKecgHle1Z2PTUHHghJOiM2PQJDbvSDeP45scjZQ＝＝＆uniplatform＝NZKPT＆language＝CHS(DOI:10.27441/d.cnki.gyzdu.2019.000990).

[157]尤清秀,秦亚平,2020.青少年羞怯对社交焦虑的影响:自我接纳和评价恐惧的多重中介作用[J].心理技术与应用,(12):755-762.

[158]余寒露,2013.大学生内隐主观幸福感调查及其与人格外向性、父母教养方式的研究[D/OL].长沙:湖南师范大学[2013-11-16].https://kns.cnki.net/kcms2/article/abstract?v＝jeDOxXNM7l58oXzvTMpHwHpI2-w3SIDBZ7_O52ER2haqKxSUkBKGvyOIvXZu5-YV2AtmoIfnF99WJ9i7xPLGKDQcol9A9qUHfFiFcbYAcokNhD0JUVTkE1PJftdNVNIs06nCbnExzCupeZo5xqeswg＝＝＆uniplatform＝NZKPT＆language＝CHS.

[159]袁浩,张茹楠,2019.家庭一般功能量表在中国的适用性分析[J].中国健康心理学杂志,27(9):1411-1414.

[160]岳冬梅,李明果,金魁和,等,1993.家庭教养方式:EMBU的初步修订及其在神经症患者的应用[J].中国心理卫生杂志,7(3):97-101.

[161]曾琦,芦咏莉,邹泓,等,1997.父母教育方式与儿童的学校适应[J].心理发展与教育,(2):46-51.

[162]张桂香,2011.迁安市职业高中学生父母教养方式、自我接纳与心理健康的关系研究[D/OL].石家庄:河北师范大学[2012-05-16].https://kns.cnki.net/kcms2/article/abstract?v＝jeDOxXNM7l4snz6H5QHZn1BzBIyrCN_VeQBJypDXfKNeko7J-IHGOnzM50DB43＿pJ6RzjDKGIP zlUcQQrWmUx-

NgQeMuthwuyHmKiHtjGGzb_KKFabsD1JZr4O4FvYF1kJmKICcuG2AznpWSdveX0_Q==&un iplatform=NZKPT&language=CHS.

[163]张蕾,2012.初中生情绪智力、父母教养方式及自尊的关系研究[D/OL].长沙:湖南师范大学[2013-02-16].https://kns.cnki.net/kcms2/article/abstract?v=jeDOxXNM7l7cG_1mAbIqackqrL9jTVJQKyUZuWPI4A-dpHjQd25iLrHSLnHvZgN0WBvQl-qXnBzHNL-jSnogXHzRcM9uir1gkc59xxoTjyCrfn7uLBFsT-MCd8jlQlG2Cj3Z33siPWvvw8byPFu_aw==&uniplatform=NZKPT&language=CHS.

[164]张丽玲,2001.同伴交往在儿童合作行为中的作用[J].天津市教科院学报,(4):51-53.

[165]张林,2006.自尊结构与功能的理论探析[J].西北师大学报(社会科学版),43(1):95-99.

[166]张凌波,2020.高中生教师情感支持、学业自我概念和学习投入的关系研究及教育启示[D/OL].开封:河南大学[2021-01-16].https://kns.cnki.net/kcms2/article/abstract?v=jeDOxXNM7l7W1HiXJ90X11RbdvPoSKv2nobPHZ7y_WuQEO6mz_vYlLdpGdeLF1jLOIGBKsl_97cTDrZqXzo9ZGb0_2eRTm0SbYnW77UyYxMtm6Zu9Nz4jWqIQ3cY0oDTm49Z3U0IRYVSSDAttKQjpQ==&uniplatform=NZKPT&language=CHS(DOI:10.27114/d.cnki.ghnau.2020.000180).

[167]张琦丽,2013.大学生成人依恋与父母教养方式及自尊的关系研究[D/OL].石家庄:河北大学[2013-11-16].https://kns.cnki.net/kcms2/article/abstract?v=jeDOxXNM7l4fN8AZyU5PJXi E-1o3DyW2aThGXU-YCAPPFnFB89Wzbi2051cLxTH_kmbFvRH5RIcrIDXOgTcDodFOVCUpunlmFWRsUIx_-gG-T6UuCb-D0P6xIE4n6-ka90xbIj0jNd3wMZgoTuuBziA==&uniplatform=NZKPT&language=CHS.

[168]张奇勇,李庶泉,2011.家庭教养影响儿童同伴关系的路径分析[J].中国临床心理学杂志,(2):27-28.

[169]张舒,张清莹,2017.高校理工科学生亲密关系问题研究[J].学校党建与思想教育,(564):66-68.

[170]张爽,2008.家庭教养方式对儿童发展的影响[J].通化师范学院学报,(1):35-36.

[171]张田利,王一名,2012.关于家庭教养方式与研究生自我效能感相关研究[J].社会心理科学,27(12):63-65.

[172]张文新,1997.城乡中学生父母教育方式的比较研究[J].心理发展与教育,(3):44-49.

[173]张文新,林崇德,1998.青少年的自尊与父母教育方式的关系:不同群体间的一致性与差异性[J].心理科学,21(6):489-493.

[174]张文新,1999.儿童社会性发展[M].北京:北京师范大学出版社:98-98.

[175]张心枰,2013.父母教养方式、特质焦虑水平与高中生亲子关系关注特点的眼动研究[D/OL].天津:天津师范大学[2014-07-16].https://kns.cnki.net/kcms2/article/abstract?v=jeDOxXNM7l44G9vlYiXPBsWo6PMUUUIvDNnZaIOtoR1ibyGVeyuW3sqj182ipQLtIkL9yGVirE-sdreIEqUma0F82JyW7DxM2z5GFOPpZ6GnKxJ5yrhVFHmMRSIpWcM4gXIk4YuMr_dcHUVgOm5Juw==&uniplatform=NZKPT&language=CHS.

[176]张秀芳,张淑娟,张顺,等,2010.大学生的交往焦虑与家庭教养方式的相关性研究[J].中国健康心理学杂志,18(4):481-482.

[177]张雪琴,杨丑牛,冯锦清,2012.大学生孤独感与父母教养方式和身心健康关系分析[J].中国学校卫生,31(3):313-315.

[178]张研,2006.小学生社交焦虑和孤独感与学业成绩的关系研究[J].中国学校卫生,27(11):9555-9560.

[179]张艳,2013.家庭教养方式、自尊与高中生道德推脱的相关研究[D/OL].福州:福建师范大学

[2014-01-16]. https://kns.cnki.net/kcms2/article/abstract?v＝jeDOxXNM7l6J4SxFK0WhRJm1ELp_XWZ13EF86xOwOzjFLzaNHP1X_3AYkekDQhiGF5vvuwIqr5ToJMspyamUwGlSgLSjsa4hnQVL4fsdWiXgK4Sl t2cnHT-_uPuXcMyfLBrdiBwfPwa5Gy9D0zMtXg＝＝&uniplatform＝NZKPT&language＝CHS.

[180]张颖,2008.大学生亲子沟通态度与心理适应的相关研究[D/OL].重庆:重庆大学[2009-05-16].https://kns.cnki.net/kcms2/article/abstract?v＝jeDOxXNM7l6o7Nn77Lq0ycrvj2XCkIiEXPLcjx-nRKOpO-Jir5OQsBisFSMaKLznadh1AbhGJAg-y2L16-W3mVEJnfMTMXMmy7jLDySCrqHcewmJwWnN74RquSOW1uJ7SimyRKin28XbJWkP9pdUJg＝＝&uniplatform＝NZKPT&language＝CHS.

[181]张英蕾,2005.青少年自主性、自尊与父母教养方式的研究[D/OL].贵阳:贵州师范大学[2005-08-16].https://kns.cnki.net/kcms2/article/abstract?v＝jeDOxXNM7l4DZD3vPDbZSOMsscD7IB5rKGJIjTrY4jc_eiGv5fMhsl7yIO5SOm0htPyx6zrorD5xpxuO-gNxMwJdmf9XknphRo5Xjly1DJCcz73EN89kRrrHBnww7Vo2eK_Ygj2TKb_QzHfd_3_Jag＝＝&uniplatform＝NZKPT&language＝CHS.

[182]张云喜,2013.90后大学生父母教养方式、成人依恋与孤独感的关系研究[J].社会心理科学,28(143):201.

[183]张紫璇,2016.大学生自我接纳与社交焦虑的关系:领悟社会支持的中介作用[D/OL].吉林:吉林大学[2016-09-16].https://kns.cnki.net/kcms2/article/abstract?v＝jeDOxXNM7l483QFCDetQ76fuyjrE7wZDZ4efimaZ5rwqn7nl02YNfK10VL7wHs9L8ThQsZBJp-PHyoK0RZrXD8C8pWenK85UtTS8_ciRcPjgFKfPgLpwfk-L4HJRq_jRnYZmHsf6_x1cV66kGmUKQg＝＝&uniplatform＝NZKPT&language＝CHS.

[184]赵晨,2008.大学生孤独感与社交能力、气质类型之间的相互关系及其干预研究[D/OL].北京:首都师范大学[2009-01-16].https://kns.cnki.net/kcms2/article/abstract?v＝jeDOxXNM7l5ZzT7Ibp6myEzH9WToF9hCUUd3Yxod00rFgKJ84rgpnKuRfY0TrXi8gS28ItnT18nFrDiNLO5PHpUyKeYIQwTye-9oQV2o0iJjunknwFdEd4IBlx0LGKhA0tpdLUi46ZNrjO0Gjzi9bg＝＝&uniplatform＝NZKPT&language＝CHS.

[185]赵忠心,2001.家庭教育学[M].北京:人民教育出版社:73-75.

[186]郑林科,2009.父母教养方式:对子女个性成长影响的预测[J].心理科学,32(5):1267-1269.

[187]郑晓华,舒良,张艾琳,等,1993.状态-特质焦虑问题在长春的测试报告[J].中国心理卫生杂志,(2):60-62.

[188]郑信军,1997.中学生人际信任问题调查[J].温州师范学院学报(哲学社会科学版),4(3):63-66.

[189]郑信军,1998.大学生的人际信任与人格特征的相关研究[J].宁波大学学报(教育科学版),3(2):16-19.

[190]钟立新,2003.父亲的独有作用[J].宁夏教育,(10):60.

[191]钟巧如,2012.小学高年级学生情绪智力与人际关系的相关研究[D/OL].广州:广州大学[2013-02-16].https://kns.cnki.net/kcms2/article/abstract?v＝jeDOxXNM7l7_FnrfjIvEUO4dN3KkbLndnjN6kRd82ebLE414v9PvFr0dGDLiP0MU_3xge1nZjWN9oFXpJAzd4R3ia2RCG1JG62fGwv9GXHy3MaN_SPWORGETT5fmIy4F9DDeAxxmFkDHdcNEk8SIhA＝＝&uniplatform＝NZKPT&language＝CHS.

[192]周波,2013.初中生人格特质与学业拖延的相关研究:以亳州市三所中学为例[D/OL].呼和浩特:内蒙古师范大学[2013-11-16].https://kns.cnki.net/kcms2/article/abstract?v＝jeDOxXNM7l7bTv2ot-RDQpxAquhHb1fSCLjh6SW_5MC-YoeqpT45vnvleS4wAicRSdmKIpu0sHqYCm4I2Rpx

P-iyXnyfRSk8p3N8EX2xbyF1TKmJTaLBwKYnTqBFenWK_q7L8LWK37N3R-NkZy5Log==&uniplatform=NZKPT&language=CHS.

[193]周朝当,2003.精神分裂症患者特质焦虑与自我接纳和家庭教养方式的相关研究[J].四川精神卫生,(1):10-12.

[194]周芳,2019.父母教养方式对初中生考试焦虑的影响:自尊和学业自我效能感的中介作用[D/OL].沈阳:辽宁师范大学[2019-09-16].https://kns.cnki.net/kcms2/article/abstract?v=jeDOxXNM7l4jLTlbi0rtN2qyH6FwLvR_3glyxfXD2N6iTUgjFpSVLWMZf6BQ2ureytcRwBKFQr9PwcnWZ-xNz5Gf7vDwLk3P5cqAr2sOIXb7Nan3CrXnbLL2BdxYDA5YwnLoZvNOvd3eCJoLawjdnQ==&uniplatform=NZKPT&language=CHS.

[195]邹汉,1998.同伴关系的发展功能及影响因素[J].心理发展与教育,(2):39-44.

[196]周丽华,骆伯巍,彭文波,2005.初探青少年学生体像烦恼与社交问题[J].中国健康心理学杂志,13(1):64-65.

[197]邹玉龙,2011.家庭教养方式研究综述[J].赤峰学院学报,3(1):145-146.

[198]周宗奎,范翠英,2001.小学儿童社交焦虑与孤独感的研究[J].心理科学,38(4):442-444,510-511.

[199]朱飞雪,2019.小学生学业拖延现象的研究[D/OL].济南:山东师范大学[2019-08-16].https://kns.cnki.net/kcms2/article/abstract?v=jeDOxXNM7l5fnZB5bTUrpmSMwvlhwErgfGZUFbaPGG2DaMp12UbUEIfXAH3MELk36fEhTCXzeuIgkTXP7n5NYIfcDeHXazjs4VOOwTW_c0sVL5w9gMF4vn7WA2eCe0kXumsv8xFdSuW5uRrLVePKhg==&uniplatform=NZKPT&language=CHS.

[200]朱鸿博,2016.自我接纳和社交焦虑的关系研究:自尊的中介作用[D/OL].长沙:湖南师范大学[2016-11-16].https://kns.cnki.net/kcms2/article/abstract?v=jeDOxXNM7l74a2dxpXWBDn4NhJ8yVAsAdWHM-gGBTgJT8dTv2XXJQmsZo7ormtXFpq20cQsG6uD9Y9vz_Yag4rGse19O0p-YEUJjFjXnt2sfqxYjdeEM25VPkbqpEYplEyx8gJJeHWYUqRbHjiJfuw==&uniplatform=NZKPT&language=CHS.

[201]朱晓文,2019.高中生父母教养方式对亲社会行为的影响:负面评价恐惧的调节作用[D/OL].济南:山东师范大学[2020-01-16].https://kns.cnki.net/kcms2/article/abstract?v=jeDOxXNM7l6_xb-g0hPnCo4vhWxHChS8dIV1LVkO0Pa8J5JYE-9jsoNvdmZdw0TxdKd3RrYmutbYouYJTB-bO4WWMhCSjWP_wBMUwk56iXA7Q0JOl6NYzeYE__uwihEoQHY7AzOjcQ9sye55ZXbF4Q==&uniplatform=NZKPT&language=CHS(DOI:10.27280/d.cnki.gsdsu.2019.000131).

[202]朱智贤,1989.心理学大辞典[M].北京:北京师范大学出版社:227.

[203]左艳梅,2010.中学生学业拖延的问卷编制及其与父母教养方式的关系研究[D/OL].重庆:西南大学[2010-07-16].https://kns.cnki.net/kcms2/article/abstract?v=jeDOxXNM7l7aVVczA65c5uiDngGbUTCpi13_T5ELpdDFNrUrjpmA9jjrkBjl3KvwI-DJWuf_CFfQzEpyxeGooq-9XZKopl3JrhdylE-L_KZR3M22oBWdAdIpr4S27Yr8J1LWGD2QWzreP9xkseshug==&uniplatform=NZKPT&language=CHS.

[204]ABEA,2004.Self-esteem,perception of relationships,and emotional distress:a cross-cultural study[J].Personal Relationships,11(2):231-247.

[205]ALLPORT F H,1937.The observation of societal behaviors of individuals[J].Social Forces,15(4):484-487.

[206]BAUMRIND D,1968.Authoritarian vs.authoritative parental control[J].Adolescence,3(11):

255.

[207]BAUMRIND D,1971a.Harmonious parents and their preschool children[J].Developmental Psychology,1(4):99-102.

[208]BAUMRIND D,1971b.Current patterns of parental authority[J].Developmental Psychology,4(1):1-103.

[209]BAUMRIND D,1978. Parental disciplinary patterns and social competence in children[J].Youth and Society,9(3):239-276.

[210]DARLING N,STEINBERG L,1993. Parenting style as context:an integrative model[J].Psychological Bulletin,113(3):487-496.

[211]EPSTEIN N B,BALDWIN L M,BISHOP D S,1983. The McMaster family assessment device[J].Journal of Marital and Family Therapy,9(2):171-180.

[212]FORD N,1995. Levels and types of mediation in instructional systems:an individual differences approach[J].International Journal of Human-Computer Studies,43(2):241-259.

[213]FREDRICKS J A,BLUMENFELD P C,PARIS A H,2004. School engagement:potential of the concept,state of the evidence[J].Review of Educational Research,74(1):59-109.

[214]GONIDA E N,CORTINA K S,2014. Parental involvement in homework:relations with parent and student achievement-related motivational beliefs and achievement[J].British Journal of Educational Psychology,84(3):376-396.

[215]HUANG,CHIUNG JUNG,2013. Gender differences in academic self-efficacy:a meta-analysis[J].European Journal of Psychology of Education,28(1):31-35.

[216]KOZHEVNIKOV M,2007. Cognitive styles in the context of modern psychology:toward an integrated framework of cognitive style[J].Psychological Bulletin,133(3):464-481.

[217]LA GRECA A M,DANDES S K,STONE W L,1988. Development of the social anxiety scale for children:reliability and concurrent validity[J].Journal of Clinical Child Psychology,17(1):84-91.

[218]MANZANO G,2002. Burnout and engagement:their relations with students,accomplishment,professional maturity and dropout tendency[J].Revista de Psicología Social,17(3):237-249.

[219]MCFARLANE A H,BELLISSIMO A K,NORMAN G R,1995. Family structure, family functioning and adolescent well-being:the transcendent influence of parental style[J].Journal of Child Psychology and Psychiatry,36(5):847-864.

[220]MILLER I W,RYAN C E,KEITNER G I,et al,2000. The McMaster approach to families:theory,assessment,treatment and research[J].Journal of Family Therapy,22(2):168-189.

[221]PARKER G,TUPLING H,BROWN L B,1979. A parental bonding instrument[J].British Journal of Medical Psychology,52(1):9-10.

[222]PERRIS C,JACOBSSON L,LINNDSTROM H,et al,1980. Development of a new inventory for assessing memories of parental rearing behaviour[J].Acta Psychiatrica Scandinavica,61(4):265-274.

[223]PIKE G R,KUH G D,MCCORMICK A C,2011. An investigation of the contingent relationships between learning community participation and student engagement[J].Research in Higher Education,52(3):300-322.

[224]PREVATT F F,2003. The contribution of parenting practices in a risk and resiliency model of children's adjustment[J].British Journal of Developmental Psychology,21(4):469-480.

[225]RIDING R,AGRELL T,1997. The effect of cognitive style and cognitive skills on school subject performance[J].Educational Studies,23(2):311-323.

[226]ROTTER J B,1958. A new scale for the measurement of interpersonality[J].Journal of Abnormal Psychology,35(3):651-655.

[227]ROTTER J B,1975. Some problems and misconception related to the construct of internal versus external control of reinforcement[J].Journal of Consulting and Clinical Psychology,43(1):56-67.

[228]SABEL C F,1993. Studied trust:building new of cooperation in a volatile economy[J].Human relations,46(9):1133-1170.

[229]SELIGMAN M,2000. Positive psychology:an introduction[J].American Psychologist,55(1):5-14.

[230]SHEK D T,1997. The relation of family functioning to adolescent psychological well-being, school adjustment,and problem behavior[J].The Journal of Genetic Psychology,158(4):467-479.

[231]SHEK D T,1999. Individual and dyadic predictors of family functioning in a Chinese context[J].American Journal of Family Therapy,27(1):49-61.

[232]SOLOMON L J,ROTHBLUM E D,1984. Academic procrastination:frequency and cognitive-behavioral correlates[J].Journal of Counseling Psychology,31(4):503-509.

[233]STEIN K B,SOSKIN W F,KORCHIN S J,1974. Interpersonal trust and disaffected high school youth[J].Journal of Youth and Adolescence,3(4):281-292.

[234]SORRENTINO R M,HOLMES J G,HANNA S E,1995. Uncertainty orientation and tryst in close relationships:individual differences in cognitive styles[J].Journal of Personality & Social Psychology,68(2):314-327.

[235]TAM V C,CHAN R M,2011. Homework involvement and functions:perceptions of HongKong Chinese primary school students and parents[J].Educational Studies,37(5):569-580.

[236]WONG E S,THEN D,SKITMORE M,2000.Antecedents of trust in intra-organizational relationships within three Singapore public sector construction project management agencies[J].Construction Management & Economics,18(7):797-806.